BRAND WASHED

TRICKS COMPANIES USE TO MANIPULATE OUR MINDS AND PERSUADE US TO BUY

品牌洗脑

世界著名品牌只做不说的营销秘密 | 珍藏版

Martin Lindstrom

[美] 马丁 · 林斯特龙◎著

赵萌萌◎译

中信出版集团 · CHINACITICPRESS · 北京

图书在版编目（CIP）数据

品牌洗脑：珍藏版 /（美）林斯特龙著；赵萌萌译
. -- 2 版 . -- 北京：中信出版社，2016.8（2024.7 重印）
（全能销售系列）
书名原文：Brandwashed
ISBN 978-7-5086-6296-1

I. ①品… II. ①林… ②赵… III. ①品牌营销－销
售管理 Ⅳ . ① F713.50

中国版本图书馆 CIP 数据核字（2016）第 124765 号

品牌洗脑（珍藏版）：世界著名品牌只做不说的营销秘密

著　　者：[美] 马丁 · 林斯特龙
译　　者：赵萌萌
策划推广：中信出版社（China CITIC Press）
出版发行：中信出版集团股份有限公司
（北京市朝阳区东三环北路 27 号嘉铭中心　邮编　100020）
（CITIC Publishing Group）
承 印 者：北京通州皇家印刷厂

开　　本：880mm × 1230mm　1/32　　印　　张：10　　字　　数：264 千字
版　　次：2016 年 8 月第 2 版　　印　　次：2024 年 7 月第20次印刷
京权图字：01–2012–2446
书　　号：ISBN 978-7-5086-6296-1
定　　价：49.00 元

BRANDWASHED 目 录

03 我戒不掉你

品牌成瘾、购物狂，以及为什么没了智能手机我们就活不下去

04 买了它就能泡上妞

广告中性（以及性别）元素的新面孔

05 压力之下

同侪的力量

06 哦，甜蜜的回忆
怀旧营销的新面孔（其实也挺老套了）

07 营销者的皇家光芒
名人和名气背后的力量

08 希望之瓶
健康、幸福与心灵感悟的代价

09 你的一举一动，他们都在看着
隐私的终结

10 我们想要摩根森太太拥有的一切
最强有力的隐形说客其实是我们自己

●○BRANDWASHED○序 言●◎○

多年来，我总是把自己置于可怕的情境之下。我去过五六个中东战争地区，包括巴基斯坦和阿富汗，希望能找到奥萨马·本·拉登的确切位置；我还在西弗吉尼亚做过矿工，也试过穿着连体衣在牢房里度过一个月。在我自编自导自演的电影《大号的我》（*Super Size Me*）里，我整天沉浸在汉堡包、炸薯条和苏打汽水里，直到最后我肥得像个球，得了脂肪肝，体内的胆固醇含量也超标到离死不远了。

但是我要表明的是，其实这些经历并没有为我的广告和营销事业起到铺垫作用——和监狱无关，和黑煤灰无关，和阿富汗的山无关，和镜子里照出来的“麦当劳身材”也无关。

我最新的电影《POM 汽水向您推荐：有史以来卖

得最好的电影》（*POM Wonderful Presents: The Greatest Movie Ever Sold*）是一部纪录片，讲述的是众多公司如何绞尽脑汁把他们的品牌曝光在观众眼前——碰巧我为这部电影融资就是靠寻求品牌赞助这种方式。（最后，我一共联系了大约600个品牌，他们中的大多数都委婉地拒绝了我，最后只有22个品牌同意为我的电影投资。）我在制作每一部电影时都会遇到这种情况，我要的只是一定的坦诚和透明度。现在是信息时代了，不是吗？坦诚和透明本来不就是当今最关键的问题吗？

我制作《POM汽水向您推荐》这部片子的目标，就是让你我和世界上每个人都能意识到我们在多大程度上成为被推销的对象，以及每秒钟被多少品牌攻占了大脑。毕竟，就连男士在商场的厕所小便时，都不得不对准便池里的"蜘蛛侠6"的漂浮块；你也无法回避无处不在的品牌世界。坐上你的丰田赛恩LC；把iPod（苹果音乐播放器）里歌曲的音量调大；通过格瑞芬（Griffin）的iTrip FM发射器，你还可以用车里的收音机听iPod里的歌；穿着你的多克斯（Dockers）牛仔裤和耐克空军一号运动鞋；被高速公路上一个又一个的广告牌搞得晕头转向：肯尼·罗杰斯餐厅、塔可钟餐厅、肯德基、吉诺爸爸比萨（Papa Gino's）、假日酒店、凯富酒店、万豪旗下的万怡酒店、壳牌石油，还有……你大概知道我为什么要做这个电影了吧？有一个场景是我问消费者权益保护者拉尔夫·纳德（Ralph Nader），我该怎么去回避所有的营销和广告轰炸。"洗洗睡吧。"他告诉我。那真是一个令人沮丧的时刻。

我是怎么认识马丁·林斯特龙（Martin Lindstrom）以及你手中这本惊世之作的呢？

我第一次见到马丁是在他同意出现在我的电影里时。我读过他的上一本书《买》(*Buyology*)，这本书探讨了我们大脑中那些激发购买欲望的“热点”，从哈雷摩托车到科罗娜啤酒，让我觉得他是一个风趣的、有创意的人。作为一位全球营销大师，马丁和很多品牌进行合作，包括可口可乐、迪士尼、微软等。同时他也是一个意识到自己被广告商和品牌“控制”的消费者。马丁一直把什么是他“知道的”和什么是他“真正了解的”分得很清楚。希望你能明白我的意思。

在本书中，马丁拉上窗帘，向我们揭示了广告商和品牌是如何让我们觉得如果不买新的 iPad（苹果平板电脑）、某个新品牌的除臭剂或婴儿车，就好像缺了点什么、变得愚蠢或跟不上时代了，而这些东西的价格相当于你的城市公寓每月的贷款。就像我拍纪录片一样，他想展示的是营销和广告的“地下世界”。只有他才有这独特的优势，他是一个真正的行家。马丁把我们带到世界各地的会议上，他和广告界、营销界的高管以及业内人士对话。他调侃着很多奇妙的“战争故事”，其中有些是他的亲身经历。

本书中，马丁向我们展示了营销者们为了让我们掏钱而使用的最卑劣的策略和诡计，比如吓唬我们、唤起我们对旧时的模糊回忆（其实这些回忆未曾存在过）；运用同侪压力，让我们感觉到如果我们不做其他人做的事或不买其他人买的东西，我们就会被社会遗弃；运用性因素向我们推销香水和男士内衣；花大价钱请明星来代言瓶装水，或者让他们在时装秀上跷着二郎腿坐在前排（穿着价值 300 美元的牛仔裤）；在我们的食物和饮料里面注入魔法剂，宣称可以带我们走进极乐世界或延年益寿……这些案例只是本书中很小的一部分而已。

马丁还推出了一档叫《摩根森一家》(*The Morgensons*）的电视

真人秀，他以南加州一户真实的人家为对象，测试口碑营销的推荐是否有效。（这很有吸引力，但一想到这对年轻夫妇真的被雇来做营销卧底，而他们就住在下一个街区，就令人觉得恐怖。）我的电影和他的书一样，我们都有一个共同的目标：让消费者——包括你和我——了解游戏规则；当我们被欺骗或者被控制时能有所察觉，并且能够反击，或至少避开，也就是说，我们都假定还有藏身之处。

现在，既然我已经说得如此直白，你很可能会对自己说："嗯，摩根似乎很喜欢这本书，而且他永远不会说假话来忽悠我，所以这本书值得一读，对吧？"好吧，你猜怎么着，其实你已经上钩了——而且不止中了一条营销诡计，在本书中你都能读到。

不过，在这种情况下，我说的都是真的：《品牌洗脑》和马丁·林斯特龙绝对会让你震撼。不要完全相信我的话，往下读，自己去感受。

摩根·斯普尔洛克

●○BRANDWASHED○前 言●◎○

品牌戒毒

在英国，有一个叫作“够了”（Enough）的反消费主义运动。这场运动的追随者认为，我们这个社会消费了太多东西，而这种过度消费的文化在一定程度上导致了很多困扰世界的社会问题，比如贫困、环境破坏，以及社会疏离。“够了”敦促人们扪心自问：“要多少才算够？”“我们怎样才能活得更轻松更简单？”“我们怎么能够不依赖购物而自我感觉良好？”

我非常同意他们的观点。我是一个专业的营销者，但同时也是一个消费者。作为一个身处品牌战线超过20年的人，我也在后台花了无数的时间，与全球几个最大品牌的首席执行官、广告业高层以及营销专家合作，所以我看到了——而且有时也被深深影响——这些公司和他们狡猾的营销者及广告商利用我们内心深处的恐惧、梦想和欲望所制造出来的各种心理诡计和策略，从而说服我们购买他们的品牌和产品。

是的，我也是其中的一员。不，我并不总是为此骄傲。我曾策划了一些我为之骄傲的营销活动，但是我也看到了营销的局限。这就是我动笔写这本书的原因——我希望这本书可以继承万斯·帕卡德（Vance Packard）1957年的著作《隐形的说客》（*The Hidden Persuaders*）的精髓，揭示当今的品牌和营销者是如何控制我们的——作为一个消费者，我实在是受够了。

所以去年我决定要戒掉品牌——以消费者的名义“绝食”。说得具体一点，我决定在一年之内不买任何新的品牌产品。我可以继续使用我已经拥有的产品——衣服、手机等，但是我不能买任何新的品牌产品。我怎么定义“品牌”？在我这个行业里，我是通过一个特殊的镜头看待生活的：这种镜头可以把地球上所有的事物——从我们用的手机和电脑、穿的衣服、戴的手表、看的电影、读的书、吃的食物，到我们崇拜的明星和球队——都看成是一个品牌。这是一种身份象征，也是我们对世界表明的一种态度——“我们是谁”以及“我们希望成为什么样子”。简而言之，在当今这个充斥着营销和广告的世界，我们不可能逃离品牌。

无论如何，我已经决定试图去证明，我们是有可能抵抗消费文化的诱惑的。

是的，我知道这是一个挑战，尤其是对于一个每年有300多天出差在外的人来说。这意味着我不能再喝百事可乐和斐济水了，也不能再享用一杯上好的法国红酒了。那张有很多我喜欢的音乐的专辑？别想了。我喜欢的那个牌子的美国口香糖？门儿都没有。

我的生活方式还会发生哪些变化？早上，因为我不能吃任何带有品牌的食物，比如 Cheerios 麦圈或者英国松饼，所以我开始把苹果当早餐；刮胡子我用吉列电动剃须刀，幸亏这是我很早以前买的，但是既然我不能再买刮胡泡了，我就开始在洗澡时刮胡子；我把电动牙刷和高露洁的牙刷全部换成了航空公司提供的免费牙刷；而且我也开始使用航空公司和酒店提供的其他免费用品。

我还必须彻底放弃一些习惯。有时，在一些本地食物靠不住的国家，我习惯带上几包拉面，但是现在不行了。我只能不断地尝试新方式；任何一个旅行者都知道，长途飞机上的空气干燥，所以我经常会用娇韵诗的润肤露，现在也不能再用了；在飞机上感到不舒服时我经常会泡一片维生素 C 泡腾片，而现在我只能喝一杯橙汁（有机的那种）；以前在上镜之前，我会用一种戴克斯（Dax）牌的发胶整理发型，而这一年来，我只能用梳子梳头，并自我安慰造型还不错。

如果我没有之前那些生活习惯，我可能永远都不需要任何品牌。但是考虑到我那排得满满的日程，我知道必须要给自己留一些余地。所以在我开始“品牌戒毒”之前，我设定了一些基本原则。就像之前说的，我可以使用那些我已经拥有的东西，我也允许自己买机票、订酒店、安排交通，当然还可以吃无品牌的食物（这样我才不会被饿死）。我只是不能新购买任何品牌产品——也不可以要求。因此，在飞行中，当饮料车推过来时，我不能说“我要百事或健怡可乐”，而只能说“我要一些苏打水”。我也经常去餐厅吃饭，但是我在点红酒时只能说“招牌红酒”，如果有些菜上写明取材是“普罗旺斯土豆”或“阿迪朗达克西红柿”，那么我就只好点其他的菜。

头几个月我适应得很好，如果可以这样说的话。从某种程度上来说，不买新东西对我来说是一种解脱，但同时又是一件不简单的事。你试过在商店闲逛却不买任何品牌产品吗？比如在机场，我在等待转机时，会逛逛免税店。我喜欢给朋友买礼物或收集巧克力。但这时我就会想起来：马丁，你正在戒品牌的毒！然后我就会转身离开。在我“戒毒”期间，世界正经历大萧条之后最严重的经济危机，罪魁祸首就是失控的消费。然而和大多数人一样，我并不觉得“除了必要的和实用的东西，我不应该再买东西了”。然而，在知道了很多人都这么想之后，众多品牌和广告商尽其所能地让我们把钱掏出来。从伦敦到新加坡，再到迪拜、纽约，大幅度的打折、减价、特价无处不在；似乎每家店的橱窗都挂着各种减价牌子，要么是五折，要么是买一送一。每次走在街上，我都会受到一些性感的新款香水或手表的海报和广告牌的攻击——当然又是减价。每次打开电视机，映入眼帘的几乎都是广告：几个身材苗条的二十几岁的年轻人在泳池边喝某个牌子的啤酒；在一个晴天的早晨，脸蛋红扑扑的孩子们聚在早餐桌旁，高兴地吃下一碗某个品牌的麦片；奥运会金牌得主穿着某个牌子的运动装和运动鞋，展示着傲人的运动天分。不知怎么，就连我从来没注意过的漱口水、果汁、薯条和糖块都在超市的走道里和杂货店里呼唤着我，散发着奇特的魅力。

但是我占据了有利地形。

在我“戒毒”期间，我甚至都不能买书、杂志或者报纸（是的，我认为这些都算是品牌，它们能向世界体现你的喜好，或者在某些情况下，也代表着你希望他人怎么看待你）。说实话，在什么都不能读的情况下，那些历时十几个小时穿越大西洋的飞行实在无聊至极。特别是当一个朋友跟我说起某篇精彩的文章或新上市的小说时，我会觉得很沮丧。在通常情况下，我一定会去读的，但是现在我不能。我只能可怜地站在报刊亭前或者书店里，若有所思地浏览着报纸、杂志或书，直到店员用一种“如果你什么都不买就赶紧滚出去”的眼神看着我。

和朋友在一起时更是难受。我不能在酒吧一杯接一杯地买啤酒，也不能给朋友买生日礼物——原本我是很喜欢给朋友买礼物的。现在，我只能一次次地找些蹩脚的理由。我很怕我的朋友们私下里觉得我是个吝啬鬼，也怕他们觉得我的“品牌戒毒”行动只是一个少花钱的借口。但无论如何我还是坚持了下来。我下定决心要去证明，只需要一点自律和意志力，我可以让自己习惯于身边所有诱导性的营销、广告和品牌而不为之所动。

然而6个月之后，终究还是功亏一篑。我的品牌“绝食期”仅仅持续了6个月，而且一个原本就明白真相的人却被自己的职业打败了。这两个事实从很大程度上说明了那些品牌是多么狡猾。在我缴枪投降之后，又发生了什么?

堕落之后

我的“复吸”发生在塞浦路斯。那天晚上，按计划我要发表一个主旨演讲。但是当飞机降落时，我才发现航空公司把我托运的行李弄错地方了。行李箱不见了。这意味着我为演讲准备的衣服也没有了。身上的裤子尚可，但是我的黑色T恤已经满是汗渍和汗臭，我也没时间洗它了。哈佛商学院一定没有教过你：永远不要赤裸着上半身做主旨演讲。这不是一个“顺便路过”或“打招呼走个过场”的场合，这是一场重要的演讲，而且他们给了我丰厚的报酬，据说听众也会爆满。我承认，我当时崩溃了。

在酒店登记入住半个小时之后，我已经站在一家本地的旅游纪念品店的收款台前，手里拿着一件白色的 T 恤——这是唯一可选的颜色。T 恤的正面印着“我爱塞浦路斯”的字样。

我正式犯了戒，一切都是拜一件破烂的 T 恤所赐。我不仅打破了我的戒律，还在我近期记忆中第一次打破了我的“全身黑定律”，于是我穿着黑裤子和愚蠢的白 T 恤做完了演讲。虽然我对着装很不满意，但演讲进行得很顺利。不过这都不是重点。有人说，在戒酒的“十二步疗法”（治疗上瘾症的一种方法）中有一种说法，在戒酒时你觉得喝一杯太多，可你只要喝了那一杯，接下来即便喝一千杯都打不住。换句话说，既然我允许自己结束了品牌“绝食”，我的瘾就像脱了缰的野马。我发疯了！

24 小时之后，我去了意大利的米兰，世界的时尚之都。相信我，如果你想戒掉品牌，这绝不是你该来的地方。更糟糕的是，就在离我住的酒店不远的地方，有一个商场正在进行大幅度的家具减价！而且还有很棒的手工制品！商家们似乎在说：“卖给那个穿着‘我爱塞浦路斯’T 恤的金发小伙子！”从那之后，我又开始买圣培露矿泉水、箭牌口香糖，还有迷你的 M&M’s 巧克力。然后我又在纽约买了可汗（Cole Haan）的冬季夹克，还有很多其他服装。在接下来的几个星期到几个月，我都无法停下来。只要你贴个品牌标志，哪怕是在马路上被轧死的动物我都愿意买。这一切都起源于那个丢失的行李箱和一件廉价的救急 T 恤。

是的，我的工作是帮助公司建立和提升品牌，但是最终，我连自己都医不好。

就在那时我意识到我被品牌洗脑了。

隐形的说客

在我着手写这本书时，世界仍在经济危机的旋涡中挣扎。我想知道，在这个大多数人钱包空空或手头趋紧的阶段，是否会有人想要读一本关于品牌和产品的书？然后我就有了这个念头：要写一本书揭露品牌是如何哄骗、诱导和说服我们买一些不必要的产品的，还有比现在更好的时机吗？

1957年，一个名叫万斯·帕卡德的记者写了《隐形的说客》，这本书揭示了品牌公司及他们的营销者及广告商控制人们的思想从而说服他们购买时所使用的心理策略和战术，在当时引起轰动。这本书史无前例又颇具争议，但和当今的营销及广告世界相比，它真算不上什么。

将近60年后，商业、营销者、广告商、零售商变得越发狡猾、精明和险恶。如今，借助复杂的新工具和科技，以及消费者行为、认知心理学和神经科学领域的新研究，品牌公司对于“什么能使我们购买”的了解超越了万斯·帕卡德的想象。他们扫描我们的大脑，揭开我们潜意识最深处的恐惧、梦想、脆弱和欲望。他们挖掘我们留下的种种“电子足迹”，包括在商店刷会员卡、用信用卡购物或在网上查看商品，然后用这些信息给我们提供适合于每个人独特心理特点的商品。他们从我们的电脑、手机甚至脸书（Facebook）个人资料里窃取信息，然后通过复杂的算法预测出我们的个性和我们可能会购买的东西。

他们比以前更了解什么东西能感染我们的情绪，使我们感到恐惧、平静，或有吸引力；什么能减轻我们的负罪感，或使我们觉得不那么孤独、和其他人群的关系更紧密；什么使我们觉得更自信、更受爱戴、更有安全感、更能引起怀旧情绪、精神上更富足。他们更知道如何利用这些信息来蒙蔽真相、控制我们的大脑，进而说服我们去购买。

在本书中，我们将了解到他们知道的所有信息、他们是如何知道的，以及他们是如何努力运用这些知识来引诱我们掏出钱包的。我们将揭开这些手段的神秘面纱，看看近年来某些品牌公司如何精妙地设计出最成功的广告、病毒营销计划以及产品发布会，包括凌仕（Axe）为了拍摄那个臭名昭著的身体喷雾广告调查了几千位男性消费者的性幻想，卡尔文·克莱恩（Calvin Klein，下称 CK）如何发布最畅销的 Euphoria 香水，伏特加品牌是如何通过一个营销活动改变了整个国家的饮酒习惯，凡此种种。

我们将看到品牌公司如何利用同侪压力来说服我们，这是一种既隐蔽又强大的手段。我们会了解到他们如何在暗地里利用了我们的恐惧、负罪感、怀旧情绪和偶像崇拜，而且通常是在我们的潜意识下进行的。我们将回顾一些案例，剖析一些狡猾的公司如何从身体和心理上让我们对他们的产品上瘾，以及一些热门网站如何“重写”我们的大脑，从而让我们不断地购物。我还会讲到性被利用来作为促销的新手段，功能性磁共振成像（fMRI）的研究得出的惊人结论，其中包括异性恋男子对于带有性挑逗意味的性感同性的图像作何反应。此外，还会讲到营销者使用 16 岁的青少年偶像做品牌代言人的真正目的。

我们可以看到公司在未经我们允许的情况下用秘密手段收集我们的信息，这些信息不仅包括我们的购物习惯，还有关我们的一切——我们的种族、性取向；我们的住址、电话号码以及实时的位置信息；我们的受教育程度、精确的月收入以及家庭人数；我们最喜欢的电影和书籍；我们的朋友最喜欢的书籍和电影，以及更多。然后，他们用这些信息向我们销售更多产品。我们还将探讨广告商和营销者们用来接触和影响儿童的技巧，这些被影响的儿童年龄有日趋减小的趋势；此外也将看到一些惊人的研究发现，表明这些技巧不仅是有效的，而且还会塑造并设定孩子们一生的品牌喜好，而孩子们开始受这些影响的年龄，比我们想象的还要小。

我还将公布一个革命性的游击营销实验的结果。这个实验是我为这本书而做的，其灵感来自于2009年大卫·杜楚尼（David Duchovny）和黛米·摩尔（Demi Moore）主演的电影《模范家庭》（*The Joneses*）。影片讲述了一个完美的家庭移居到郊外住宅区的故事，随着故事展开，观众会发现他们并不是一个真正的家庭，而是一群隐蔽的营销者，说服他们的邻居使用新产品。这部电影引发了我的灵感，我决定推出自己的真人电视秀《摩根森一家》。我挑选了一个家庭，用众多品牌和产品把他们全副武装，然后让他们在南加州的高级封闭式小区向他们的邻居进行软性推销。我要解决的问题有：口碑营销对于我们的购物习惯究竟有多大影响？仅仅看到别人喝某种类型的啤酒、用某种睫毛膏、喷某种牌子的香水、在某台电脑上打字或使用最新的环保产品，就可以说服我们也做同样的事吗？

我的目标是，通过了解当今最新的“隐形说客”如何蓄意用品牌给我们洗脑，让作为消费者的我们学会反击。本书的目的不是让你停止购买——我已经证实了这的确不可能，而是训练你并给予你力量，让你对于我们买什么和为什么买做出更加精明的、稳健的和明智的决策。你终究还是要学会适可而止。

马丁·林斯特龙

01

买吧，买吧，宝贝！

品牌从我们在娘胎里时就开始营销了

法国的化妆品女性高管协会（Cosmetic Executive Women，以下简称 CEW）位于巴黎，由 270 位女性美容业的专家组成，该组织公开宣称，他们的目标是向世界展示美容产品不仅是一个“琐碎的消遣”，而且能够真正改善人们的生活。为了达到这个目标，1996 年，CEW 在欧洲最著名的医院之一成立了第一家美容中心，目标是为遭受灾难和疾病的患者提供情感和心理上的支持。

这个中心的很多患者都因汽车和摩托车事故、滑雪或其他事故造成的脑损伤而患有痴呆。有一些患者正处于昏迷中，而其他很多人虽然有意识，却再也不能说话。大多数人不记得事故的任何细节，以及他们是如何入院的，很多人甚至不记得自己的名字。

这就是美容中心的专家们决定要从患者的鼻子入手的原因。美容中心是由玛丽－弗朗斯·阿尔尚博（Marie-France Archambault）管理的，她之前是一名精神疾病治疗师。阿尔尚博的团队和国际香料香精公司（International Flavors and Fragrances）合作，把超过 150

种独特的香味装进瓶子，主题包括森林、青草、雨水、海洋、巧克力等，然后开办了一个“嗅觉工作坊”，他们使用这些香料帮助患者重拾失去的记忆。

CEW 和医院的医疗小组及语言治疗师们紧密合作，并且还把患者的家人和亲近的朋友引入团队，为患者创造出他们发生事故之前的生活场景：他在哪里长大？在乡村还是城市？他的童年是什么气味的？他在青春期热爱哪些东西，有什么习惯？他最喜欢的食物和饮料是什么？他可能最熟悉哪种味道？然后再根据这些信息设计出可以激活他记忆的香味。

CEW 还帮助过一个化妆品公司的高层，他患有严重的中风。当医生问起时，他几乎完全记不起来他的过去。然而，当 CEW 团队让他闻了闻草莓味时，这位患者开始结结巴巴地讲述他年轻时的往事。另一个严重受伤的患者无法记起他经历的那场摩托车事故，但只是闻到事发那条路面的味道就足以“解冻”他的大脑。在闻了味道之后，他喃喃道“柏油路、摩托车”，这帮助他迈开了恢复之路的第一步。

CEW 团队还治疗过老人以及阿尔尚博的病人，当闻到代表各自童年的气味之后，他们在回忆过去和记住现在方面都取得了飞速的进步。

这些案例表明，某些与我们童年的关联和记忆对于恢复哪怕是最严重的脑损伤都是极其有效的。当我第一次听说这个令人惊诧的 CEW 项目时，它确认了一个我长久以来的猜测，即成年人的品位和喜好，无论是关于食物、饮料、衣服、鞋子、化妆品、洗发水，还是其他什么，在儿童早期就形成了。毕竟，如果连童年对于草莓味的喜爱都能够让人从严重的中风中恢复记忆，那么个人的喜好就更加根深蒂固了，不是吗?

的确有研究表明，我们对于品牌和产品的大部分喜好（有些时候是对于这些品牌所代表的价值观）在7岁之前就已经被深深嵌入大脑中。但是基于在这个行业里所观察到的，我认为，我们的品牌喜好被固定的时间要更早一些——在四五岁之前，而这大部分要归功于热衷调查的营销者、“推销于无形中”的广告商，以及以赢利驱动的公司，关于他们的事迹你在后文中都可以读到。事实上，基于我发现的一些新的研究结果，结论要更进一步了：世界上最聪明的厂商在努力控制我们喜好的时间点上又提前了一些——在我们还未出生时。

天生购物狂

在我很小的时候，我的父母喜欢巴萨诺瓦（Bossa Nova）音乐，一种融合巴西桑巴舞曲和美国酷派爵士的“新派爵士音乐”。比较著名的歌手有斯坦·盖茨（Stan Getz）、阿斯特拉德·吉尔伯托（Astrud Gilberto）等，歌曲有《来自伊帕内玛的女孩》《基督山》《我只跳桑巴》等。那是一个漫长又沉闷的冬天，他们不停地播放着巴萨诺瓦，所以也难怪我长大之后彻底爱上了这种音乐（至今仍是如此）。

但是，那年冬天，我还在母亲的肚子里，刚满7个月。

科学家在多年前就已经知道，孕妇说话的声音可以传到子宫内；也就是说，胎儿可以在子宫里听到母亲的声音。但是最近的一个研究发现，正在生长的胎儿能够听到的声音范围更广，包括来自母体之外的声音。在过去，人们认为母亲体内的声音（心跳、羊水流动的声音）会压过所有外界的声音，比如音乐。但是研究表明这一观点是不正确的；事实上，快出生的婴儿不仅能在子宫里听到音乐，而且这些音乐还会给他们留下强烈和持久的印象，进而塑造他们成年之后的品位。芬兰赫尔辛基大学高级研究所的研究员明娜·霍蒂莱宁（Minna Huotilainen）说："音乐对于胎儿记忆的产生具有非常强大的作用。如果母亲经常听某种音乐，胎儿会辨认并喜好这种类型的音乐，胎儿将自动建立起和母亲相同的音乐品位，因为母亲的所有荷尔蒙都是共享给胎儿的。"我觉得这充分解释了我为什么会买过那么多巴萨诺瓦的 CD，而我的 iPod 里面也有很多这类音乐。

这件事本身听起来再平常不过，甚至有些心里暖暖的。毕竟，人们如果知道他们成年后对于披头士乐队（The Beatles）或诺拉·琼斯（Norah Jones）的喜爱是源于自己的母亲怀孕时总是听披头士的专辑《艾比路》（*Abbey Road*）和琼斯的《不知为何》（*Don't Know Why*）这首歌，谁不会从内心觉得温暖呢？但是当你意识到有多少曲调、声音和歌谣都与品牌或产品有关时，这一切就显得邪恶了许多。而且也确实有证据表明，在子宫里听到某些曲调和歌谣，会让我们对那些歌谣产生好感——而之后一些品牌可能会和这些歌谣关联起来。

贝尔法斯特女王大学的教授彼得·赫柏（Peter Hepper）在一项研究中发现，新生儿的确会表现出对某一电视主题曲的喜爱（越简单、重复次数越多越好），而这一主题曲正是他们的母亲在怀孕时经常听的。在婴儿出生仅仅 2~4 天时，给他们播放他们的母亲在怀孕期间经常看的澳洲肥皂剧《邻居们》（*Neighbours*）的主题曲，婴儿们表现出了更强的注意力，而且变得更加平和，不再局促不安，心跳速度也减缓了——这说明他们很适应这个环境，这不仅仅是因为音乐本身比较舒缓。赫柏表示，这些婴儿“对其他不熟悉的曲调就没有这种反应”。

我们该如何解释这一惊人的发现呢？一位不愿透露姓名的世界著名胎儿研究者说：“要测试新生儿是很困难的，目前的研究也只是针对小部分儿童，婴儿有可能对他们在子宫里经常听到的声音有所反应，尤其是如果这些声音和母亲的情绪相关联。所以打个比方，如果母亲在怀孕时每天都能听到一段易于记忆的歌谣，而她又对这首歌谣产生了愉快或轻松的反应，那么胎儿，也就是之后的新生儿，就会对这种声音类型产生条件反射，相比其他不熟悉的声音，这种声音更能引起他们的注意。”也就是说，从我们出生的那一分钟起，我们在生理上就已经喜欢那些在子宫里听过的声音和音乐了。

狡猾的营销者们开始千方百计地利用这一点。举个例子来说，几年前，亚洲的一个大型连锁购物中心意识到孕妇们会花很多时间购物，所以向这些孕妇“灌输”的潜力是巨大的。毕竟，怀孕是女性一生中最重要也是最情绪化的阶段之一。除了荷尔蒙的变化以及期待新生命降生所带来的紧张情绪，这也是女性耳根子最软的一段时期。所以这家连锁购物中心开始实验气味和声音在潜意识中的力量。首先，他们在购物中心服装区域的每个角落喷洒强生的婴儿爽身粉，然后在食品饮料区注入了樱桃的气味。他们还开始播放舒缓的音乐，而且是在孕妇们儿时流行的音乐（为了激发她们对自己童年的正面回忆，这是一个很流行的策略，后文中还有更详细的说明）。

购物中心的高层希望这些做法能提升孕妇们的购物热情（他们也确实成功了）。但是令人吃惊的是，它还带来了一个意想不到的结果。在这次感官实验结束后大约一年，购物中心收到了很多妈妈们的来信，说她们的孩子“迷上了”这家购物中心。只要一进入购物中心，婴儿们就会安静下来。如果他们当时正在烦躁或哭泣，一进来立刻就冷静下来。她们当中有60%的人表示，在其他地方都没有过这样的经历，即使其他地方有同样的气味和声音也不行。分析了这些令人费解的研究发现之后，购物中心的管理层推断出，婴儿爽身粉、樱桃的气味，还有安逸、舒缓的声音（包括这些妈妈们的心跳、小孩的笑声，以及精心选择的乐器和重复的节奏）都渗透进了子宫。新一代购物中心的消费者就此产生了——当然是在潜意识中。虽然管理层未能测试该实验对这些“被灌输”的婴儿消费者产生的长期效果，但也有一些证据表明，多年之后，这些实验对下一代人的购物习惯将产生重大的影响。

饮食习惯：子随其母

众所周知，孕妇吃的东西会对胎儿产生很大的影响。从医生确诊怀孕的那一刻开始，准妈妈们就开始注意饮食了。从那之后，晚餐再也不能喝葡萄酒了。如果她有偶尔抽烟的习惯，也要彻底改变了。但是很多孕妇并不知道，她们吃的东西不仅会影响胎儿的发育，还会影响他们在成年之后的习惯。

有研究表明，如果准妈妈们在怀孕期间抽烟，那么她们的孩子很可能在22岁之前成为吸烟者。同样，如果准妈妈们在怀孕时吃了大量的垃圾食品，那么孩子以后也很可能会喜欢垃圾食品。

2007年，皇家兽医学院（Royal Veterinary College）的斯特凡妮·贝约尔（Stephanie Bayol）和她的团队在《英国营养学期刊》（*British Nutrition Journal*）上发表了一个研究成果，他们把哺乳期的老鼠分成两组进行喂养，一组喂养的是普通饲料，另一组的饲料中包含了大量的垃圾食品：果冻甜甜圈、薯条、松饼、棉花糖等。结果表明，那些吃了垃圾食品的老鼠生下的幼鼠比那些只吃普通饲料的老鼠生下的幼鼠过量饮食的可能性要高 95%（而且它们长大之后比普通老鼠胖 25%）。

这种现象不单出现在鼠类中。哈佛医学院在 2007 年研究了 1 044 对母子，发现怀孕期增加过多体重的母亲，其孩子在幼儿期超重的概率是那些增加适当体重的母亲的孩子的 4 倍。也就是说，即使在控制基因、饮食和其他行为因素的前提下，饮食过量的准妈妈生下的孩子也更有可能饮食过量。研究员约瑟芬·托德兰克（Josephine Todrank）解释道："如果准妈妈吃健康食品，那么孩子也会喜欢健康食品。"托德兰克博士在科罗拉多大学医学院进行了一项为期两年针对孕妇和胎儿的研究，结果表明孕妇的饮食不仅让胎儿对香味和气味敏感，而且相关信息还会传输进胎儿的大脑，从而影响婴儿未来的饮食习惯。

事实证明，和音乐一样，对某种味道和气味的偏好也会在胚胎期形成。对此有真实的生物学证据作为支持：有研究发现，一些强烈的味道和气味（如蒜味）会通过母体的羊水传输，胎儿确实能够"尝到"。明娜·霍蒂莱宁解释道："一切嗅觉和味觉都是以羊水为中介传输到胎儿的鼻腔和口腔的。很久以前我们就知道，羊水富含孕妇饮食中的气味。"

曾有一项研究指出，如果一个孕妇在孕期的最后三个月吃了很多有大蒜味或香草味的食物，那么她的孩子就会比其他婴儿更喜欢类似大蒜味或香草味的牛奶。专家们花了很长时间解释这一现象。2001 年的一项实验发现，在孕期喝过胡萝卜汁的妈妈的孩子会更喜欢胡萝卜口味的麦片。费城莫奈尔化学感官中心（Monell Chemical Senses Center）的心理生物学家朱莉·孟妮拉（Julie Menella）说："准妈妈通过怀孕期的饮食和之后的哺乳向她们的孩子传递信息，告诉他们什么是好吃和安全的食物。"

孟妮拉解释说，因为羊水中包含准妈妈消耗的食物、饮料以及香料的味道和她吸入的气味，又因为胎儿的嗅觉和味觉系统在孕中期和孕后期已经开始工作（最早从第 12 周就可以开始），胎儿确实能够察觉到这些味道和气味并发展出一种倾向性，从而影响他（她）成为婴儿或长大之后的偏好。国际香料香精公司的集团总裁尼古拉斯·米尔扎扬茨（Nicolas Mirzayantz）说："胚胎的嗅觉是在子宫里形成的。嗅觉是我们大脑中最强大、最原始，也是最直接硬性的（感官）。婴儿和外界最初的接触就是与母亲有关的气味。有多少食物是因为我们在幼时被'灌输'了太多而成功被我们选择的？"他假设性地问道，"太多了。我认为最初的 4 年是起作用的。"

无论你信不信，品牌公司不仅了解这一点，而且还会把这个转化为他们的优势。他们是怎么做的呢？举个例子，可比可（Kopiko）是一个受欢迎的、成功的菲律宾糖果品牌，你几乎可以在菲律宾任何一个城镇的小卖店里找到这个品牌。可比可琢磨出了一种俘虏胎儿味蕾的办法。一次去马尼拉，我发现可比可的分销商为儿科医生和其他医生提供可比可的糖果，让他们分发给产科病房的孕妇们。出于好奇，我又多打听了一些。结果证明这种做法并不仅仅是"给准妈妈们一点可口的甜食"这么简单。

在那段时期，可比可正准备推出一款新产品：喝起来有糖果味道的咖啡。有趣的是，可比可咖啡一经面世就大获成功，尤其受到儿童的欢迎。是的，就是孩子们，他们从来没有尝试过可比可咖啡，却爱上了它的味道。在一个焦点小组访谈中，父母和孩子不仅谈到了这个产品醇厚爽滑的口感，还有它激发出来的怀旧情绪及归属感。此外，当我给那些曾在孕期吃过可比可糖果的妈妈们做民意测验时，很多人告诉我，当她们给挑剔、哭闹的婴儿喝一小口可比可咖啡时，宝宝们就像被施了魔法一样，立刻安静了下来（不过我并不推荐这种养育方式）。如今，在问世 4 年之后，可比可咖啡成为菲律宾第三大品牌。

婴儿最初的品牌

作为一个在丹麦长大的孩子，在 5 岁之前我身边就已经有很多品牌了。乐高、邦·奥陆芬（B&O，超现代的丹麦设计师品牌，产品从声音系统到电话一应俱全）、詹姆斯·邦德、流行音乐组合阿巴（ABBA）。事实是，35 年之后，我在童年时期喜欢的品牌仍在影响我的品位和购买决定。一方面，我总是（无意识地）穿得像詹姆斯·邦德（一身黑色），戴劳力士手表。当我出差旅行时（每年大约有 10 个月在路上），我几乎总是选择住在有超现代邦·奥陆芬风格的酒店里。虽然我的衣服都是黑色的，但是我一直对彩色的艺术品非常着迷。我一直搞不清是为什么，直到几年前，我发现家里的每一幅画都有黄色、红色、蓝色、黑色和白色的元素——这是我童年时期最爱的乐高玩具中的 5 种基本颜色。

是的，我承认，我至今仍时而听阿巴的歌。我的“辩词”是，我毕竟是个斯堪的纳维亚人。

不仅很小的孩子会对品牌有意识，而且还会把童年时热爱的品牌带进成年后的生活里，我就是个活生生的例子。但是，为了研究这个现象的普遍性，我在 SIS 国际研究公司（SIS International Research）的协助下做了一项研究，看童年的偏好如何塑造我们成年后的购买习惯。这是一家纽约的全球定制市场研究和战略管理研究公司，为超过 70% 的《财富》500 强公司和很多世界上最具影响力的公司服务，在超过 120 个国家开展研究项目。在给 2 035 名儿童和成年人做了问卷调查后，SIS 公司发现 53% 的成年人和 56% 的青少年使用他们童年时记住的品牌，尤其是食品、饮料、保健产品和消费日用品。如果你认为品牌和他们的营销者不知道这个秘诀，也没有主动向幼儿推销，那你就要再想想了，因为你将在本书中看到很多营销者和广告商用来给年轻的和敏感的消费者洗脑的聪明伎俩——以确保他们对品牌一直忠诚。

这也许可以解释为什么 3 岁以下的儿童对于广告商来说代表着 200 亿美元的市场。是的，他们是一群非常相似的儿童，每年会看到大约 4 万条电视广告，而且，经过我多年的研究，他们知道的品牌“角色”比他们知道的真的动物还要多。然而，大多数父母还没有认识到，仅有 18 个月大的婴儿在多大程度上接收了品牌和产品微妙（有时也比较明显）的暗示。

世界上大多数孩子认识的第一个单词是什么？英国米德尔塞克斯的消费者知识中心（Consumer Knowledge Centre）的首席执行官布赖恩·厄尔比克（Bryan Urbick）认为，不是“妈妈”或者“爸爸”，而是“麦当劳”或者“罗纳德”。是的，大多数 18 个月的婴儿无法说出“麦当劳”这个词，但是他们可以认出这个快餐连锁品牌的红黄配色、屋顶轮廓线、黄色的大 M 品牌标志。他们坐在汽车后座上，肥肥的小手指向麦当劳，然后他们的爸爸就会把车停在停车场，全家人一起进去大快朵颐。所以说，婴儿对麦当劳的认知是和情感补偿、熟悉感，当然还有味觉、听觉、嗅觉联系在一起的。

现在的情况更糟了。20 年前，《美国医学会杂志》（*Journal of the American Medical Association*）发表了一项研究成果：“美国几乎所有的 6 岁儿童都认识‘骆驼老乔’（Joe Camel），而且他们对它的熟悉程度和对米老鼠差不多。”我猜想，如今三四岁的孩子不仅能够辨识出骆驼老乔，而且还会把他和品牌联系起来。

18 个月的婴儿能够认出像麦当劳和骆驼这样的品牌，主要归因于当今媒介饱和的文化，越来越年幼的孩子们比以往接触到更多的媒体和广告。到 3 个月的时候，40% 的婴儿已经开始定期接触屏幕媒介；到了两岁的时候，这个数字上升到了 90%。这还没有算上他们接触到的网络、手机、电脑游戏、广告牌上的广告轰炸。

由此带来的影响比你想象中的更大。到 6 个月的时候，婴儿已经可以在头脑中形成公司标志和吉祥物的形象。不过这也不算令人惊讶，如今，从围嘴到婴儿车，所有婴儿产品都印着授权的卡通形象——Elmo、海绵宝宝、跳跳虎、巴斯光年，这些卡通人物会继续在孩子们的童年期向他们出售食品、玩具等。加州伯克利赖特学院的著名儿童心理学家艾伦·坎纳（Allen Kanner）博士说：“近期的研究表明，美国的儿童在 36 个月大时已经能认出平均 100 个品牌的标志。”在 2007 年的一项实验中，测试者给 3~5 岁的儿童展示了一些卡片，每张卡片上都有一个品牌标志，当他们看到那标志性的红色公牛的眼睛时，大多数孩子都会兴奋地尖叫着“塔吉特”。

更糟糕的是，婴儿一旦会说话，就开始叫品牌的名字。在一个著名的研究中，一个 23 个月大的婴儿一直在重复着“这就是可口可乐，这就是可口可乐，这就是可口可乐”（可口可乐广告语）；而另一个 23 个月大的婴儿指着他爸爸正拿着的啤酒瓶，嘟囔着“无糖百事可乐，少一点卡路里”（百事可乐广告语）。到一年级时，平均每个孩子能够背诵出大约200个品牌名称——这是一个合理的数字，因为大多数孩子每年都会收到平均70件新玩具或小玩意儿。Nickelodeon（一个儿童节目频道）的一项研究发现，到10岁时，平均每个孩子的记忆中会有三四百个品牌。

这些小孩子不仅在学习这些品牌的名称，事实上，他们也开始形成了一些品牌偏好。《小儿科》（*Pediatrics*）杂志在2010年刊登了一项研究报告，40名学龄前儿童被安排在两包食物中做出选择（每包食物中包括全麦饼干、水果点心和胡萝卜），两包食物唯一的区别就是其中一包的包装上贴有授权的卡通形象，而另一包没有。结果是，孩子们不仅选择了有品牌的食物，而且他们还表示那些印有卡通形象的包装里的食物更好吃。这篇文章的作者克里斯蒂娜·罗伯托（Christina Roberto）是耶鲁大学路德食品政策和肥胖中心的博士生。在另一个研究里，63名学龄前儿童被安排品尝两组完全相同的5种食物：汉堡包、炸鸡块、炸薯条、牛奶和胡萝卜。第一组食物的包装是一个普通的不含品牌标志的袋子，而第二组是用麦当劳的袋子包装的。孩子们给第二组食物的评分远远高于第一组食物，甚至连胡萝卜也是（据我所知，麦当劳是不卖胡萝卜的）。

道格拉斯·洛西科夫（Douglas Rushkoff）在他的《大脑操纵：营销不能说的秘密》（*Coercion: Why We Listen to What "They" Say*）一书中这样写道：“通过在早期‘播种’他们的产品和形象，营销者达到的目的不仅是发展消费者的品牌认知度，而且确实能培养人们对品牌的情感。”一个能认出百威啤酒上的青蛙标志并拼出“百威”这个单词（Bud-Weis-er）的9岁孩子，比那些只认识托尼虎并喊着“他们棒极了”的孩子更有可能在将来爱上喝啤酒。

《天生购物狂》（*Born to Buy*）的作者朱丽叶·斯格尔（Juliet Schor）提到，婴儿在18个月时认识的品牌不仅让他们在长大后偏好这些品牌，而且还让他们相信这些品牌符合他们的个人特质（或他们喜欢的个人特质），比如前卫、坚强、灵活、世故。更可怕的是，孩子在3岁时就能感受到使用某些品牌带来的社会压力，也已经相信穿戴、拥有或消费某些品牌能够帮助他们树立自己的风格。《心理学和营销学》杂志（*Psychology and Marketing*）在2009年刊登的一个研究表明，在问一个学龄前儿童有关乐高的问题时，他回答说："它真的很好玩，我必须拥有它。如果我有乐高，大家都想要来我家玩，如果没有乐高，他们可能不会喜欢你。"另一个孩子说："麦当劳里有一个游戏场，你可以在那里玩，大家都会喜欢你。"

特别是一些食品营销者，会运用一种尤其险恶的策略（我们会在第三章详细讨论）来瞄准年幼的、易受影响的儿童——披着娱乐外衣的广告。正如《纽约时报》最近的一篇报道所指出的，有很多食品公司"经常出售糖、谷类食品和垃圾食品，他们运用多媒体游戏、在线测试和手机应用程序来和小消费者们建立起密切的关系"。具体来说，耶鲁大学路德食品政策和肥胖中心在2009年发表的一项报告中指出，三大食品公司——通用磨坊（General Mills）、家乐氏（Kellogg's）和宝氏（Post），通过游戏来"兜售品质最差的麦片"，产品包括"幸运护身符"（Lucky Charms）、蜂蜜燕麦圈（Honey Nut Cheerios）、果脆圈（Froot Loops）、"苹果杰克"（Apple Jacks）以及水果味和可可味麦片。这篇文章指出，"幸运护身符"网站的一个游戏邀请孩子们参与一个虚拟的"幸运小妖精"之旅；"苹果杰克"推出了一个叫"快到碗里来拉力赛"（Race to the Bowl Rally）的智能手机赛车游戏应用，孩子们通过收集"苹果杰克"的麦片来获得赛车点数；“蜂蜜燕麦圈”的网站让孩子们用标志性的吉祥物嗡嗡蜜蜂（BuzzBee）来制作自己的漫画。为了使广告和娱乐之间的界限变得模糊，这些“游戏广告”给相关公司带来了很多好处。第一，它们令营销者绕开了“电视上不允许播放垃圾食品广告”的规定；第二，它们像病毒一样扩散开来——孩子们会和他们的伙伴一起分享游戏，他们不经意间成了品牌代言人；第三，正如我们会在第三章详细讲到的，这些游戏是会让孩子们上瘾的。简单来说，这些游戏运用了多种强大而隐形的诱导手段。

我们在本书中还会看到，食品营销者们并不是唯一使用这些伎俩的人。各行各业的公司都很清楚，广告可以从孩子很小时就开始塑造他们持久的偏好，我们开始使用某个产品时的年龄越小，我们就越有可能在未来继续使用。这就是有如此多的成人品牌开始把广告和营销的目标投向年幼消费者的原因。让我们来看看他们是怎么做的。

“释放内心的小野猫”

有研究表明，如今的男孩和女孩的青春期比几十年前的孩子们来得平均早一年，在营销领域这一现象被称为“性早熟”。那又怎样呢？青春期意味着要消费某些产品——剃须刀、剃须膏、洗面奶、青春痘胶、止汗喷雾、化妆品等。你最好相信很多品牌都在利用这个事实。比如，西雅图一家叫“斑点女孩”（Dot Girl）的制造商出售一种“月经初潮套装”，粉色或蓝绿色的包装上印有卡通形象和活泼的品牌标志，在里面，你那11岁的女儿会发现一套女性卫生用品，还包括一个缓解痛经的热敷垫。“斑点女孩”的联合创始人特里·古德温（Terri Goodwin）说：“我们想贴近年轻人的需求。”旧金山有一个名为“女朋友”（Petite Amie）的品牌，出售成套的个人用品，主要的对象也是青少年。创始人秦彤雅（Toyna Chin，音译）说：“年轻的女孩是你的第一批品牌用户。去尝试抓住这些目标受众，越年轻越好，这对于任何一家公司来说都很重要。”

消费者研究公司 NPD 集团发布了一项报告：“2007~2009 年，8~10 岁定期使用睫毛膏和眼线笔的女孩的比例增长了近一倍——睫毛膏的使用者从 10% 上升到了 18%，而眼线笔的使用者从 9% 上升到了 15%。”记者佩姬 · 奥伦斯坦（Peggy Orenstein）最近写了一本名为《灰姑娘吃了我的女儿》（*Cinderella Ate My Daughter*）的书，她有两个女儿，一个 6 岁半，一个 9 岁，她们都定期使用口红和唇彩。奥伦斯坦在书中写道：“美国 8~12 岁的小女孩现在每个月花在美容产品上的钱已经超过 4 000 万美元。”庞大的市场催生出种种现象：位于纽约上东区的一家高端点心店迪伦糖果屋（Dylan's Candy Bar）推出了美容产品系列，包括纸杯蛋糕身体乳和草莓甘草润唇膏（“嘴唇要永远像糖果般甜美，保持亲吻时的甜蜜”，是它们官网上的宣传语）、汉娜 · 蒙塔娜（Hannah Montana）化妆套装，以及盒子上印有一群 7 岁少女的直发产品；Bonne Bell 向 7 岁的女孩推销化妆品，并且声称这个年纪的女孩“已经可以熟练地使用唇彩棒”。甚至脱毛品牌奈尔（Nair）也推出了名为“奈尔美女”（Nair Pretty）的产品系列，该产品的对象是 10~15 岁的少女，或者他们在业内声称的“首次脱毛的顾客”。

更加骇人听闻的是，根据《赫芬顿邮报》（*Huffington Post*）近期的报道，青少年流行服装零售商 A&F（Abercrombie & Fitch，阿贝克隆比 & 费奇）已经开始推广和销售 8 岁女童穿的带胸垫的比基尼上衣。Baable.com 上的一些博主巧妙地指出："有提拉效果的胸罩是一种有效的性工具，目的是让胸部更加挺拔和突出，使它们提升和聚拢，更加吸引眼球。怎么能让二年级的女孩穿这种东西呢？"

在我的书中，这些都太正常不过了。

没有什么玩具比英国的零售商乐购在 2006 年推出的那款"躲猫猫钢管舞套装"更加过分的了。这是一个面向 10 岁以下的女孩销售的钢管舞游戏套装，帮助她们"释放内心的小野猫"。不出所料，盛怒的父母们提出抗议，让这个产品下了架，我是站在他们这一边的。

怎样能培养出一个终身的酒鬼？让他们早早地开始尝试一种甜味的类似汽水的有色饮料（是含有酒精的），这个在业内被称为"酒精软饮料"。虽然这种饮料据称是给成年人饮用的，但是美国医学会的研究发现，酒精软饮料在 13 岁的女孩中最受欢迎，而且这种适合孩子口味的、甜味的混合酒占据了这个群体所消耗的酒精饮料的 29%。

那么，品牌公司是如何使他们的产品在演员麦莉·赛勒斯迷中广为传颂的呢？其中一个方法就是雇用"女孩情报局"（Girls Intelligence Agency，简称 GIA），这家公司在全美招募了 4 万名女孩作为游击营销者，他们为这些女孩提供产品的独家优惠、活动和免费的网上时尚咨询，然后把她们安排到世界各地，让她们和自己的朋友以及同学谈论这些产品。GIA 甚至组织一些"包厢睡衣派对"活动，这是一个"无害的"通宵派对，那些作为营销者的女孩可以邀请 11 个朋友参与。当然，GIA 会在派对上发放免费的产品，包括 DVD 和化妆品。另外，"GIA 还教导这些女孩'机灵点，从你的朋友那里套出一些情报'，比如她们最近觉得时髦的东西"。

欢迎来到成年人的世界

营销者并不仅仅把这类花招用在女孩身上。虽然每家公司的数据不同，但我的研究表明，越来越多的营销预算被用在“给下一代男性消费者洗脑”上，而且越早越好。你很难去责备他们。吉列内部的“战斗小组”（品牌内部的研究小组，旨在密切关注吉列的主要竞争对手威尔金森）发现，一旦一个男孩使用两次吉列剃须刀，那么他在成年后继续使用这个品牌的概率为92%。我采访过的一位男士说，吉列会在男孩成年生日时（每个州的成人年龄不同）或高中毕业时送上“欢迎来到成年人世界”的礼包。

Stinky Stink（针对男孩的香体喷雾品牌）公司为了取悦男孩们，推出了一种新的身体喷雾，模仿滑雪蜡的成年人体香，甚至还有一种是模仿新的Play Station 3（索尼公司的一款游戏机）或Wii（任天堂公司的一款游戏机）的气味。“我最开心的一刻，”公司的创始人克里斯·塞勒斯（Chris Sellers）告诉我，“就是一个13岁的男孩跟我说，‘这才是代表我生活的气味。’”当佳得乐（属于百事可乐公司旗下）推出新的“G系列”饮料时，营销者成立了一个“任务控制”小组，每逢中学开运动会，他们会在推特上发布鼓励运动员的话语，而且还经常更新脸书网。“脸书网上会解答那些关注身体状态的青少年提出的问题，比如最好在什么时候饮用新型蛋白饮料。”《华尔街日报》写道：“佳得乐的工作人员全天24小时监测社交媒体……希望他们看到的和学到的东西能够帮助公司更有效地向脸书和推特的爱好者们推广他们的新产品系列。”

无论男孩还是女孩，一旦你18岁的生日临近，你就很可能会从一个“最不可能的”寄送者——烟草公司那里收到一份礼物。比如库尔的生日礼物就是一个看起来很昂贵的银色盒子，里面堆满了这个牌子的薄荷香烟的优惠券甚至代金券，还有很多摇滚乐队的CD、一个上网制作个人音乐播放列表的邀请（烟草公司发现音乐是招徕吸烟者的有效途径，所以俱乐部和音乐会上也有很多推销香烟的广告）。既然你不抽烟，你会扔掉这里面大部分的东西。但是一个月之后，他们又寄来一堆完全相同的东西，接着又是一包。如果寄了三四次你还不买账，那么烟草公司就知道你不会动摇了——有研究证实，典型的吸烟者在第三次寄来时就会上钩——然后他们就会寻找下一个“受害者”。

你相信吗？就连汽油公司和汽车制造商也开始瞄准孩子们了。壳牌石油的营销部门和乐高有一个长期合作，在乐高玩具中植入壳牌的品牌。在一个英国石油公司的动画广告中，孩子们一边齐声唱着一首欢快的儿歌，一边把车停在英国石油公司加油站的加油泵旁。在一个保时捷的电视广告中，一个小男孩坐在教室里浮想联翩，幻想着成年世界、速度和保时捷。在他的幻想中，他出现在一家保时捷的经销店，要求看一下保时捷911车型，在里面坐了好一会儿，然后要了销售员的名片，“我会在20年后再来找你。”男孩说。画外音响起：“关于保时捷有一个有趣的现象。在某一时刻，你知道你想要得到它，又在某一时刻你第一次拥有它，而真正折磨人的是，在这两点之间要经过10年或20年。”

保时捷并不是唯一一个关注未来消费者的汽车制造商。奥迪也推出了一个泰迪熊的系列，以及一部主角为毛绒玩具和婴儿用品的名为“抢劫壁虎”的卡通片；日产赞助了美国青少年足球组织（American Youth Soccer Organization）；而克莱斯勒通过邮递向孩子们发放了成百上千本有立体图片的产品推广图书。

就连星巴克也意识到青少年在他们的潜在消费者中占有很大的比重。《纽约时报》指出："星巴克正在考虑推出新饮品，或改变现有饮品的容量，以迎合孩子们或青少年的需求。'我们需要面对现实，一旦有孩子自己走进我们的店铺，我们就要确保有适合他们的产品。'"星巴克的发言人布兰登·博尔曼（Brandon Borrman）说。这篇文章还指出，在一家本地的星巴克里，咖啡师把热牛奶叫作"婴儿奇诺"（babyccino）。

先有鸡还是先有蛋?

我们初次使用一个品牌或产品时的年龄越小，在今后的多年里继续使用它的可能性就越大。但这并不是品牌营销和广告的投放对象越发低龄化的唯一原因。另一个原因是儿童本身就是一个营销工具，这多亏了他们的"儿童消费力"——他们影响父母购买决定的能力。得克萨斯农工大学的营销学教授詹姆斯·麦克尼尔（James McNeal）指出："75% 的自发性食品购买都是源于一个喋喋不休的孩子。有半数的母亲完全是因为孩子的要求才会购买某种食品，所以激发孩子们的购买欲，就是激发了整个家庭的购买欲。""孩子对家庭消费是有影响力的，他们会影响他们的祖父母，影响他们的保姆，一个接一个。"麦克尼尔教授在近期接受《纽约时报》的采访时说。

我发现孩子们的"说服"技巧是全球通用的：谈条件（"如果你给我买那个巧克力，我就收拾我的房间"）；当众吵闹（一目了然无须解释）；把父母双方对立起来，这种方式在单亲家庭中尤其见效（"爸爸给我买了奥德瓦拉果汁，你为什么不给我买"）；还有趁妈妈不注意时偷偷在超市的购物篮里放进一样东西，直到在收银台结账才被发现，妈妈生怕孩子当众吵闹或显得小气，只好作罢。

同时，这种说服力在另一方面也是起作用的——父母对孩子长期的品位和偏好也有直接或间接的影响。这种日渐普遍的现象在业界被称为“传承影响”，而且它趋向于出现在孩子很小的时候。这就引出了一个问题：究竟哪种影响在先——孩子的影响还是父母的影响？简单回答就是“二者是同时出现的”。

详细来说，大多数家庭都有着强烈的文化、态度、信仰、价值观和习惯，孩子从小就会把这些认为是一种规范。这些规范影响着他们的穿着、饮食，以及他们购买什么品牌和产品。让我们从一个实例来一窥这种循环影响力是如何工作的。纯果乐橙汁是很多孩子的日常饮品。孩子观察着他们的父母一瓶接一瓶地购买纯果乐，就会认为这是世界上唯一一种橙汁。所以当孩子和妈妈一起去食品超市时，你们认为他（她）会缠着妈妈买什么牌子的果汁呢？所以妈妈就会一直购买纯果乐。当孩子长大之后，自己要去超市购物时，他只会出于纯粹的习惯去选择一个品牌。因此，一个长期的偏好就形成了。顺便说一句，因为通常都是妈妈带着孩子去商店购物，所以妈妈对青少年的购买行为的影响要大于爸爸，尤其是对于日常用品来说，比如香皂、调料、洗洁精以及洗衣液。

通常，我们成年后对童年时使用过的某个品牌的偏好是出自怀旧情绪——营销者通过隐形而巧妙的方式将这种情绪植入我们的大脑（我在下面会继续谈到这个问题）。营销者努力使我们在潜意识里把品牌和关于家乡及家庭的温馨回忆联系起来，从而让我们认为使用这个品牌就是一种重新联结过去以及至爱亲朋的方式。我有一个朋友只用佳洁士的牙刷和牙膏，当我问他为什么时，他想了一下说道："因为如果我用了其他的品牌，就好像有一种背叛我父母的感觉。"

就像我们在本书中会提到的大多数"隐形的说客"一样，传承影响也不是偶然发生的，绝对不是。品牌和零售商竭尽全力让我们把自己的品牌偏好传承给我们的孩子，这事实上是他们的一种策略。这就是有那么多的品牌正在推出成年产品的"迷你版"供儿童甚至婴儿使用的原因，他们希望品牌能传承下去。盖普童装和J. Crew（一个美国服装品牌）童装系列背后是有一套策略的，甚至哈雷－戴维森都推出了婴儿连体衣系列（给那些小摩托车手准备的）。

哦对了，如果你最近去过苹果零售店，你有没有发现它像一个国际托儿所？那是因为苹果这个孩子们最喜欢的品牌（《纽约时报》在2010年有报道称，苹果手机"已经成为人类历史上安抚婴儿的最佳法宝"），提供了各种各样的儿童游戏应用。当然，这些应用是很多疲劳父母的福音，让孩子有事可做，这样父母就可以得到片刻的平静和安宁，但是这也是苹果众多的"吸引下一代消费者"的隐形战略的一部分（接下来你会有更详细的了解）。苹果的"回归校园"（back-to-school）买笔记本送iPod Touch的优惠活动就是隐形战略的一个具体表现——听起来很划算，但是这其实是经过缜密计算的。我相信苹果的营销者一定预见到了，当父母们把iPod Touch送给他们的孩子时，孩子一定会被这小玩意儿吸引住，最后会让父母花高价给他们买属于自己的苹果电脑。（还有研究证实，儿童对苹果产品的痴迷开始得要早得多。我曾经做过一个实验，把一些黑莓手机发给一群一岁的孩子——他们立刻开始在手机的屏幕上划动手指，动作就像在苹果的触屏上面一样。）

这些面向儿童的策略之所以如此有效，其中一个原因就是他们打了一套“组合拳”：不仅我们在童年早期的偏好和印象会伴随我们的一生，我们还会钟情于那些带有儿时记忆或激发童年感受的产品。实际上，你在后面也会读到，怀旧情绪是最强有力的隐形说客之一，而且它通过各种方式来对我们进行品牌洗脑。

02

兜售恐慌和偏执

恐惧营销

近几年爆发的 H1N1 流感病毒，俗称“禽流感”，首个病例是 2009 年的春季在墨西哥的韦拉克鲁斯被发现的。世界卫生组织和美国疾病控制与预防中心（下文简称 CDC）认为此次病毒爆发具有传染性。全世界数百万人陷入恐慌，虽然禽流感的影响远不及 1918 年的全球性流感，但也造成了大约 14 000 人死亡。

在 2003 年，另外一种潜在致命性的疾病——严重急性呼吸综合征，又叫 SARS，也导致了一次类似的全球恐慌。SARS 的首个病例出现在中国南方，但后来扩散到了大约 40 个国家。直到该病毒在 2006 年被遏制，一共造成近 800 人死亡——全世界的人们都在竭尽全力保护自己和自己的孩子们免受侵害。

对于医生、CDC 的工作人员以及其他健康部门的官员来说，一次全球性的传染病意味着一个噩梦般的场景：储存和监管大量的疫苗，诊断和治疗成千上万个病人，以及花费大量的时间和金钱去平息这场大规模的恐慌。然而，品牌和营销者却以完全不同的角度看待这个问题——绝佳的赚钱机会。

有人想起了免洗的“除菌手凝胶”吗？

在很大程度上是因为这两场全球性的健康危机，抗菌型的洗手液已经成为我们日常生活中的必需品。据估计，5 年后这种产品的利润将超过 4.02 亿美元（这还仅仅是在美国），装洗手液和手凝胶的容器在全球随处可见：机场、酒店、餐厅、公共休息室、报刊亭、杂货店，以及人们家里的厨房和浴室洗手台。无论男性、女性、青少年还是儿童，出门前一定要在包里放上一个装着洗手液的小瓶或喷罐。BBW（Bath & Body Works）和维多利亚的秘密甚至把洗手液发展成了时装配件。最近，当我在芝加哥的奥黑尔国际机场停留时，机场的广播不断地提醒着旅客在大堂里有肥皂液可以用。简而言之，我们与这个看不见的敌人（暂且可以叫它“细菌恐怖分子”）的战争已经成了全球的“家务事”。

但结果是，无论是禽流感还是 SARS，都不能通过抗菌清洁凝胶来预防。这两种病毒都是通过空气中的微粒传播的，比如通过被感染者打喷嚏或咳嗽传播（或者在接触被感染的创面之后用手揉眼睛或鼻子，不过这个可能性非常小）。无论如何，这种看不见但可能会致命的传染病让我们陷入一种抗菌狂热。2009 年的恐慌出现以来，这种狂热让洗手液第一品牌普瑞来（Purell）的销量飙升了 50%，也让高乐氏（Clorox）消毒湿巾的销量上涨了 23%。

但是，我们对这些定价过高的细菌杀手近乎成瘾的表现，对于制造商来说不仅仅是一个“幸福的意外”。普瑞来、洁迈斯（Germ-X）以及来苏尔（Lysol）的广告商和营销者使尽浑身解数让我们相信，使用他们的产品是我们避免死亡和致命疾病的唯一有效的方式。他们是如何做到的呢？首先，他们在禽流感期间利用全球性的恐慌，以猛烈的攻势推出了新产品，并加倍强调卫生对防病的重要性。“我们要确保人们理解，有效地洗手是保障你和家人健康的最佳方式。”肥皂制造商 Dial 的发言人说道。普瑞来也在其网站上写道：“根据 CDC 的指示，预防禽流感的方式之一就是保持手部卫生。CDC 提出的具体建议是，通过使用香皂洗手让双手保持清洁，在没有香皂和水的情况下，要使用含有酒精的洗手液。”

消毒剂品牌来苏尔也在其官网上发布了一些关于禽流感的信息，并声称该病毒的扩散方式尚不明确。“保持正确的卫生习惯能够帮助你避免疾病传播。”当然，这些公司想要暗示的是它们的产品就是保持良好卫生的关键——从而有助于保持健康。它们之所以没有直接说出来，是因为这是个谎言：事实上，无论是 CDC 还是其他任何机构，都没有证实洗手液能有效抗击通过空气传播的疾病。

觊觎禽流感恐慌这个营销机会的不仅是肥皂和清洁产品制造商。舒洁迅速推出了“抗病毒”纸巾系列，并声称“它含有经过特殊处理的中间层，有助于阻止感冒和流感病毒”，而且“15 分钟之内就可以杀灭 99.9% 的感冒和流感病毒”，并“杀灭 1A 型和 2 型鼻病毒、A 型和 B 型流感，以及呼吸道合胞体病毒”。

一些像亚马逊和 ReStockIt.com 这类的大型网上零售商也投入了战斗，利用这个机会生产并推销禽流感预防套装、禽流感安全 DVD、离子空气净化器（这些产品的价格从 50 美元到 600 美元不等），以及上百美元的设计师口罩。ReStockIt.com 营销部门的副总裁詹妮弗 · 迪莫塔（Jennifer DiMotta）表示：“禽流感的扩散已经受到全球的关注，我们希望成为抗击此病的一分子。”“这些产品的确有助于控制病毒和疾病的传播。”她补充道。

你也许想问，禽流感预防套装里有什么？洗手液和抗菌湿巾，还有一些无用的东西，经过厂商的精心设计，给我们一种防护和安全的错觉。这些套装，即使其中一些含有医用口罩和极其类似病号服的一种淡蓝色外套，也没有一套是经过世界卫生组织或其他健康组织认可或发放的。但是它们无一例外地被设计和包装成了医疗用品。

甚至连一些食品公司也开始利用恐慌了。在首例禽流感成为新闻头条之后的几个月，家乐氏也开始宣传这个错误的观念（当然是为了从中获益），声称健康的免疫系统是预防禽流感的关键，并推出了一种新的含有“帮助提升人体免疫系统的抗氧化剂和营养素”的“卜卜米”（Rice Krispies）和“可可脆饼”（Cocoa Krispies）。糟糕的是，该产品还加入了40%的糖分。几个月之后，该公司的健康声明受到广泛批评，原因是每种产品上都标明“有助于增强孩子的免疫力”这句话是造假行为（需要指出的是，“免疫力”三个字用加粗的字体印得巨大，简直要大到从木星上都能看清）。

家乐氏否认利用了大家对禽流感的恐慌，声称他们在H1N1病毒的传播到达高峰之前就已经开始研究新版的“卜卜米”了。但是大家仍然在质疑家乐氏的动机，因为2009年11月他们向公众的指责低了头，表示不再销售“富含抗氧化剂”的谷物食品，但是“既然公众仍然关注H1N1，我们将继续满足公众对于加强营养的需求”。

而对于公众对食品污染的恐慌，公司的反应也同样很快。比如，2010年，当超过10亿个鸡蛋由于被发现沙门氏菌被召回时，一些相关品牌如Egg Beaters和Davidson’s的营销者立即行动，在它们的网站上加入了专门的板块，表示自己的产品没有受到污染。Davidson’s甚至买下了谷歌的关键词“巴氏菌消毒鸡蛋”和“安全鸡蛋”，所以当那些恐慌的喜欢吃鸡蛋的人在网上查找关于召回的信息时，他们很可能会发现 Davidson's 的网站上有它们的担保书："我们的巴氏菌消毒鸡蛋消除了食物传播疾病的风险，也不会和你厨房里的其他鸡蛋交叉感染。"

另一个营销伎俩是散布恐慌，一些大零售商比如沃尔玛、柯尔士（Kohl's）和塔吉特都很喜欢用这种方法。塔吉特雇了一个名为国际气象趋势（Weather Trends International）的公司，通过预知飓风、火灾、暴风雪及其他极端天气，利用人们的紧张心理来调整货物储备。当真正的灾难到来时，比如卡特里娜飓风到来时，这就成了真正的公共服务。（正如一个记者报道过的："在飓风侵袭之后的几天，无论是当地政府、国家还是联邦政府都没有做出反应，而沃尔玛却在飓风之前及时储备了各种物资，比如瓶装水、应急灯、电池、罐头汤和罐头肉食。"）但是，即使在发生极端天气的可能性极小的情况下，这些零售商们也会以闪电般的速度把物资上架，包括瓶装水、发电机、铁锹、蚊帐等，从中获取一些利润。

为什么"恐怖片"令人恐惧

恐惧是一种有趣的、复杂的、总体上来说不怎么令人愉快的情绪。你还记得儿时第一次看恐怖片时的那种"愉悦的恐惧"吗？你的脉搏加快，心怦怦直跳，你也许会发现自己正不自觉地屏住呼吸，等待着那个挥着斧头的杀人狂从黑暗中跳出来。你吓得魂不附体，但每分钟都乐在其中。不过这种"愉悦的恐惧"不仅仅是恐怖片和惊悚的都市传说才有的效果。你想过为什么斯蒂芬·金的书卖了超过 5 亿册吗？或者为什么《出版人周刊》在 2009 年列出的图书销量排行榜上，前 15 名中有 13 本都是恐怖类的？流行的媒介八卦播客

Gawker.com 讽刺道，美国的读者喜欢被吓——无论是被共济会、法官、杀人犯、外星人、海盗甚至是北边的邻居加拿大。《识骨寻踪》、《犯罪现场调查》或探索频道的《鲨鱼周》这些电视剧和节目大热，你如何看待背后的原因？我曾在书里看到人类被鲨鱼吃掉的可能性比被椰子树上掉下来的椰子砸死的可能性还要小，但是如果你看了太多关于鲨鱼袭击的电影和电视剧，你就不会这么想了。

虽然听起来和我们的直觉不一致，但恐惧对于我们的吸引力是有真正的生物学依据的。恐惧会提升我们的肾上腺素，创造原始的、本能的"攻击或逃避"的反应，从而再释放出制造荷尔蒙和神经传导素的肾上腺素。经过很多"肾上腺素成瘾者"的证实，恐惧会制造相当的满足感。"在我们的大脑中，处理恐惧和满足的区域有大量的重合。"芬兰坦佩雷大学的神经科学家艾伦·卡鲁夫（Allan Kalueff）说。耶基斯国家灵长动物研究中心的神经科学家克里·雷斯勒（Kerry Ressler）补充道："我们大脑中的'恐惧中心'，也就是杏仁核，就像在真实世界那样被恐惧激活，但是由于你的大脑皮层知道你并没有身处危险之中，所以大脑中溢出的是'奖赏'而不是'恐惧'的感觉。"

通过塑造一个共同的敌人，恐惧也把人们聚在一起。恐惧有一种违背常理但又有趣的黏合力。出于这个原因，我们喜欢散播恐怖的谣言，有时还夸大其词，就是为了提高危险性。没有什么比恐怖的谣言传得更快了——想想那些无处不在的关于高速公路黑帮和逃犯的都市传说吧。新泽西州新不伦瑞克的罗伯特·伍德·约翰逊医学院儿童发展研究学院的主管迈克尔·刘易斯表示："恐惧有一种特定的传染性特征，所以他人的恐惧也可以引起我们自身的恐惧。这种传染是条件反射性的，就如巴甫洛夫条件反射实验中那只听到送食的铃声就会分泌唾液的狗一样。”

一家名为“灰色加拿大”（Grey Canada）的营销传播公司的高级副总裁兼策划总监哈约特·辛格（Harjot Singh）指出，我们的大脑和对于潜在威胁的恐惧是相关联的。纽约大学恐惧和焦虑神经科学中心的教授约瑟夫·勒杜（Joseph LeDoux）同意这一观点，并解释道：“我们生来就知道如何感受恐惧，因为我们的大脑已经进化到可以处理自然情况。”

而且，任何人只要一听到那个起风的夜里树枝划过窗框的声音，就能猜到是谁把他们吓得魂飞魄散，这说明恐惧比我们的理性能力要强大得多。《新闻周刊》解释说：“杏仁核（产生情绪、识别情绪和调节情绪的脑部组织）与较高的脑部区域有较为活跃的联结——该区域的神经元从杏仁核单向传输到新大脑皮层，但从大脑皮层到杏仁核则几乎没有联结。因为杏仁核的这种功能，恐惧情绪替代了逻辑分析和思考，但反之不然。”加州大学洛杉矶分校的神经生物学家迈克尔·范泽洛（Michael Fanselow）补充道：“恐惧远远比理性强大……恐惧已经进化成了一种机制，保护我们免受生命威胁，从进化的观点来看，没有什么比恐惧更重要。”

在左翼政治网站“每日科斯”（Daily Kos）上有一篇讲政治性的散播恐惧的文章：“当我们感知到威胁时，身体就会进入自动的模式，把血液传输到身体的一些特定区域，让血液远离大脑。呼吸反应也会降低脑部供血，从而让人无法清晰思考。也就是说，脑部缺血会让人变得愚蠢。”另外，一个题目为“扩展的并行处理模型”的学术研究指出：身处恐惧中的人们希望能认真地思考对信息的反馈，然后根据这些说服信息的建议来中和恐惧的情绪。

显然，恐惧是一个强有力的隐形说客，你最好相信营销者和广告商都清楚这一点，而且会不遗余力地充分利用它。

这就是营销世界会利用恐惧伎俩向我们销售产品，从抗抑郁药到避孕套，从牙线到洗衣液，从防盗警报器到手机，从瓶装水到比萨面团，以及无数你会在本章中看到的其他品牌和产品的原因。我想起曾经看过一个 20 世纪 50 年代的关于保温午餐盒的复古广告，广告词真是令人难忘："牛奶里的一只苍蝇意味着坟墓里的婴儿。"正如你在接下来会读到的，广告商已经学会通过更加隐蔽和更有创意的方式利用恐惧来说服我们了。

真的，我一点儿都没有吓唬你。

没什么好怕的——除了"未来的自己"

也许你还记得 1994 年家护牌（Aquafresh）牙刷的电视广告：一个女人的一只手里握着一把牙刷，另一只手拿着一个熟透的西红柿。"用这个西红柿，我要对你的牙刷做出一个重大的改变。"她一边说，一边把牙刷头压进那可怜的西红柿里，西红柿被压出一条裂缝，看起来像出血的牙龈。"只有家护牌的 Flex 牙刷才有这种独特的、对压力敏感的手柄，在挤压过于用力时会弯曲和收缩。"女人接着说，"所以你可以避免在全面清洁牙齿时伤害牙龈。"从表面上看，家护品牌只是用一种简单的方式展现产品的好处，但实际上，它背后还藏着一些更隐性且更狡猾的手段。总之，这个模仿牙龈出血的桥段只是让人联想到要去看牙医了。还有什么比这件事更让人觉得恐怖的吗？

所以除了牙医和细菌，品牌公司还会利用哪些类型的恐惧来向我们推销产品？第一，对失败的恐惧。在 2008 年一项惊人的研究中，英国巴斯大学的研究者们发现，人们对失败的恐惧比对成功的希望更能说服消费者；说来也奇怪，后者倾向于麻痹我们，而前者才能激励我们（以及打开我们的钱包）。实际上，正如研究所指出的，在所有的“说客”中，最强有力的是让消费者看一眼未来那“令人恐惧的自己”。

我们都有一些煞费苦心去避免的关于未来自我的想象。大多数人去健身房是为了想要健康，还是害怕变胖或身材走形？我们洗澡、洗头和刷牙的时候，是出于要达到卫生标准，还是我们在想象那个浑身臭气、蓬头垢面、一口黄牙的“令人恐惧的自己”？我不禁回想起那个经典的欧莱雅广告：一个老男人正在街上走着，在我们看来，他看上去很不错——衣冠楚楚、风度翩翩。然后镜头中出现了一个漂亮的年轻女人，她从他身边走过，从她的眼中，我们看到了一个苍老、颓废、令人厌恶的形象——他最恐惧的自己出现了。

有时，广告商会利用我们对“最差形象”的恐惧来激发我们的不安全感，我们甚至没有意识到这种形象的存在——比如腋窝的样子。这正是多芬在最近的“穿无袖衫吧”的广告里所做的：他们声称最新的保湿秘方可以使我们的腋下“不仅无味而且更加漂亮”。多芬在我们的潜意识中植入了我们对腋下的恐惧：腋臭、丑陋。《石板》（*Slate*）杂志报道说：“多芬为宣传穿无袖衫的活动所采用的‘羞耻营销法’是有渊源的，可以追溯到 20 世纪 20 年代流行的广告策略：（1）指出一个问题，或许是消费者没有意识到的问题；（2）加剧消费者对于这个问题的焦虑；（3）出售解决方案。”在营销者植入过的众多“那些令自己感到恐惧的事”中，文章列举了“口气”、“腋臭”和“下面的种种问题”。

现今有什么东西会让我们恐惧？太多了。大多数人害怕经济不景气、害怕失去工作、害怕拖欠贷款；害怕爱人或伴侣离开我们；害怕孤独、害怕没有朋友；害怕性功能障碍；害怕得癌症；害怕感冒；害怕摔伤髋骨；害怕死亡；害怕开车；害怕坐飞机；害怕恐怖分子；害怕全球变暖；害怕日光太强，但又怕黑夜；害怕牛肉里的大肠杆菌、牛奶里的激素，以及鱼肉里的水银。我们害怕计算机里的病毒，也害怕水里的细菌；害怕地震使脚下的地块移动；害怕自己的孩子被汽车里的陌生人拐走；害怕说太多或说太少；害怕穿衣不得体；害怕指甲不干净以及头发蓬乱；害怕没有人告诉我们牙缝里塞着一片菜叶，或者当我们想要表现得有魅力或有趣时，没有人告诉我们其实我们一点都不好笑……所有人都看出来了，只有我们被蒙在鼓里。研究行为科学的品牌顾问加文·约翰斯顿（Gavin Johnston）说，有很多品牌利用的是人类学家所称的“全景恐惧”（panoramic fear），即“一种无法抵挡的失控感，促使消费者急于去寻求任何形式的安慰”。

正是这些看似无限的恐惧（有些是被营销者和广告商植入我们大脑的，有些仅仅是被他们放大了），促使我们花钱整容，购买三倍滋润的面霜、免洗护发素、美白牙贴和复合维生素，还有健身中心的会员卡、有机食品、瓶装水、加湿器（或抽湿器），以及设计师服装、伟哥、地震保险、自来水过滤系统、自行车锁……甚至防盗闹钟。

“如果你是一位女士，大多数男人都想杀了你”

想象这个画面：你是一个二十几岁的单身女性，穿着紧身的 T 恤和卫衣，正准备在家照着瑜伽 DVD 练习，然后听到外面传来一阵可疑的声响；或者想象你是一个十几岁的女孩，夜晚独自在家，听到楼下的大门有钥匙开锁的声音；或者想象自己是一个正在准备晚餐的母亲，你的孩子们正在院子里玩耍，而你没有发现有个形迹可疑的家伙正埋伏在停车场附近；或者你是一个最近刚离婚的女人，在家庭派对上和一个迷人的帅哥眉来眼去，当宾客们都纷纷走掉之后，你才吃惊地发现这位帅哥正在猛击你家的后门。

这些场景都取自于收视颇高的布林克（Brink's）家庭安全公司[现已更名为博文（Broadview）安全公司]的广告。2008年首次播放时，很多媒体观察者和消费者权益支持者都谴责这些广告是耸人听闻的、猥亵的，而且带有性别歧视，更不用说那明摆着为了吓唬人的动机。在全球经济衰退的局势中播放了几个月之后——这对于很多美国人来说是近年最可怕的时期了，这些广告被证明是极为奏效的，尤其是对于它们的目标观众——女性来说。在这种“厚脸皮”地散布恐惧的作用下，报警器的销量在一年中惊人地上涨了10%——而这一年的犯罪率也的确下降了。

“你是一个住在能容纳五人的大房子里的单身女性吗？研究表明，如果你是一位女士，大多数男人都想杀了你。”——《周六夜现场》节目滑稽地模仿着这些广告。但是事实并不好笑：摸透我们内心深处的恐惧，并极尽可能地想出最噩梦般的场景，把这些恐惧再抛回给我们，这样做的不仅是博文安全公司和其他防盗报警器公司。在不列颠哥伦比亚省保险公司（Insurance Corporation of British Columbia）赞助的一则广告中（表面上它的主题是关于酒后驾车的，但我敢打赌它卖出的保险比它救的命要多），一个少年正从一辆汽车的挡风玻璃旁飞过，因为他忘记系安全带了。在美国运通（American Express）的一个关于旅行支票的电视广告中，一对正在度假的夫妇突然被盗，他们正无助地缩成一团、身无分文——这时信用卡公司就像白衣骑士那样前来救援。保诚人寿保险的“不要等到为时已晚”的广告讲述的是看起来很可怜的一家人难以维持生计，因为已故的老人没有买人寿保险。

通用汽车的安吉星是一个需要订阅的“车辆安全、保卫和通信系统”，它的广播广告十分巧妙又吸引人：客户打来求救电话——在电话录音中一个惊慌的女性说自己被卷入一起车祸；还有一个恐慌的孩子打来电话求助，因为他的妈妈呼吸困难。

我也曾协助制作过这样的广告，但我并不以此为傲。这个电视广告的主角是一位父亲和他的小女儿。父亲正要出发去出差，女儿非常沮丧。镜头切换到父亲坐在一辆黑色轿车里，汽车渐行渐远，留下悲伤的女儿。下一个镜头中，父亲坐在飞机上，然后切换到女儿用渴望的眼神望着天空。接着，父亲赶着去一个海外会议，而女儿回到家里。最后，电话铃响了，女儿接起电话，眼泪汪汪。是爸爸，他答应过女儿会给她打电话的，不是吗？

这是著名的人寿保险公司安联集团（Allianz）的广告。是的，我们利用恐惧来提醒父亲们要照顾好他们关爱的家人。虽然没有明确指出，但是这个广告提了这样一个问题：如果你遭遇什么事故，你的家人会在经济上得到保障吗？之后，我们在人们观看广告时扫描了他们的大脑，发现最令人动情的（也是最有说服力的）镜头是小女孩凝望天空的那一刻。

然而，这和我之前看过的一则广告比起来简直是小巫见大巫。“我需要更多时间”，在 YouTube（一家视频网站）上你可以看到这则被认为是“史上最悲情的广告”，但是我认为更恰当的描述应该是“史上最有情感操控力的广告”。在广告片中，一名中年男子开着车走在高速公路上，他在画外音中说着关于他那十几岁的儿子："我需要一些时间去理解他。"听着这些话时，画面是这位父亲痛骂儿子的闪回镜头。"我想要听他听的歌，"父亲的画外音又响起，"告诉他我很抱歉。""我需要一些时间来做那些我从未做过的事：更好地照顾他，爱他多一点。"突然一辆公交车冲过来从正面撞上他的汽车，他死了。

字幕出现：Thai Life Insurance（泰国人寿保险公司）。

这种广告如此有效的原因在于，它们击中了我们心中的两个要害：恐惧，以及它的"近亲"——负罪感。我认为负罪感是一种全球性的病毒。没有人比营销者和广告商更擅长散播这种病毒了。《消费者研究杂志》（*Journal of Consumer Research*）在2006年刊登的一篇文章中指出，恐惧一旦和高度的问责、悔意、负罪感甚至挑战混在一起，就会从情感转换成行动。从直觉上来说这还是有些道理的。毕竟，恐惧和负罪感在一起时，你会去选择尼古丁口香糖而不是抽烟，你会吃烤薯片而不是油炸薯片。（我或许要补充一点，烧烤类小食品的包装就是为了现今关注健康的女士们脑海中那个"令人恐惧的自己"而设计的。看看那些无光泽的包装袋，对比那些光滑的、闪闪发亮的普通薯片的包装袋，它们通过你的潜意识让你想到自己油光满面的皮肤。）简而言之，恐惧和负罪感也是营销者的一套"组合拳"。

恐惧一切的母亲

你或许已经发现了，我们到目前为止讨论过的策略似乎都是针对女性的。这是因为有研究表明，女性比男性对恐惧和负罪感更没有抵抗力。西班牙的心理学家们在近期做了一项调查，访问了300名年龄介于15~50岁的男性及女性，结果表明，针对“没时间去医院探望生病的亲属”、“忘记朋友的生日”以及“对朋友没有耐心”这三种情况，女性比男性的负罪感要更严重（而且如果她们认为自己伤害了他人，就更有可能对自己感到愤怒）。

没有谁比母亲更容易受到恐惧和负罪感的影响了，尤其是新妈妈。一旦开始为脆弱的小生命负责，整个世界就会突然变成一个巨大的死亡陷阱。而且如果你没见过新妈妈，你也就没见识过什么是“细菌恐惧症”。无论我在世界上什么地方，当我问新妈妈们在婴儿降生之后会做些什么时，90%的人会告诉我她们开始倾尽全力地做清洁工作，她们害怕任何可能会伤害或感染新生儿的东西。如果普瑞来和其他身体清洁或家庭清洁产品尚未成为她们生活的主要部分，那么现在就是时候了。但它们并不是市面上唯一针对偏执狂父母的产品——远远不止这些。在众多的与健康或安全相关的产品当中还有软膏、加湿器、比恶魔岛监狱还结实的汽车座椅、婴儿安全门、橱柜锁、价值300美元的婴儿彩色电子视频监视器、安全洗浴温度计、安全洗浴水龙头盖子……这些东西其实并没有真正保证婴儿们的安全。比如，日本的物理学家们发现，日本婴儿的免疫系统变得越发脆弱了，这就是父母对于细菌过于防范的不良后果。

但营销者和广告商仍在娴熟地利用新妈妈们固有的恐惧，我相信这种恐惧是在女性进化时就“绑定”了的，如果她们不买下所有的东西，她们“就不算一个合格的母亲”。而事实上这正是婴儿在被传染或患上感冒之后妈妈们说的第一句话。无论怎样，那些安全感不足、荷尔蒙失调、经常会觉得被孤立的妈妈都相信这是她的错。“我搞砸了，我没有保护好自己的孩子”——这都是受到电视影响之后的偏见，电视屏幕上接二连三地播放着粉红脸颊、经过修饰的婴儿形象，看起来就好像他们从没得过感冒、耳朵没有被感染过，或者身上从没出现过划伤似的。

我没见过一个没有负罪感的新妈妈。她或许会担心自己没有给孩子买足够的益智玩具，她还说自己没有餐餐都认真给孩子准备食物，或者即使做了，她也会说自己没有用足够新鲜或足够优质的食材。相比其他妈妈来讲，她算是个好妈妈吗？她会用各种方式来证明自己没有达到社会上的平均标准。很自然地，市场上有无数种产品——从跳蛙（Leap Frog）儿童计算机到有机婴儿食品，从产后运动视频到 LED（发光二极管）灯泡，再到丰田普锐斯——这些能减轻所有的负罪感。

在我们这个时间紧迫的社会，有多少妈妈有时间开车去超市，买新鲜的食材，再把它们拖回家，然后花几小时去皮、切碎，再经过炖、煎、烘、烤做出完美的菜肴？然而大多数的妈妈（以及爸爸）都会因为自己带回家一些包装食品而感到无比内疚——如果叫了外卖，这种负罪感会更严重。无论冷冻的千层面有多方便，如果它是装在一个纸板盒里，大多数妈妈都会觉得给孩子吃这样的东西是种罪过，就好像这么做是表示自己不关心孩子。这就是一些食品营销者想出“半成品”这个诡计的原因。

超市从几年前就开始卖比萨了，不仅是在冷冻食品区。如今一些忙碌的妈妈会买一些生的比萨面团、一包马苏里拉奶酪，以及一罐酱，带回家自己擀面饼。然后，瞧！就像她亲自做了比萨一样（在现实生活中这也许可以被称为“做饭”，但在表象背后，营销者把“做饭”看成是“组装”的过程）。这是一个绝妙的营销诡计，不仅体现在超市把这些半成品摆放在一起，而且还体现在一些品牌的产品上，比如Pillsbury推出了一种新的“比萨面团”，其实和普通的月牙形面团没什么区别；Ragú新出的“比萨酱”和普通的番茄酱也没什么区别。这些狡猾的公司发现，他们能够通过卖给我们一些需要一点点努力就能做好的“半成品”而从我们身上大捞一笔。

因此，负罪感深重的妈妈现在就能为她的家人提供丰富而有营养的亲手烹饪的食物了。当她把一堆食物混合在一起时，她对于为家人提供了预先做好的、事先加工过的、劣质产品的恐惧也随之消失了。

现在你知道汉堡帮手（Hamburger Helper）和邓肯海因斯（Duncan Hines）的巧克力蛋糕粉（只需要加一个鸡蛋和半杯水就行了）是怎么回事了吧?

没关系，我们有解药

“你的爸爸希望你拥有他从没有过的东西，比如头发。”落健（Rogaine）的广告语这样说道。男性观众立刻回想起他那拼命工作、自我奉献的父亲，然后陷入对自己迅速后退的发际线的恐惧中。你发现负罪感和恐惧在这个案例中的狡猾组合了吗?

在万络止痛药的广告画面中，著名的滑冰运动员多萝西·哈米尔（Dorothy Hamill）坐在一张长凳上，正在系冰鞋的鞋带。画外音响起：“在所有精彩的回忆中，有一些是我以为我永远都不会经历的，比如骨关节炎。”我们会怎么反应？哦，不！如果连奥运会滑冰运动员都能得上关节炎，那我也可能会得！恐惧，然后是希望和恢复——经典的组合拳。

你有过敏的问题吗？氟替卡松的抗过敏喷雾广告上的那个女人

明显遭受着过敏的困扰。在一系列图片中，我们看到她郁闷地揉擦着发红的鼻子，还不停地流鼻涕，最后痛苦地捏住鼻孔。她看上去很悲惨，已经陷入绝望的境地。然后我们就看到她喷了两下氟替卡松喷雾之后的样子。她站在户外，她那英俊的丈夫在除草，而她开心地笑着，她的牙齿也奇迹般地变得亮白。一个漂亮的金发孩子站在旁边，也是笑容满面。画面中还有一个手推车和一个洒水壶，也许他们的草坪有更多的花粉和灰尘，但在她看来这些都不算什么。氟替卡松把一个喷嚏连天、痛苦不堪的病秧子形象扭转成了一个性感的、充满女性魅力的、热爱户外活动的、不怕过敏的形象，引起我们的羡慕和渴望。

医药类的广告利用了我们对死亡、疾病和衰老的恐惧说服我们购买他们的产品。但是我相信他们使用的远不止这一种伎俩。医药公司还会利用一种非常隐形但是很强大的心理战术：我们对于被孤立和被当成局外人的恐惧。无数研究表明，归属感是人类共同的需求（追溯到早期的祖先，他们的生存依赖于成为一个族群或部落的成员），对于大多数人来说，“落单”或独自一人的感觉是很恐怖的。

那么这些医药公司究竟是如何利用这种恐惧并以此来诱导的呢？无论你相信与否，斯坦福大学开展的一项研究表明，他们会运用一种公式，而这种公式或多或少是这种以恐惧为基础的广告的标准。首先他们用一些零星的镜头表达我们最糟糕的“令人恐惧的”形象——一个秃顶的男人、一个超重的女人，或者是一个难过的心不在焉的孩子，他们的眼神明显在躲避镜头。而一旦广告中的人物得到了能够改善形象、稳定情绪或缓解症状的解药，他们看起来就会更有光彩、更性感、更高兴，也都愿意直面镜头了。这种广告达到了两个目的。首先，从心理学的角度，躲避的目光通常与羞怯和社会孤立有关，而直视的眼神是自信和与他人连通的体现。所以，直视的目光体现出，在吃药或接受治疗之后，广告中的人物不仅奇迹般地变得更健康，而且也更受欢迎、更被爱戴或更被人接受。其次，这种广告邀请观众走进广告人物的生活。在广告行业，“采取了什么措施之后”的形象代表着人们渴望的形象，因为这些“瘦下来的”、“重新被注意的”、“被治愈的”形象“需要”和观众之间建立一种连通性。那影像好像在说：“快点认出我啊”；“和我的目光接触”；“你认识我的”；“这个品牌很管用，如果你也想像我这么快乐，那就试试吧”。

大型制药公司（Big Pharma）为此遭受了很多批评。但我也要承认，医药业的高管们并不是在董事会里面坐着、随便摩下拳擦下掌就能谋划出恐吓大众的新方法的。既然他们的产品的本质就是去治疗大多数人普遍恐惧的东西，比如严重的病症，那么恐惧就不可避免地要成为他们营销和广告策略中的招数。

医药公司不仅提醒着我们有一天会遇到的种种恐怖情况，比如令人尴尬的皮肤病、性功能障碍、癌症等，它们还每年花费几百万美元拿那些我们从没听说过的病症来激发我们内心的恐惧。不宁腿综合征、纤维组织肌痛、经前情绪障碍，谁知到这些鬼病是不是真正存在。好吧，多亏了那些心理操控和频繁播出的广告，如今我们也算长见识了。

你有害羞的问题吗？显然，害羞不算是一种性格特征，而是一种真正的病症，而且只有帕罗西汀能治好。那么胃食管反流病（俗称“烧心”）呢？如今有20多种药可以治疗它，比如耐信、奥美拉唑，以及雷尼替丁。谁会知道肠道易激综合征并不仅仅是由于吃了辣的墨西哥菜而其实是一种“症状”呢？经前情绪障碍，是一种相对在近期才出现的病症名称，但是这和几个世纪以来每个月都要经历荷尔蒙改变的妇女所表现出的症状没什么两样。膀胱漏尿是常见病症，药理学上的新名称人们也是最近才听说，有时你会在公共泳池遇到一些受此症困扰的儿童。

如今，我们已经被说服去向我们的医生寻求治疗，而我们要治疗的病症在以往不过是日常会遇到的小问题。约克大学的两位研究者最近做的一项研究表明，大型制药公司花在推广和广告上的钱比花在研究和开发上的钱多得多。难怪美国人是世界上最容易被“过度治疗”的人群，全美处方药的销量已经达到 2 354 亿美元。

细菌恐惧症

我敢打赌，如果你有早上买报纸的习惯，你肯定不会去拿一摞报纸最上面的那一份，而是先把最上面的报纸掀起来，抽出下面那份带走。你是否注意过自己的这个举动？有 72% 的人都是这么做的，为什么？因为我们认为第二份报纸还没有被无数只沾满细菌的手摸来摸去，所以在一定程度上要比最上面的那份更干净。(但讽刺的是，在把最上面的报纸拿起来大致浏览了一下标题之后，72% 的消费者买走的却是压在下面的那一份，真相就是人们已经摸过那份布满细菌的报纸了。) 这也解释了同样出现在女士洗手间里的现象：无论是去酒店、商店还是餐厅的洗手间，只有 5% 的人愿意使用第一个隔间。为什么？因为她们认为第一间没有第二间或第三间干净。想想看吧！

这种对清洁或新鲜的幻想就是一个隐形却强有力的说客——营销者很了解。我相信这和我们普遍对于细菌的恐惧有关，也关乎我们内心对于疾病甚至死亡的恐惧。想想我们在生活中为躲避“污染”而做过的那些事吧。我们用过大量的洗手液；我们花大价钱购买无公害的水果和食品；我们愿意为标注着“无毒”的家用清洁品埋单（Method 这家公司就是凭借这个有说服力的标签，声称他们的产品“比洁净更加洁净”，如今成为美国排名第 17 的增长最快的私人公司）。这些举动中有哪个让我们真的更健康了？一个都没有。但是这些做法至少减少了我们对生病的恐惧。

全球性的传染病让我们对细菌的恐惧渗透到了我们在日常生活中的所有购买决定上，从我们拿开的报纸到我们对杂货店的选择。在美国国家广播公司最近的一期《今日》节目中，我和我的团队在一位叫凯莉的女性志愿者于超市购物的过程中做出选择时，通过扫描她的大脑来分析她的思维方式。非常有趣的结果之一是，我们发现对于清洁的认知对她的购买决定起到了重大影响——甚至连她自己都没有意识到。

在整个节目中，商店的管理人员、拍摄小组成员、制片人，甚至电视机前的观众们都没有注意到我们的脑部扫描仪所捕捉到的现象。每一次凯莉从货架上拿下一件商品之后，科学家们都会进行检测，结果发现，如果她的大脑在思考的过程中有过轻微的停顿，那么她后来一定会把商品放进购物篮；如果她的大脑被检测到上升的电波，那她最后一定是把商品放回了货架。这看上去并没有什么异常，我们大多数人都会花上一两秒的时间去决定买或不买，但真正有趣的是每次凯莉手里拿着一样东西时，脑部扫描仪都会显示出她脑部杏仁核区域的强烈活动——这个区域主要负责控制恐惧、畏惧、危险和不适的情绪（同时也是一个记忆存储单元）。事实上，每次凯莉触摸到一件商品，都会激发她的大脑对恐惧的反应。

究竟发生了什么？又看了一次录像带之后我们发现，一般情况下，如果凯莉很喜欢一件商品，她就会去触摸、研究和思考它，但是她最后买走的并不是她起初拿起来的那件，而是和那些买报纸的人一样——把那“受污染的”洗发水、咖啡或玉米片放回了货架，然后又拿了摆在后面的完全一样的商品。而且还有一次，当凯莉想要的商品只剩一件时，她脑部的恐惧反应相当明显，最后她选择了另外一个品牌——如果你问她为什么要这么做，她也说不清楚。

我们对细菌或污染的恐惧在对待食品时尤其明显，这是很容易理解的。但是我们怎么解释凯莉对纸巾的恐惧反应和她对牛奶的恐惧反应同样强烈？我把这归结为一种精明的营销策略，它植根在我们的大脑中——潜意识里，当然，也许有的商品就是比我们想象中更“干净”或更“不干净”。为了理解我所说的，你可以想象一下摆满货架的果酱。大多数人都知道，果酱用水果做成、浓稠、带点果肉、味道类似糖浆。果酱起源于苏格兰，最初，果酱是装在罐子里销售的，为了体现出那种“进口货”的异国情调（虽然大部分果酱是在美国制造的），顶部的拧盖会做成格纹的。但是，大部分美国人认为这种异国食品经过几千英里的颠簸，已不知道经历了多少污染源，被多少肮脏的手套摸过了。一般的消费者在买果酱之前都会仔细检查，以确保自己买到的是安全、新鲜、没被污染的那一罐。

但是，地球上没有一个果酱生产商能够保证新鲜。果酱本来就不是一个“新鲜”的产品，那些玻璃罐子在超市的货架上已经放了 8 个月以上。但是营销者可不想让我们知道！那么他们会怎么做？他们在果酱的盖子上贴上一条窄的白色不干胶纸带，为的是营造一种“新鲜”的错觉。如果胶纸完好无损，就说明没有人打开过罐子。这就像是在和消费者说：“嗨，别担心，这罐是新鲜的！”

顺便说一句，酒店也在使用类似的伎俩，比如在马桶圈上面垫纸，以及在浴室或放在迷你吧旁边的玻璃杯上放一个纸盖子。我一直对这个现象感到吃惊：仅仅是一张薄薄的纸就足以创造出一种“没人用过这个厕所”和“没人用这个杯子喝过水”的错觉！但事实并非如此，曾有一个酒店员工向我坦承，有时他们是不洗玻璃杯的，只是拿毛巾擦干，然后一次次地循环利用。但是那个纸盖子给了我们“干净”的错觉。

营销者把这个叫作“新鲜带”（fresh strip）。和它的“近亲”——塑封一样，新鲜带也是当今许多产品的标准装备，这些产品包括酸奶、花生酱、咖啡、番茄酱、冰茶、芥末、果汁、维生素以及柜台上卖的药品。新鲜带传递出一种（很多时候是错误的）印象：无论是罐子、包装袋还是其他任何容器，都没有被细菌污染过，也没有被别人接触过。另外，很多这种罐子和容器的盖子在被打开时我们会听到“砰”的一声，这种有意的设计让我们更加确信自己买到的产品是新鲜的、干净的和安全的——虽然这“砰”的声音是在一个声音实验室创造出来的，还获得了专利，为的就是使我们相信这瓶果酱就是今天早上刚从爱丁堡空运过来的。

别再被骗了！现实情况是这瓶果酱已经在货架上摆了好几个月，店员会时不时过来擦擦上面的灰尘。

当香蕉不单单是香蕉

要想领略营销者为了创造“新鲜”错觉所使出的一切招数，没有什么地方比全食食品超市（Whole Foods）更合适了。全食是世界上最大的天然和有机食品供应商。当我说出“新鲜”这个词时，你会想到什么？散养的牛和鸡？亲手采摘的水果和鲜花？自家种植的，还长在藤上的西红柿？

当我们走进全食食品超市时，那些“新鲜”的象征，或者那些广告商们所称的“符号”把我们淹没了。无论走进美国的哪一家全食食品超市，你最先看到的一定是鲜花——天竺葵、水仙花、长寿花。鲜花的后方，是铜质背景板（另一个“符号”，代表着镇定和平静）下的一帘清澈的瀑布。众所周知，鲜花是地球上最新鲜也最易腐坏的物质，这就是新鲜的花朵总被摆在最显眼的位置的原因：为了“先入为主”地让我们在走进商店的那一刻有种新鲜的感觉。（想象一下相反的情景：如果我们一走进商店，看到的是成堆的金枪鱼罐头和塑料花，会是什么感觉？）因为被“先入为主”了，所以我们就把店里的商品和“新鲜”挂上了钩，尽管这一切发生在潜意识里。

店里所有的新鲜水果、蔬菜以及鲜花的价格都用粉笔写在不同的小黑板上，这是欧洲户外市场的传统。这种感觉就像（商家希望我们也相信）农民或种植者今天早上刚刚来全食送过货，他把产品卸下车（手里拿着粉笔和原始的石板），然后跳上他那辆平板货车，往北开回他的农场。潦草的笔迹还透着一种价格每日浮动甚至在日间浮动的感觉，就像是在路边的农贸市场或本地的市场买东西。但事实上，大部分食品都是在几天前通过飞机运来的，它们的价格也是由全食食品公司设定好的，是固定的。不仅价格不会每日浮动，而且黑板上的粉笔字也是擦不掉的——这些价格板是通过一家工厂批量制作的。用行话来说，营销者用“农场交货”（Farmgate）一词来指代这种“给我们的大脑植入一种真实的、全天然农场的（错误）印象”的策略，而“工厂交货”（Factorygate）指的是我们见到的大多数产品其实都是由大公司制造的。

相同的农场交货手段还体现在随处可见的冰块制冷器上。你发现了吗？商店里到处都是冰块。为什么？鹰嘴豆泥真的需要冷藏吗？黄瓜和酸奶呢？都不用。这冰块是另一个“符号”——在潜意识里告诉我们这些东西从里到外透着新鲜。对于我们非理性的、恐惧细菌的大脑来说，墨西哥玉米饼、热狗、咸菜以及其他不太容易腐烂的食物，都必须比平常更加新鲜——这样吃下去才更安全，当它们都躺在冰上时，尤其是当汽水和果汁瓶子上“渗出”水珠时——这个现象在业内被称为“流汗”（大多数摆放汽水和果汁的冰柜都故意被调到某一个精确的温度，以达到这种“流汗”效果）。无独有偶，多年来超市里的蔬菜上也会被均匀地喷洒上露珠——这是从丹麦流传过来的。为什么？和冰块一样，那些喷洒上去的水珠也是一个“符号”——不过是假扮的新鲜和纯净。（讽刺的是，撒上水珠会比不撒时让蔬菜腐烂得更快，关于认知和现实的差距实在是说得太多了。）

当我在全世界做关于消费者行为的实验时，我经常会问人们一个很讨嫌的问题：“你们是否介意把冷藏室和冷冻室里的食物都拿到厨房的桌子上，然后把它们按照你所认为的‘新鲜’程度排序？”

广告之于人们对“新鲜”的认知的说服性效果强大到令人吃惊。什么产品是人们认为最新鲜的？亨氏番茄酱。是的，消费者把瓶装的番茄酱排在新鲜榜的首位，然后是卷心菜、西红柿、洋葱等。“为什么是亨氏？”我总是会问，因为我发现瓶子上的产品有效期已经剩下不到6个月了。“你是对的，”大多数人想了想之后都会回答说，“我也不知道我为什么认为它是最新鲜的。”

那究竟是什么导致了“番茄酱是新鲜的”这种奇怪的印象？奥

秘都蕴藏在它的营销手段上。亨氏巧妙地用番茄酱含有大量“真正西红柿”做文章——深红的颜色暗示这些是刚刚从藤上摘下来的牛排番茄（beefsteak tomato），但其实是用西红柿的浓缩液做成的。另外，亨氏番茄酱也不像我们认为的那样，必须一开盖就要放进冰箱，这又制造出另一个欺骗我们的错觉，让我们误认为产品是新鲜的。

我为麦当劳做的大量工作使我得出结论，这些“符号”可以改变我们对一切事物的认知，从产品的新鲜度到价值，甚至是质量。我曾帮麦当劳在全欧洲的餐厅中植入“新鲜”的“符号”。我们在灯的内部漆上了绿色的叶子，在绿色的背景下展示新鲜的西红柿和其他蔬菜。在法国，麦当劳把它的品牌标志从黄色变为一种深色的像叶子的绿色。相信我，它起作用了。

还有什么“符号”是代表纯净和新鲜的？水果。一般来说，在果汁盒上印上的水果越多，人们就会认为果汁越新鲜。想想大多数果汁盒上印着的猕猴桃、橙子、芒果、草莓和树莓吧。如果你发现很多果汁其实纯度都很低，尤其是用一些比较贵的或外国的水果（如猕猴桃和芒果）制成的果汁，而更多的是水和糖，你会觉得吃惊吗？（顺便说一句，你认为都乐、美汁源、Just Juice、奥德瓦拉等是“天然”品牌吗？但实际上它们都属可口可乐公司所有；而纯果乐是百事公司的品牌。猜猜看是哪个公司垄断了所有果汁类产品，甚至牛奶、乳酪和柠檬水？是一家瑞典的联合企业利乐——长方形塑料容器的生产商，果汁和牛奶都是被装进这样的容器中销售的。）

这让我想起了几十年前我被要求开发“芝士球”点心（“奇多”的球状版本）的那段时间。在最初的包装设计中，我把5个芝士球设计成巨石阵的样子。我的老板大发脾气：“谁会只买5个芝士球？”他问，“我们需要在包装上印上一大堆芝士球！”多年后我意识到他是多么正确，这个方法在所有的产品类别中都适用。我重新设计了包装，上面印着几百个芝士球。为什么？因为它让消费者认为包装袋里也有同样多的芝士球。这和“新鲜”没有任何关系（毕竟，即使是最聪明的营销者也不得不骗消费者，让他们认为奇多是新鲜的），但是它也体现出这一现象背后的原因：大多数果汁的纯度都很低，但生产商希望利用印上了丰富水果的包装来掩饰这一点。

说到水果，你可能觉得香蕉就是香蕉，但事实并非如此。都乐和其他香蕉种植者把香蕉的生产变为了一种控制“新鲜认知”的迷你科学。事实上，他们发布了一个“香蕉指南”给水果商贩，指南显示出香蕉在其生命周期中的不同颜色阶段，每一种颜色都代表了香蕉的销售潜力。比如，潘通色卡 12–0858（也叫鲜黄色）的香蕉比潘通 12–0752（也叫亮色）的香蕉更不好卖，后者的颜色看上去更暖，表示更成熟、更新鲜。像都乐这样的公司分析了所有颜色的销售效果，然后根据结果，让种植者在最理想的环境下种植作物，种植出正确的“颜色”。那么对于苹果来说呢？无论你相信与否，我的研究表明，超市里那些看上去新鲜的苹果，其实已经有 14 个月了。

了解到水果能激发消费者和“健康”、“新鲜”和“清洁”之间的强烈联结，所有产品的品牌都开始使用水果战略，把水果用在所有产品上，包括洗发水、护发素、婴儿香皂、瓶装水、尼古丁口香糖、唇膏、茶叶、维生素、化妆品，甚至还把家具漆上菠萝、橙子、桃子、热情果、香蕉味的油漆，当然这些都是在化学实验室里完成的。有人试过芒果木瓜味的护发素吗？柠檬味的唇彩？橙子味的清洁剂？这些产品是否会比普通的产品让你的头发或地板更干净？当然不会。但是水果的香味能够让有细菌恐惧症的消费者激发起对“清洁”的联想，这才是重点。我们甚至有喝下这些水果味产品的冲动。

洗发水公司也意识到洗发水产生的丰富泡沫能激发出对“新鲜”和“清洁”的联想——泡沫意味着洗发水是清洁力强的和令人精力充沛的（就像须后水的刺痛或者气泡水在我们喉咙里沙沙的感觉“告诉”我们这个产品是新鲜和无污染的）。我知道的一些公司甚至使用一些化学元素来加速泡沫的产生、提高泡沫的质量，让不知情的消费者在洗澡时感觉到他们的头发变得更干净。我把这个叫作“感知到的理由符号”——代表一个让我们再次确认自己“买对了”的时刻（当然，还能确保我们在未来对这个产品保持忠诚）。

你想过为什么家护牌牙膏是现在这个样子吗？牙膏被设计成三色有个很好的理由：白色代表洁白的牙齿，红色有保护牙龈的意思，蓝色是口气清新的标志。这个设计很奏效。在一个实验中，我让两组消费者尝试了两种不同的牙膏：一种是普通的，另一种被染成了其他颜色。果然，使用三色牙膏的消费者不仅认为牙膏的效果要好73%，而且相信自己的牙齿看起来更白了。

回到全食食品超市，在角落里，一种不是水果味的气味引起了我的注意。海鲜！是整条的鱼，鱼眼、鱼鳞等俱全，摆在“标志性”的冰块上，让人觉得这些鱼都是今天早上才钓上来的。但是你买回去的鱼被装在单独的塑料容器里，摆在玻璃柜台上，已经被去了头、剃了骨，甚至被切成方便烹调的尺寸——你买回去的永远不可能是躺在冰块上的4条鱼中的任何一条。事实上，这些很可能是整个商店里仅有的4条完好的鱼，而且它们也很可能根本就不新鲜，因为它们已经被放在那里一整天甚至更长的时间。我们的大脑又一次被欺骗，我们相信商店里的鱼都是今天早上捕捞之后由渔民亲自运来的。

我曾被邀请为一家迪拜鱼市场的老板做顾问，这个市场想要卖冷冻的鱼。起初，几乎没有消费者对这里感兴趣，然后经理决定在冻鱼下面放上冰块。突然间（很不合逻辑地），鱼的销量——别忘了是冻鱼——提高了74%。为什么？人们认为鱼更加新鲜仅仅是因为它们被放在冰块上面。有趣的是，在法国，消费者确实认为冷冻的食物比新鲜的水果和蔬菜更“新鲜”。我把冷冻食品行业的成功归功于他们在营销和广告中所强调的“从农场到生产到超市再到消费者的冰箱里”的时间，但实际上那捆看起来很新鲜的菠菜可能已经放了几个星期了！然而，冷冻食品就在消费者眼前！

最后一个关于鱼的故事。我的一个朋友曾经在一个叫特内里费的小岛上工作，这是西班牙海岸上加纳利群岛中最大的一个。他曾是一个渔民，他最大的客户是当地一家很受欢迎的餐厅洛斯·阿布里格斯（Los Abrigos）。但是这家餐厅的老板有一些特别的要求。有一次我的朋友和其他的渔民要来送每日供应的海鲜，洛斯·阿布里格斯的管理者要求他们在一个邻近的小港口送货，这里之后变成了一个传统式渔船（这种渔船已经没有人用了，包括我的朋友）停靠在港口。当客人在中午到下午3点来餐厅吃午饭时，渔船就会驶进港口，每个人都会看到一个头发灰白的西班牙渔民走出来，把鱼送给在那里等待的餐厅员工，那些鱼看上去就像刚刚捕捞上来的一样。这全部都是设计好的场景，但是人们就是吃这一套，很快，这家餐厅的客人每天络绎不绝。

所以，无论是对细菌、疾病，还是对未来的自己的恐惧，营销者们都非常擅长从我们的生活中发现恐惧、激活恐惧、放大恐惧，并利用恐惧在我们最深的潜意识层面给我们重重一击。

当你继续读本书接下来的章节，你会发现恐惧并不是品牌和营销者用来说服我们购买的唯一的心理策略。

这也许是最恐怖的一件事了！

03

我戒不掉你

品牌成瘾、购物狂，以及为什么没了智能手机我们就活不下去

你的手机响了！是你的同事打来的吗？关于会议取消的通知？孩子生病了？是谁去世了？谁生孩子了？还是什么紧急情况？如果你手上不握着这个“生命线”，那你会怎么样？无所事事，精神涣散，与世隔绝，陷入孤独。

我认识一个男人，他每天晚上都把苹果手机放在床头柜上，大多数时候，他会不情愿地在半夜 1 点醒来查看邮件，然后是 3 点、5 点各一次。到了早上，他被手机闹铃叫醒，铃声是轻柔但清晰的路易斯·阿姆斯特朗和埃拉·菲茨杰拉德的《我们不能做朋友吗？》。到他亲吻他太太问候早安和叫醒他的孩子时，他已经发了 3 条短信、查了 3 个邮箱的邮件、浏览了《纽约时报》的新闻标题，还在 ESPN.com 上看了昨晚尼克斯队比赛的精彩回放。在他一天的生活中，他和手机寸步不离，早上洗澡时带进浴室，出去遛狗时也带在身上。开车去上班的路上，他把手机放在副驾驶座位上充电，以免电池到办公室之前就没电了（其实在办公室还有一块备用电池）。他开车的时候，他的 GPS（全球定位系统）应用程序告诉他哪条路上车最少；他用手机查询当日的天气，还包括巴黎及纽约等 5 个其他城市的气温。工作时，他把手机插在电脑上充电；闲暇时，他用手机玩愤怒的小鸟、俄罗斯方块以及超级马里奥赛车；有时他还用 Kindle 应用程序看一会儿书。他的手机同时还作为秒表、手电筒、计算器、日历、照相机，而且还可以用来查询股票、记笔记等。

他不止一次把手机放错地方，一旦发生这种情况，他就会觉得不知所措。他告诉我，他这种感觉很像一个吸烟者找不到手头的那根烟，或者一个瘾君子找不到某个抽屉里藏着的一支注射器。有这种行为的人远远不止他一个。斯坦福大学最近针对 200 名学生做了一项研究，结果有 34% 的人表示自己对手机上瘾，32% 的人担心自己有朝一日会上瘾。至于这一数据的发展趋势，我认为只可能是上升。想想你每天会看多少次手机？ 25 次？ 50 次？ 200 次？或者想想这种病态又难熬的感觉——当你发现没人给你打电话、发短信、写邮件或者在你的脸书网上留言（至少从你刚查过到现在的 5 分钟之内没有）。我再来问一个问题：你晚上睡觉的时候把手机放在哪？床头柜上？触手可及的距离？还是放在床上，藏在你那个爱打鼾的爱人枕头旁边？你绝对不是个例。就像最近《纽约时报》的一篇文章中提到的："在 6~8 小时的'网络剥夺期'（就是睡觉期间）之外，人们越来越容易一醒来就打开手机和笔记本电脑，有时甚至是还没下床就开始，这种行为已经成为一种'生理性的紧急活动'。"

有一次我在巴黎一间雅致的餐厅吃午饭，隔我两桌坐着一对美国夫妇。我看到了熟悉的"电子舞蹈"——我叫它"手机舞"。那个男人低着头，把手伸进裤子口袋，偷偷把手机拿出来，然后眼睛盯着那个小小的、闪闪发光的屏幕。过了一会儿，他去了洗手间，我跟着他进了洗手间，因为我想要证明他去洗手间只有一个原因，就是查看他的邮件和短信。果不其然我猜对了。当他回到餐桌的那一刻，那个女人（趁男人走开的机会也在看自己的手机）也提出要去洗手间。我想象着在女洗手间里也发生着同样的事情（曾有一位女性高管告诉我，有一次她和她老板吃饭时借口去洗手间，然后她发现自己居然在洗手间和老板互发短信）。

如今，我们总是在摆弄我们的手机和掌上电脑，无论是在和家人吃早餐时，在孩子的足球赛上，还是在精美的巴黎小酒馆的洗手间里。早上离家之前，把充满电的手机放进我们的包里或口袋里已经成为我们的一个固定动作。《今日美国》发起了一项民意调查，询问一些无线网络的用户多长时间不查邮箱、短信或社交网络就会坐立不安，有 47% 的人回答“一个小时之内”。

我最近和全球听觉识别专家伊莱亚斯·阿茨（Elias Arts）做了一项实验，以找出世界上 50 种最强大以及最容易成瘾的声音。知道排名第三的是什么吗？手机的震动声。无论是苹果手机、黑莓手机还是安卓手机，大多数人无疑非常依赖手机。但要说上瘾，真的吗？会不会夸大其词了？

这并未夸张。虽然大多数人对手机的依赖并没有达到美国心理学协会对于“成瘾”的定义，但一些心理学家表示，智能手机也同样能接入大脑中的联想学习通道，从而产生一些强迫性的行为，就像赌博一样上瘾。换句话说，当我们使用手机时，我们的大脑会制造一种强大的正面联想记忆，实际上是让我们渴望再次进行这个行为。这与我们对毒品和烟或者食物上瘾一样，产生这种行为的化学物质是使我们感觉良好的多巴胺。一些心理学家断言，当我们收到一封新邮件或一条新信息时，我们的大脑会释放一些多巴胺，因而我们就会把这种愉快的感觉和查看手机这个行为联系起来。所以，就像一个酒鬼能从喝酒中得到快乐一样，我们也同样期待看到新信息弹出来的那一刻。

然而，关于“我的朋友对于手机上瘾的行为和药物或酒精上瘾的神经学过程相同”的理论仍然没有得到证实，而且还有很多争议。所以我决定做一个功能性磁共振成像研究，看看智能手机是否真的令人上瘾。

在 MindSign（位于加州圣迭哥的一家神经营销学公司，他们使用的大脑激活方式能够观测出消费者在使用产品和观看广告时会联想到哪些品牌）的协助下，我们召集了年龄为 18~25 岁的男性和女性各 8 名。在研究过程中，研究者播放了手机的响铃和震动的音频及视频，然后把这些音频和视频给志愿者们一连播放了 3 遍。

智能手机真的像酒精、可卡因、购物或者电脑游戏一样让人上瘾吗?

两周之后，MindSign 的研究团队给我打电话告诉了我研究结果。首先，一个直接观察到的结果是：智能手机的响铃和震动的音频及视频激活了研究对象的听觉和视觉皮层。换句话说，他们的大脑对响铃的声音不仅有听觉的反应，还有视觉的反应。但更令人吃惊的是，大脑的脑岛——与爱和同情有关的区域，也产生了一系列的激活反应。

简单来说，研究结果显示，智能手机并未激发出传统的和上瘾相关的脑部信号。智能手机的响铃和震动的图像及声音显示出，我们的研究对象深爱着他们的智能手机；他们的大脑对于手机声音的反应，和他们对于他们的男友、女友、侄女、侄子乃至宠物的反应是相同的。总之，人们对于手机的成瘾行为不能从医学角度来解释，而是因为“真爱”。

当你无法停止购物时

品牌和购物成瘾并不像酒精成瘾或药物依赖那样威胁生命，但它们是真实存在的，而且如果发展到极致，也是会令人崩溃的。就拿卡罗琳·朗米德的例子来说吧，她是一个中年购物狂，在英国的一个小电器商店工作，两年多来，她偷了 22.5 万美元。她是用这笔钱还房贷或者送她的孩子去读大学吗？才不是，她用这些钱去买了路易·威登、普拉达、古驰（当她被逮捕时，她用这些偷来的钱买的挂着品牌商标的衣服、手袋还有鞋子已经足够装满 27 个垃圾袋）。还有一个叫埃米·冈纳的女人，据哥伦比亚广播公司的新闻报道，她的购物强迫症让她取空了退休账户、股票财户以及养老保险账户，取出的钱都用来偿还她购物欠下的 20 万美元的债务。在戒瘾中心住了 30 天之后，为了保证她的安全，她已经不再用信用卡，也没有银行账户，甚至不用电脑。

真正的成瘾可以定义为一种“对某种行为或某个物质的持续的、无法控制的依赖”——无论是酒精、某一种食物、巧克力、处方药、香烟、赌博、购物还是性。大多数心理学家认为，成瘾是受遗传基因和环境因素的综合影响，但是对它们单独的影响还没有精确的认识。如今，大多数专家也认为，不管成瘾的原因或构成因素是什么，从生物学角度来讲，成瘾都是一种脑部的疾病。换句话说，它“是由大脑结构和功能的持续性变化造成的”，这一说法能够解释为什么很多成瘾者单靠意志力是无法戒除某种毒品的。

《普通精神病学文献》是这样定义购物成瘾或购物癖（“强迫性或病理性购物”）的：“频繁的购买行为或购买冲动，而这种行为或冲动是无法抗拒的、侵入性的，而且是不知不觉的”；“真正成瘾的购买行为会引发忧虑、干扰社会功能，而且通常会导致财务问题”。基于这一公认的定义，斯坦福大学的研究估计，大约有6%（或1 700万）的美国人有购物成瘾的问题。该研究的作者称，这种情况和其他紊乱症状，比如情绪障碍、精神焦虑、饮食失调或药物滥用的问题是一致的。一个发表在《消费者研究杂志》上的最新的研究表明，购物成瘾的比例已达到惊人的8.9%。

业内的一位专家表示，购物成瘾通常和其他成瘾症状有相同的模式。首先是出现对购物或购买某件东西的期待，然后是购物或购买经历本身“通常被描述成一种愉悦甚至狂喜的感觉，能够释放负面情绪”。该研究由里士满大学和伊利诺伊大学香槟分校的研究者完成，发表在《消费者研究杂志》上。但是这种情绪的释放是转瞬即逝的，快乐最终会消退，购物者仍然会崩溃。然后，和狂欢后的酒鬼一样，他（她）会懊悔并产生负罪感，然后又依旧如故。但是对于购物成瘾是否可以被看作临床成瘾的问题，精神科医生并未达成一致[在我写到这里的时候，美国精神医学学会正在讨论是否要把强迫性购物行为收录进第五版的《精神病诊断与统计手册》（*Diagnostic and Statistical Manual of Mental Disorders*）里]，他们同意强迫性购物者“把购物作为一种逃避负面情绪的方式，比如沮丧、焦虑、无聊、自我批判以及愤怒”，而且很多医生会开抗抑郁的药（通常叫西酞普兰，在美国卖的叫Celexa）来抑制失控的购物冲动。

正如我们在上一章中看到的，营销和广告对于我们情感（比如恐惧、不安全感以及被他人接受的需求）的利用是非常有说服力的。

如果我们本来就是强迫性购物，营销和广告的诱惑力就会被放得更大。德国一项为期 4 年的研究发现，导致购物成瘾的一个重要因素是购物者会在和店员交流的过程中增加自信心！“我们发现，购物成瘾者会在和店员的交流中变得非常兴奋。他们脆弱的自我在销售员的奉承、微笑和贵宾式的服务中急剧膨胀。”撰写研究结果部分的阿斯特丽德·穆勒（Astrid Mueller）写道：“当然，他们的意识大脑很清楚这些人只是想从销售额中获得分成，但是他们在潜意识中很享受别人给自己特殊待遇。”

那么购物成瘾，或者说任何瘾症是如何形成的？还是要提到多巴胺——由大脑的边缘系统分泌出的一种让人“感觉良好”的神经传导素，会使我们感到愉悦和兴奋，一旦多巴胺回到正常水平，我们便无法控制地重复那些让我们愉快的行为。问题在于，我们越多接触让我们成瘾的物品或行为——无论是香烟、酒精、毒品，还是新款的莫罗·伯拉尼克（Manolo Blahnik）皮鞋，我们就会建立起越强大的耐受力，这意味着我们需要越来越多的物品或行为来让多巴胺达到高水平。

南卡罗来纳医科大学生理学和神经科学学院的院长彼得·卡里瓦斯（Peter Kalivas）博士解释说，随着时间的推移，我们对多巴胺的不断追求会激发我们去弄到毒品、酒精，或者购买新衣服的冲动，从而改变大脑的 DNA（具体来说就是控制神经传导素的蛋白质谷氨酸）。“没什么能阻止你，”卡里瓦斯说，“你的大脑已经永久地改变了。”

痴迷和上瘾之间只有一步之遥

“品牌成瘾”和它的近亲“品牌痴迷”（程度更轻）都是购物成

瘾的分支，虽然这二者不会被归类为精神疾病，但我发现它们和精神疾病有很多共同点。实际上，我认为，无论是早上不喝星巴克饮品就无法工作的同事，因为扬基队输球就一蹶不振的弟弟，还是为了买麦莉·赛勒斯演唱会门票在零下10摄氏度的天气里排整宿队的表妹（球队和名人都是品牌，也是很容易上瘾的），你一定认识很多饱受上瘾痛苦的人。品牌痴迷者很多，甚至还有一个叫作MyBrandz的网上社区，痛苦的痴迷分子可以在那里讲述自己的故事。多年来，我见过对各种品牌和产品上瘾的人，比如拥有10辆哈雷－戴维森摩托车的男人，还有每天喝掉25瓶健怡可乐的女人。虽然在品牌狂热和真正的成瘾之间肯定有些差距，但我发现它们之间也仅有一步之遥。

但是，品牌和广告商是否参与了催生上瘾症消费者的过程？显然，他们无法看穿我们的大脑，也无法改变我们的DNA。但是在我二十几年来的工作中，就我在一些成功的品牌的董事会上和暗中的观察，虽然他们不能直接制造出上瘾症，但你最好相信他们用了很多精明的伎俩和工具把我们朝那个方向推，并激发了这些上瘾症。有时他们运用潜意识的情感或心理诱因，比如烟草公司在他们的广告和包装中加入了一些微妙的图像其实是为了引发渴望；有时他们的确使其产品在生理上致瘾，比如香烟公司在制造烟草产品时加入化学致瘾成分，以及薯片品牌使用特殊的配方，以确保我们能一口气吃完一整袋；还有些时候他们说服我们进行一些重组大脑的行为，从而使我们对购物和购买的行为成瘾。

为了查明这些上瘾症是如何形成的，我和菲利普·莫里斯公司（Philip Morris，这地方似乎很适合开始我的成瘾研究）的一位前高层讨论了消费者的习惯和偏好能够最终发展成瘾，以及在这个过程中公司所扮演的角色。他告诉我，他的公司已经发现了一套关于我们如何对品牌成瘾的模型。这个模型分为两个阶段，第一阶段叫“日常阶段”。在这个阶段中，我们把某些品牌或产品看作是我们日常习惯的一部分，比如我们用佳洁士牙膏刷牙、用多芬香皂洗澡、开丰田去上班等。这些都是我们定期要购买的产品，是我们每日生活的必需品，在它们坏掉时会重新买，或用完时买新的。然而，在第二阶段，也叫“梦想阶段”，我们买东西——新裙子、新耳机、新香水——不是因为我们需要它们，而是因为关于这些产品的情感信号渗入了我们的大脑。那我们何时会进入梦想阶段？据这位要求匿名的高层说，通常是在我们卸下防备，也就是我们放松的时候——在这个夏天、某个周末或某次假期中。想一想，在购买必需品之外，在一个工作周里，你打开了多少次钱包？通常不会太多，因为你处于工作状态。但是当周末临近，我们褪下日常的“外衣”，对“梦想阶段”就开始失去抵抗力。

据这位菲利普·莫里斯的前高层讲，这就是品牌真正在我们心里埋下种子的阶段。在我们暂时告别日常阶段或工作状态期间，我们感到更放松，更自在，更愿意去尝试新的饮品、新的衣服、新的化妆品、新的食物。很快，我们就在潜意识里把梦想阶段中的美好回忆、愉快情感和新鸡尾酒的味道、脸上擦了新面霜的感觉，以及新的柠檬味的蜡烛香氛联系起来。所以一旦周一再次来到，或者秋天来临的时候，我们就会尝试“找回”这种感觉，把这些品牌和产品加入我们的日常生活中。而一旦什么东西成为我们日常生活的一部分，它们的地位就几乎不可动摇了。

总的来说，某种习惯是在梦想阶段形成的，然后这一习惯会在日常阶段中加强，并永久进入日常生活。这时，我们在无意识中渴求梦想阶段中那些留在海滩、温泉或户外演唱会的感觉。实际上，这就是大多数饮料品牌无所不在地出现在夏日音乐节和演唱会上的原因，那些公司知道这是吸引新客户购买其产品的最佳渠道之一。比如红牛，最开始就是在一些青少年聚集的场所，比如购物中心和冲浪商店发放免费的试饮。青少年和大学生喜欢聚集在这些地方，在每天无聊的日常生活中透口气（顺便说一句，购物中心和某些特定的商店成为“酷”的聚会场所并不是巧合，这是营销者制造的另一个愉快的“偶然”，他们雇来一些性感的、长相出众的孩子，让他们随意站在入口处。出乎意料的是，其他孩子迅速蜂拥而至，任务完成）。公司懂得，如果能在孩子们的梦想阶段俘获他们的心，那么一旦新的一周到来，当他们回到课堂、杂务和家庭作业中时，他们会把红牛和“在冲浪商店聚会时的轻松感觉”联系起来，而且很快他们就会沉迷于此（但红牛这个案例的成功还有其他一些原因，我们很快会谈到）。

当然，这种策略并非次次适用。为了让某个产品真正能站稳脚跟，制造者们必须要在其中加入一些致瘾的元素，无论是在生理上还是心理上。那么，公司和广告商究竟做了什么来设计我们的需求，并让他们的品牌或产品令人无法抗拒呢？我来讲一个来自一线的案例。

渴望的力量

多年前，世界最大的饮料公司之一请我帮助他们解决一个问题。他们原本销量第一的软饮料在过去三年中持续衰退，而且就算使尽浑身解数（包括增加了电视广告和病毒营销），情况也不见好转。情况看起来很令人绝望，直到我发现了一些营销专员忽略的方面，从心理学的角度来说是一些很小的细节。

现在我将让你了解一些最成功的食品、饮料和化妆品品牌使用的秘方：一种叫作“渴望”的元素。业内的公司都不太愿意承认它的存在，但是如果没有它，大多数流行的品牌和产品都只是无名小卒。

正视这一点吧：我们所有人都有过在某个时间点渴望某些东西的经历，无论是漫长的一天工作之后的一顿快餐，从健身房回家路上的一块巧克力，还是伴随着清晨咖啡的一支烟。渴望促使我们在凌晨两点打开冰箱、一口气吃完整袋多力多滋（Doritos）或奇多（Cheetos）的玉米片，而当我们每次走在药店或超市里的糖果区时总会有一番自我挣扎。虽然这些渴望似乎是凭空而来的，但在现实中它们通常是由周围环境中的一些生理和情感诱因激发的，无论我们是否意识到这一点。

真相就是，无论我们多么相信自己有自控力，当渴望来临时，我们在这些触发物面前通常都是没有抵抗力的。公司了解这些，所以他们才故意在其包装和广告中加入“无意识的信号”——处于我们意识觉悟之下的诱因——并把它们安排在渴望最容易袭来的时刻。比如在可口可乐公司，营销专员会花大量时间讨论在印刷广告和店内冰箱上印多少气泡。他们意识到气泡会让人产生渴望，他们让我们认为碳酸水那清凉又令人神清气爽的感觉会刺激我们的味觉。一些和我交流过的专员告诉我，他们的确设计出一套机密的模型——关于他们需要多少气泡来激发我们的渴望。

这种包含渴望的“无意识符号”正是请我的那个大型饮料公司所忽略的。我们在这里讨论的是一种特殊种类的符号。想想你在报摊、餐厅或路边咖啡馆里看到的那些可口可乐、百事可乐或任何其他软饮料的广告或标识。你是否注意到在图中的玻璃杯、易拉罐或瓶子上的水滴——饮料公司的员工会称它为“流汗”——正顺着容器侧边流下？也许你并没有有意识地关注过，但是这些微小的“汗滴”让我们在潜意识中认为饮料不仅是凉的，而且是“冰凉”的，正如我们每个人都知道的，这种冰凉让汽水更好喝，让人觉得更清爽。

无论你相信与否，这些饮料公司在广告中用了几十年的微小“汗珠”，都激发了我们大脑中的渴望。然而我所为之效力的公司认为这些“汗珠”——简而言之，渴望之源——看起来混乱而且过于复杂，所以把它们从广告中去掉了，这就是他们的饮料销量下滑的原因。这不仅仅是我个人的想法，当我们回过头来观察数据时，很明显公司去掉这些“潜意识符号”的决定和饮料销量下滑的时间段相吻合。我很清楚，如果这个公司想要重振品牌，他们就要想出一个新的潜意识符号——更强有力的、更富有魅力的、比“汗珠”更让人觉得值得渴望的符号。唯一的问题就是要找到它。所以我开始在全国范围内游历，甚至在一些汽水爱好者家里过夜，无论他们是什么年龄和种族。我和他们一起吃饭，一起聚会，当然，我也和他们一起喝了很多汽水。在这个过程中，灵感突然闪现了。

几年前，我做过一个关于声音在我们的大脑潜意识中所起重要作用的研究。通过扫描全世界 50 名消费者的大脑，我找出了 10 种最能唤起情感和最容易上瘾的声音，其中最强有力的声音是婴儿的笑声。但有趣的是，前 10 名当中还包括烹饪牛排时的“嘶嘶”声，以及把饮料倒进满是冰块的玻璃杯中时的“噼啪”声。

重点是，声音对于激发渴望有着令人难以置信的效果。如果我要帮助那个软饮料公司重振品牌，关键就在于找到那个能够激发人们对产品产生强烈渴望的声音。于是，当我和全美的所有汽水爱好者坐在一起时，我给他们播放了一长串和软饮料有关的声音：瓶盖被打开时的嘶嘶声，玻璃瓶盖被撬开的声音，汽水被倒进满是冰块的玻璃杯里的汩汩的气泡声，用吸管吸塑料杯子里最后一口汽水的嘬声，并观察哪个声音能激发出他们对饮料的最强烈的渴望。

我发现并不是每个人对打开易拉罐的声音或饮料被倒出来的声音都有相同的反应。对每一个消费者来说，这些声音听起来都是不同的。无论你相信与否，经常喝汽水的人确实能听出不同品牌饮料开罐声音的区别。从香烟如何激发渴望的研究中，我发现对于不同的人来说，特定的无意识信号激发的渴望是针对特定品牌的（在我早期的功能性磁共振成像研究中，我发现常抽骆驼香烟的人在看到骆驼的图像和骆驼香烟的品牌标志时会产生更多的渴望，而常抽万宝路的人在看到万宝路牛仔的图像时反应更强烈）。

一个品牌的真正粉丝在打开他们最喜欢的饮料时能够分辨出微妙的、独特的差异（你我几乎听不出）。无论他们是否意识到这一点，这种独一无二的声音都巧妙地激活了他们大脑中的“无意识渴望中心”。奇怪的是，如果饮料工程师改变了这熟悉的声音，即使是极其微妙的变动，饮料的粉丝都不会再有渴望的感觉了。那种感觉是很微妙的。所以如果公司想要激活消费者对其品牌的渴望，就需要“拥有”一个让人们只能联想到此品牌而非其他品牌的“符号”。

这就是我帮助这个品牌创造出一种和其他软饮易拉罐有微妙不同的开罐声音的原因。首先我们改变了罐子的设计。然后，找到我们想要的声音，在声音工作室把它录下来，接着把它放进品牌的电视广告、广播广告甚至在线广告中。饮料的制造商甚至在一些他们赞助的大型演唱会或体育比赛中播放这个全新的、经过改进的声音。

那是两年前的事了。现在，无论这个声音在哪一次赞助活动中被播放出来，这种饮料的销量都会瞬间增长。但是，当我问人们为何选择这种饮料而不选其他的时，他们的回答惊人的一致：“我一点儿也想不出来，我就是喜欢它！”

我敢打赌你不会只吃（或喝）一次

巧克力、芝士泡芙、曲奇……不需要营销天才，普通人也知道高脂肪食品是最容易上瘾的产品（也许仅次于烟酒）。但是你也许不知道，公司出售这些食品并不是一个“愉快的巧合”，而是恰恰相反。这些产品如此让人上瘾，是因为出售这些食品的公司在其中加入了致瘾数量的“习惯养成”物质，比如味精、咖啡因、玉米糖浆和糖（顺便说一句，那个曾叫作菲利普·莫里斯、现在叫奥驰亚集团的烟草公司正在进军食品加工行业，这也并非巧合）。

《自然神经科学》（*Nature Neuroscience*）杂志近期发表的一项研究表明，高脂肪、高卡路里的食物影响大脑的方式和可卡因及海洛因影响大脑的方式几乎完全一样。佛罗里达斯克里普斯研究所的两名研究人员给一些老鼠喂食高脂肪食物，包括芝士蛋糕、糖块，甚至还有培根，每种食物都促进了多巴胺的释放，就像毒品一样。更可怕的是，随着时间的推移，老鼠需要越来越多的垃圾食品来维持同样水平的多巴胺，就像吸毒者需要越来越多的毒品来维持同等“飘飘欲仙”的状态。研究人员在结论中写道，当老鼠吃了足够大量的这种食物时，“会导致强迫性的食用习惯，和毒品上瘾的症状类似”。最令人不安的研究发现是，当研究人员比较对垃圾食品成瘾的老鼠大脑和对海洛因及可卡因上瘾的老鼠大脑时，他们发现垃圾食品的成瘾效果还要再高 7 倍。他们写道："对可卡因或海洛因成瘾的老鼠要花两天的时间使多巴胺降回基准水平，但那些吃垃圾食品的老鼠要花上两周的时间才能让多巴胺回到正常水平。"

显然，高脂肪食物不仅让人在心理上成瘾，也可以从化学上让人成瘾。但是人们对 21 世纪最可恶的调料——盐——又会怎么样？大家都知道过多摄入盐对我们很不好，它会导致高血压，从而引发心脏病等。但是你知道吗，过量的味精，或者叫谷氨酸钠（在东西方菜肴中普遍使用的、最为人熟知的调味料）这种撒在我们食物里的东西，让人体开始对盐成瘾。

事实上，被加工和包装的味精，甚至餐馆里使用的味精，每年的用量都增长一倍，不仅是因为它比任何"真正"的调味品（比如辣椒）都便宜，更重要的是它会让我们成为回头客。这样一来，我们的身体就建立起一种不健康的耐受性，就像对任何其他成瘾物质的反应一样。有研究表明，在食物里增加味精，不仅能让我们在当时吃得更多，而且之后让我们更想吃咸的食物。《纽约科学学院年报》（*Annals of the New York Academy of Sciences*）发表的一项研究指出，年轻人在吃了加入味精的食物后，更有可能想再吃一种新食物；另一项研究发现，当中老年人或糖尿病患者吃了含有过量味精的食物，他们不仅会吃得更多，而且之后也不想吃含味精较少的食物了（大概是因为他们对味精变得口重了）。

说了这么多盐的事，如果让你口渴了，那也许正是谈论红牛（Red Bull）饮料为何让你上瘾的好时机。有些人确实认为是可卡因的关系，德国官方声称他们在这个大受欢迎的功能性饮料里发现了可卡因的踪迹，然后他们在德国的 6 个州禁售了红牛。但是这一点并未得到美国的证实。红牛里面的罪魁祸首其实是另一种“白粉”——糖，虽然是合法的，但是会成瘾。区区一罐6盎司的红牛就含有27克糖——约为6茶匙，相当于一板巧克力的含糖量。和大多数毒品一样，糖也可以刺激我们的老朋友、让人感觉良好的神经传导素多巴胺的释放。在普林斯顿大学的一项研究中，巴特·霍贝尔（Bart Hoebel）教授每天有几个小时不给老鼠喂食物和水，而只是给他们喝大量的含糖液体。研究小组发现，在饮用了糖水之后，老鼠体内释放出大量多巴胺。不仅如此，它们的鸦片受体——对吗啡有反应的部位也被激活了。几天之后，不仅老鼠想要喝越来越多的糖水，而且它们的大脑也生成了更多的多巴胺受体。然后，当研究者不再喂食糖水，老鼠就表现出脱瘾症状，它们牙齿打颤到会发出声音。霍贝尔确信，要把这一结论推及人类还为时尚早。他也承认糖分成瘾比毒品成瘾要温和一些，在结论中他指出，糖确实含有一些类似成瘾的物质。“在某些模型中，”霍贝尔说，“狂饮糖水会增加饮酒或滥用毒品的倾向。”

那么咖啡因呢？人们喝咖啡仅仅是一个习惯还是一种真正的上瘾症？科学家们相信，咖啡因能够通过放慢多巴胺再吸收的速度来激活大脑中的愉悦中心，从而使我们感到精力充沛和愉快（可卡因和海洛因是同样的道理，但显然程度更深）。咖啡因还能激活肾上腺素，所以我们会感觉精神饱满，同时停止腺苷酸（促进睡眠的神经传导素）的接收，从而让我们敏锐和清醒。那么，当肾上腺素用完了会怎么样？每一个喝咖啡的人都知道，我们会觉得疲劳、萎靡不振、易怒、神经质，而且还会头疼，因为咖啡因会抑制大脑中的血管，我们需要一杯咖啡来让肾上腺素回到身体习惯的水平。

所以，抛开那些未经证实的、说红牛含有可卡因的谣言，这些似乎都是支持制造商故意让食品成瘾的证据；只要看一眼红牛的标签就知道，一罐红牛包含 200 毫克钠、8 毫克咖啡因（几乎是一罐健怡可乐所含咖啡因的两倍）、27 克糖（大约 5 茶匙），以及一些人造牛磺酸、泛酸钙、安赛甜和天冬甜素。这就解释了为什么有个新西兰的女人对红牛如此上瘾以至于饱受脱瘾症状的痛苦——出汗、恶心、发抖、胃痛、抽筋和焦虑。

我说得都让你想中断戒瘾了吧？

唇膏效应

好吧，那些一口气吃完一袋多力多滋玉米片的人当然知道多盐多脂肪的食物是很难停口的。但是如果你认为包装好的垃圾食品是唯一被故意加入致瘾成分的，那我建议你摸摸口袋里的唇膏。

“等一下，”我能听到你在说，“唇膏？”你是说我手提包里那一小管草莓味的黏糊糊的东西？如果“唇膏致瘾”的说法太难理解，那就用一分钟想一想，你每天会用多少次这黏糊糊的东西。5 次？10 次？ 25 次？除非你住在北极，否则你的嘴唇不可能干燥到让你每小时用一次。人们对唇膏过于着迷，甚至有一个为那些“在停用唇膏之后有轻微或中度脱瘾症状”的人们而成立的网站（http://www.lipbalmanonymous.com）。的确，一些专家认为，唇膏的致瘾成分不是物质上的，而是存在于每次使用唇膏时那令人宽慰的重复的仪式中，也有人认为我们在用唇膏时会得到一种真正的“陶醉感”，尤其是那些含有薄荷成分的唇膏。

薄荷是一种非必要的唇膏成分，很多品牌的唇膏中都加入了这一成分，虽然薄荷本身并不是危险物，但有促成习惯的效果。当薄荷出现在香烟中时，一些抵制烟草的团体就声称薄荷让香烟“致瘾性更强，危险性更大，比无香料的香烟更有可能吸引青少年”。美国食品及药物管理局（FDA）在2009年甚至考虑禁止在香烟中加入薄荷。

但薄荷并不是唇膏生产商为了让其产品更加令人上瘾而加入的唯一成分。很多唇膏中加入了“香料、防腐剂、羊毛脂和色素，从而会导致过敏和刺激”，有些唇膏里还有苯酚（也就是石碳酸），它会干扰我们的皮肤细胞自动产生水分的能力，从而让我们的嘴唇更干燥。所以，如果一直重复使用唇膏会怎么样？我们的嘴唇会花更长的时间去自动补充水分，也就是说嘴唇会更快变干，我们需要使用更多次唇膏来保持水润的效果。换句话说，你用唇膏的次数越多，你对它的需求就越大。我认为这完全就是一种建立了耐受性的上瘾症。

就拿最畅销的唇膏品牌小蜜缇（Carmex）来说吧。俄克拉何马州立大学制药学系的教授史蒂文·普雷（Steven Pray）博士认为，它比我上面说的还要邪恶。作为国际上关于非处方产品和设备的权威人士，普雷博士花了数十年让小蜜缇承认其使用某些成分的真实理由。20世纪90年代初，普雷博士的一个学生在课堂上举手，问他唇膏是不是会让人上瘾。在检验了产品的成分之后，普雷博士发现里面不仅有苯酚，还有水杨酸（通常用来侵蚀坏死的组织，比如鸡眼、茧和疣）。普雷博士告诉我，苯酚其实是一种麻痹性物质，让我们的嘴唇麻木，同时水杨酸会侵蚀活体组织，也就是我们的嘴唇。

1993年，普雷博士联系了小蜜缇的制造商，想要知道他们的产品中含有多少苯酚和水杨酸，但对方只回复这是一个“商业机密”（制造商后来披露，苯酚占了所有成分的0.4%，而水杨酸占比不到

1%）。那么小蜜缇（普雷博士叫它“唇膏中的害群之马”）为什么在使用了去死皮、腐蚀嘴唇成分的情况下还能侥幸逃脱呢？普雷博士说，就是因为他们把水杨酸列为“非活性”成分——指仅仅使产品变得更讨好的成分，比如止咳糖浆里的甜味剂，但事实上它属于“活性”成分。

小蜜缇还敢说这是“商业机密”吗？机密已经被泄露了。

游戏之名

扎克 · 理查森是一个 17 岁的男孩，和他的母亲露易丝居住在英国的费勒姆。他不上学，也没有工作。在别人都写家庭作业或烤汉堡肉时，他就坐在自己的房间里，日复一日，对着一个小电视机（有时还同时用笔记本玩在线足球游戏）连续玩 15 个小时的电子游戏。扎克每天上午 9 点打开 Xbox（微软游戏机品牌），午饭时也玩，直到半夜里的某个时间才会放下游戏手柄。他通常很多天不出家门。他的母亲说：“我没有办法阻止他玩游戏。”他的医生把他的头疼和眼前发黑等症状归结于他的电子游戏瘾，但他还是一直在玩。

“我离开学校一年多了，我无所事事，”扎克说，“所以在找工作期间，我用玩游戏来度日……这个过程是渐进的。起初我每天只花两三个小时玩，只是找点乐子。现在情况已经失控了，我知道自己是上瘾了。”

在将近 9 000 英里之外的澳大利亚珀斯，一个 15 岁的男孩独自坐在小黑屋里，每天花 16 小时玩着一个叫“江湖”的游戏，这是世界上最流行的幻想类在线游戏之一。他是一个社区学院的学生，聪明，而且在玩上电子游戏之前很喜欢户外活动，还是个体育迷。他已经两个多月没去上课了，每天早上假装穿上校服，然后等他的妈妈去上班之后就换回睡衣。

“他表现出了所有海洛因成瘾者的特点，”他的爸爸后来说，“虽然不是用拿着针头往胳膊上扎来获得快感，但是他受到了海洛因成瘾者所附带的损害：疏离家人，疏远朋友，为了掩盖上瘾而撒谎——不惜任何代价。”

虽然这些都是极端的例子，但我想说的是游戏是非常能够致瘾的。无论我们是和朋友或东京的某个陌生人玩，还是和自己玩；无论游戏的目标是突破高分、解锁最多的“徽章”，还是建立一个最大的虚拟农场；游戏本来就是被故意设计得很难戒掉。2010年的《玩家细分报告》（一本商业出版物）指出：“极端的游戏玩家”每周花在游戏上的时间大约是两个整天；近期的一次“哈里斯互动调查”显示，8~12岁的孩子平均每周花14小时玩游戏，而8.5%的8~18岁的玩家可以被归类为“病理学角度的，或者说临床角度上的对游戏‘上瘾’”。

所以我认为，营销者和广告商懂得这一点，并从游戏中获取灵感，从而利用游戏和类似游戏的策略来说服我们购买，这应该不算是一件太让人惊讶的事。

在讨论他们是如何做到的之前，我们首先应该问一句：从最严格的意义上讲，游戏真的会让人上瘾吗？毕竟，正如我们之前看到的，真正的上瘾症是生理上的，“重组”我们的大脑，让我们对某种物质或某种行为的需求越来越多，从而释放出足量的多巴胺以满足我们的某些渴望，或让我们觉得“飘飘然”。玩电子游戏真的能算一种瘾吗？根据一项1999年的研究，我们的大脑对于游戏的反应和对于毒品、酒精以及高脂肪食物的反应是相同的——都是释放出更多的、令人愉快的多巴胺。事实上，该研究发现，任何一种变得逐渐困难的重复性活动——随便一个游戏玩家都知道，就是游戏通关的秘诀——都能提升我们大脑中的多巴胺含量。《神经科学杂志》（*Journal of Neuroscience*）刊登的一项新研究表明，那种“差一点点就赢了”的感觉确实能激发多巴胺的释放。该研究的作者解释道，当我们玩游戏时（或者进入网上拍卖，我马上就会说到），侥幸获胜的感觉会刺激大脑中的奖赏系统，特别是腹侧纹状体和前脑岛——当我们赌博时也有这样的效果。“这些脑部区域也和学习系统相连，意味着我们的大脑在每次侥幸获胜时都会受骗，认为我们在获取新的信息。”另外一个研究指出，像《魔兽世界》那样的游戏“充满了挑战，从而会产生强大而清晰的奖励效应，似乎是特意要让玩家的多巴胺路径（该路径是兴趣、专注和奖赏的中介变量）被激活和产生共鸣”。

但是这对于公司和营销者来说，比压制 Play Station 和 Wii 的销售意味着更多。因为精明的营销者们发现，如果游戏设计得对路，重复地玩不仅可以让我们被游戏本身吸引住，还可以重组我们的大脑，让我们沉溺于购买和购物的行为。

我们的大脑只是想一直玩下去

是的，营销者正利用游戏让我们沉溺于购物，就像任何品牌洗脑的策略一样，它的影响从我们很小时就开始了。有一个研究指出：“当习惯性的游戏教会大脑去重组奖赏机制时，大脑就会改变自己的动机刺激物。大脑释放出多巴胺来奖赏令人愉悦的活动，比如自然的习惯，像吃饭或性……或者诸如注射化学物质的习惯，以及参与刺激性的行为（比如赌博或网上购物）。”

就拿企鹅俱乐部（Club Penguin）来说吧。这是一个多玩家的在线虚拟世界，使用逗人喜爱的企鹅作为主要人物，专为6~14岁的孩子设计（不过大多数的用户还是处在偏低龄的这一端）。企鹅俱乐部向父母们宣传自己是一个“安全的空间”——能够让儿童远离互联网上见不得人的那一面（该网站是受到密码保护的，一个智能的过滤系统能够屏蔽掉任何不当的语言）。更棒的是，加入网站是免费的！实际上，企鹅俱乐部还给了这些小购物狂们一些“见面礼”：他们被鼓励用这些“虚拟币”购买虚拟的产品。

“免费的好处”会持续到这些孩子意识到他们的企鹅需要吃东西。它们还需要一个冰屋，然后它们的冰屋需要家具和装饰！之后，他们的企鹅还需要穿衣服！还有玩具！有时企鹅会觉得孤独，它们需要养属于自己的宠物，等等等等。一旦这些孩子开始进入状态，你会惊讶于他们怎么会认为这些虚拟的企鹅需要这么多东西。但是等一下，孩子们已经不能再使用他们的虚拟币了，除非他们成为俱乐部的正式会员。

没什么大不了的，企鹅俱乐部每个月的会员费只有5.95美元！作为父母，你会觉得这还不算坏，对吧？只要花这么一点小钱，就可以让你的孩子远离网上色情（还可以得到一些和平和安静的时间）。但是等一下，那些免费的钱币用完了怎么办？你的孩子可以赚得更多——通过玩游戏。你赚得越多，就能买越多东西。你买得越多，就越想赚更多的钱币。这个网站也许可以让孩子远离网络色情，但同时也让他们感受到强制性购物的苦与乐。

当然，也有针对成年人的这种游戏，比如超级上瘾的脸书游戏“黑帮战争”，到目前为止总收入已经超过1亿美元，到2010年8月为止，每个月的活跃用户达到 4 550 万人。在这个游戏中，完成任务和“工作”，比如“冻结”一个敌人，或罢免一位首领，或实施一次成功的抢劫，你将获得现金和经验值。赢得的经验值越多，就会解锁越多的关卡，让你永无止境地追求越来越高级别的快感和更大更好的奖赏。

当然，还有一个和“黑帮战争”同样令人上瘾的游戏“开心农场”，这是另一个虚拟世界的奇迹。截至 2010 年 6 月，“开心农场”是脸书上最受欢迎的游戏，拥有 6 160 万活跃用户和超过 2 410 万粉丝。在我写这本书的时候，据《纽约时报》报道，有 2 000 万用户每天都会上线。游戏的结构大致上都差不多，只是在“开心农场”中，你赢得现金和解锁关卡的方式是种南瓜、摘苹果、收获鸡蛋（不过当然，和“黑帮战争”一样，你也可以用真钱购买虚拟币）。你解锁的关卡越多，就可以购买更大和更好的物品。一个自称是“开心农场迷”的玩家曾经告诉我（我发誓，我看到了她眼中闪烁的星星），她“毕生的梦想”就是有朝一日能买得起整个游戏中最贵的物品——开心农场的别墅（也许你会好奇它的价钱，我告诉你，是 100 万虚拟币）。当然，这也许听起来很不容易，但实际上非常令人着迷，以至于今天，根据卡内基–梅隆大学教授兼游戏设计师杰西 · 谢尔（Jesse Schell）所提供的情况，在我写到这里时，脸书上“开心农场”的用户比推特用户还要多。根据新的尼尔森报告，社交网络和在线游戏占据了我们大约 1/3 的上网时间。

当然，每当我们买了一辆新的拖拉机或翻修了我们的谷仓时，这些游戏除了让我们释放出多巴胺之外，还在努力说服着我们购买真实世界的东西。别忘了，当我们为获得高水平的多巴胺而辛苦地赚那些经验值时，我们同时也暴露在大量的定向广告中。事实上，发布“黑帮战争”和“开心农场”的母公司 Zynga（社交游戏公司）在 2009 年陷入了困境。他们的直接营销计划通过让用户点击各种交易、填写问卷或下载应用程序来赚取虚拟币（有一个母亲节的广告就是让“开心农场”的用户通过点击一个“承诺给人送真花”的交易来换取虚拟币）。2010 年爆出了一个丑闻，有 10 个脸书应用程序（包括“开心农场”）被发现把用户的个人资料透露给了营销公司。

这对于你来说可能不算奇怪，脸书本身和它里面的游戏一样令人上瘾。我曾和那些尝试过戒掉这个网站或打算在期末考试期间暂停上这个网站的青少年以及大学生年纪的男性和女性聊过，他们都没能成功。对于大多数用户来说，尤其是青少年，脸书是一个“要么全有要么全无”的东西。就像酒鬼们只有把酒柜清空才能管住自己不再喝酒，脸书用户发现他们只有把账号停用了才能保证不再登录。无论你相信与否，上脸书如此令人上瘾，有一部分原因是它本来就是为此而设计的。《时代》杂志称，脸书是故意创造那“灵光一刻”的。记者丹·弗莱彻（Dan Fletcher）是这样描述的：“这是一种可观察到的情感联结，就像无意中发现一个久未联络的小学同学的资料、第一次看到刚出生的外甥女的照片，或者和前男友联系上。”

公司深知在用户真正上瘾之前会经历多少次这种瞬间（不过网站是不会透露这个神奇数字的，至少不会公开透露）。他们是怎么知道的？弗莱彻说：“因为他们曾经录下了那些被测试者在第一次使用网站时的表情。”

最后要提一下 Foursquare（基于用户地理位置的手机服务网站），用户通过在酒吧、商店和餐厅“签到”来获得积分和徽章，而且还要争做在某地签到次数最多的“地主”（在这个过程中就给这些地方打了免费广告）。Foursquare 被认为是社交媒体中的又一匹黑马（在我写这本书时，它已经拥有2 500万名用户），我曾经和那些狂热爱好者聊过，他们描述Foursquare就像毒品，而且承认他们如果去了什么地方但没“签到”就会感觉很不好或烦躁不安。近期刊登在《纽约时报》上的一篇文章披露了关于这些用户的上瘾程度，讲述了一位费城的男性和他的女友争夺女友家“地主”之位的故事；还有一个男的为了争做一条小巷子（对，小巷子）的地主而如痴如醉，以至于他开发了一个计算机程序，让他可以自动在每天下午1点23分在那条小巷子签到。为了解释这一令人困惑的现象，这篇文章引用了纽约大学媒体文化和传播系副教授亚历山大·加洛韦（Alexander Galloway）的说法：“Foursquare利用了我们在竞争环境下想要获胜的愿望，尤其是在我们的同侪面前，而且Foursquare把空间变成了一场游戏，它类似游戏的性质也构成了其具吸引力的一部分。”

有一款类似的游戏叫SCVNGR，你可以在你的苹果或黑莓手机上下载（已经有50万用户了）。和Foursquare一样，你可以通过告诉朋友你的位置和近况来赢取点数和徽章。但是它又比Foursquare更进一步，你还可以通过完成奇怪的挑战赢取点数。想要得4分？那就把装着墨西哥玉米煎饼的铝容器折成一个纸鹤吧！根据《快公司》（*Fast Company*）的消息，SCVNGR甚至和花旗银行合作推出了一张卡，这张卡“本身就是一个游戏，上面有两个按钮和一个小灯，让用户在结账时选择用信用卡还是用奖励积分付款”。

近来出现了很多把游戏和真实生活中的购物结合起来的网站。我说的是“闪购”的社交网站，比如Gilt、HauteLook、Rue La La、Woot和ideeli，在“有限的时间”里优惠销售顶级奢侈品设计师的商品。如果你再在这类网站上停留20分钟，你就会收到令人窒息的电子邮件，上面说你可以 2.5 折买到蔻驰（Coach）的手袋或者汤姆·福特（Tom Ford）的太阳镜。这是一种狩猎的刺激感！探索的喜悦！捡到大便宜的满足感！这怎能让人不上瘾？这些网站也正吸引着越来越多的关注。在我写到这里时，Gilt 已经拥有了 200 万名用户，Hitwise（数据追踪机构）显示，HauteLook 网站的线上市场份额在 2010 年增长了 750%，而 Gilt 集团和 Rue La La 的份额分别增长了 200% 和 160%。那么，怎么把电脑游戏或赌博瘾移植到购物瘾上呢？很简单：一旦我们的身体停止供应多巴胺，我们就会拼命地、无意识地寻求另外的让我们感觉良好的化学物质来源。简而言之，一旦我们激活了大脑中的上瘾症，它就会永远伴随着你。

高朋网，英文是 Groupon，来自“Group”（团）和“coupon”（优惠券）的组合，是一个类似的、同样有独创性的、像游戏一样的网站，在写本书时，高朋已经吸引了 400 万用户，据传闻市值已达到 150 亿美元。大多数人都知道，高朋通过电子邮件向用户发送用户所在城市的每日优惠，比如以 82 折买一个月的金宝贝会员资格。但是下手要快，这个优惠也许满 150 人购买就截止了。

当我和 ideeli 折扣网的首席执行官保罗·赫尔利（Paul Hurley）沟通时，他承认他那取得了显著成功的网站同时具备“社交成分”和“游戏结构”。想想就知道，ideeli、高朋以及其他社交闪购网站的确具备令人上瘾的游戏性质：奖励、时限、挑战、其他玩家、“仅限邀请”的排外性，当然还兼具趣味性。有一项关于在线拍卖网站 Swoopo 的研究指出，虽然消费者在失手一笔交易时会不开心，但这种“近距脱靶”的感觉“提升了玩游戏的欲望”。无论输赢，我们的大脑只是想一直玩下去。

杰西·斯科勒预测，在未来，游戏和购物的融合（尤其是在线）

只会继续加剧。另外，游戏将愈加从“梦想阶段”过渡到“日常阶段”，而且越来越和我们的日常生活融合。从某种程度上来说，这个现象正在发生着，寻觅特价货的人每天早晨都会检查高朋和 Gilt 发来的优惠券邮件；Foursquare 的用户在每天早晨喝咖啡时在星巴克签到也成了惯例。

那么这个现象会持续多久呢？时间会给我们答案。不过有一件事是肯定的，无论是设计出来的渴望、在产品中加入化学致瘾成分，还是把购物和消费融进我们停不下来的游戏中，公司和它们的营销者都越来越善于控制我们的心理和渴望，以把我们牢牢拴在他们的品牌和产品上。

04

买了它就能泡上妞

广告中性（以及性别）元素的新面孔

猜猜看，全世界的男人每天会想几次性？ 2 次？ 5 次？其实是 32 次！这样一周就是 224 次！

在我的上一本书中，我探讨过大家最喜欢的话题——性。具体来说就是关于性有促销的作用吗？

我的研究发现，男性和女性对于具有性挑逗意味的广告（带有性暗示的或有衣着暴露的模特这一类的广告）的反应，与他们对待真实生活中有关性的建议的反应是相同的。总体来说，相对于有性元素的广告来说，女性更容易被具有浪漫色彩的广告说服——那些强调承诺、奉献以及陪伴的广告。另一方面，对男性更有作用的则是那些有性暗示和有比基尼女郎的广告，尤其是含有大量青春期幽默的广告。

我的研究表明，对于说服我们购买这方面，包含性元素的广告的作用反而适得其反。在一个研究中，我给两组男性被测试者播放了两则相同的广告。第一组看的是有性暗示的广告，而另一组看的是同样的广告，只是把有关性的内容拿掉了。结果显示，看了性暗示广告的男性，对于品牌和产品名称的记忆力要低于那些看普通广告的男性。换句话说，第一组被测试者虽然很享受广告中的性内容，但这对于产品的记忆和印象没有任何助力。然而，性暗示广告不会在短期内消失，很可能是因为当我们看到富有吸引力的、衣着暴露的年轻人出现在能量饮料广告或内衣和新化妆品的广告里时，我们大脑中的镜像神经元会让我们把自己也想象成像他们一样的吸引人和富有性魅力。毕竟，如果不是为了把希望和梦想植入我们的大脑，那广告还能有什么目的？

毫无疑问，广告中的性依然无所不在。A&F 在其店内目录中又恢复了“软性色情”的风格；美国鹰仍在其巨大的店铺橱窗内展示他们性感和半裸的模特；足球运动员大卫·贝克汉姆穿着男士内衣的形象仍然出现在时代广场的广告牌上（至少当我写到这里时还是这样）；价值 49 亿美元的全球色情产业在 4.2 亿个网站上投放与性有关的广告，从“增强性能力”的产品到三陪服务，当然还有更色情的（顺便说一句，你是不是很好奇，偶遇色情网站的孩子的平均年龄有多大？我很不想说，但是告诉你，只有 11 岁）。虽然并不是时时刻刻都有效，但是也有证据表明，包含性元素的广告是具有说服力的。新墨西哥大学的进化心理学家杰弗里·米勒（Geoffrey Miller）博士发现，如果人们先看了异性的照片或听到关于约会的故事，他们就更有可能为产品和活动埋单。

我来说一个如何利用性来促销的例子吧。几年前，世界几大汽车制造商之一联系到我，说他们旗下最知名的品牌销量下降，想请我帮忙扭转这个局面。

在我作为品牌顾问的职业生涯中，我一直在试图探索目标客户的个性，然后我再把这种个性融入品牌中。但是这一次，我尝试了一种新奇的了解客户心理的方式。我制作了一套不同寻常的卡片，共有 200 张，每一张上都印有不同动物的图片，然后我让一组中年男性（目标客户）找出他们心目中最能代表这个品牌的 5 种动物。

接着，我用功能性磁共振成像把我的研究结果范围缩小。当我的研究小组成员给被测试者展示他们挑出的前 4 种动物时，被测试者大脑的活动和平常没什么分别。但是令人吃惊的是，最后展示的那个动物激活了他们大脑中与性吸引力和交配相关联的区域。然后我们给他们展示了他们的梦想之车（那些他们要么买不起，要么因为年纪太大而不能开了的汽车）的照片和图像——你猜对了：还是那块好色的区域被激活了。

事实证明，从潜意识上来看，这些衣冠楚楚的商业人士的平均婚龄为 23 年，有 2~3 个孩子，他们把梦想之车和代表某种东西的某一种动物联系起来了，而且只有这种东西。是的，是性，这就是我们的答案。

从那之后，这个代号为“阿斯特里克斯”（Asterix）的动物就体现在了汽车设计、工程和外观的每一个细节上。这只动物是黑色的，皮毛光滑，品种罕见，线条流畅，并混合了“女性”柔滑的修长曲线。我们的目标是赋予汽车平滑而匀称的曲线，以及令其富有动感：让男性驾驶者感觉自己就像在驾驭和征服一只高速奔跑、强大、柔韧又漂亮的动物。汽车公司的工程师们把这些感官特征加入到了汽车的仪表盘、变速杆、内室皮革，甚至门把手上。简而言之，这辆汽车就是拥有 4 只轮子的“性”。4 年之后，这辆车终于上市，该公司迎来了其历史上最伟大的销售神话。（顺便说一句，那动物是一种阿拉伯的马，以其生殖器的尺寸而著称。）

喷上它，她们就会过来

那么，我是怎么知道男人每天会想 32 次性呢？我是从联合利华的一位德高望重的高管戴维·库西诺（David Cousino）那里听到的，他也是消费者和市场洞察方面的专家。此外他还和我分享了联合利华内部研究小组在准备推出凌仕时发现的很多令人惊讶的研究结果。凌仕目前的品牌价值已达到几百万美元。

凌仕是男性个人护理品牌，其产品包括身体除臭喷雾、止汗膏、滚珠、洗发水和沐浴露，旗下子品牌包括阿波罗（Apollo）、基洛（Kilo）、菲尼克斯（Phoenix）、飓风（Tsunami）和伏都（Voodoo）。凌仕于 2002 年在美国问世，以其巧妙地把产品定位成“瓶装信息素”而闻名于营销界。这种神奇的液体能够把皮肤油腻、骨瘦如柴、长满痘痘的人变成自信、光鲜亮丽、棱角分明的性感家伙。联合利华如何创造了这一传奇般品牌的背后故事，不仅说明了性在广告中的力量，还是一个关于公司和营销者如何深入地探求我们内心深处（包括我们的希望、梦想和白日梦）的案例。正如我们所了解的那样，他们充分利用广告，打了一场性挑逗的、含有过多性元素又异常成功的广告战役。

首先，联合利华进行了一次大规模的、深入的线上问卷调查，研究对象是全世界 12 000 名年龄在 15~50 岁的男性——来自美国、英国、墨西哥、南非、土耳其、日本等国。但是与平常的问卷调查不同，这一调查涉及一些很私人的问题，其中还有些尴尬的问题，比如：“当你想和一个女孩搭讪的时候，会用什么策略？”“你什么时候会觉得非常没有安全感？”“你什么时候被女孩拒绝了？”“你理想中的性幻想是怎样的？”以及我们之前说过的，“你每天有多少次会想到性？”联合利华为什么要问这些问题？库西诺回忆道：“我们想要了解真实的男性世界。”然后他的小组一个国家一个国家地分析了问卷答案。“无论去到哪、无论在哪出生、无论是何种身份，被测试者选择的答案都是一样的。”

这个结果很说明问题（这个调查不像其他在线问卷调查那样，因为可以匿名就胡乱填写）。听起来也许像是陈词滥调，或是一部烂色情片里的场景，但从结果来看，排名第一的男性的性幻想场景是这样的：一个男孩或一个男人正躺在热气腾腾的浴缸里，周围有三四个裸体的女人，旁边有一瓶打开的香槟，香槟的泡沫溢出来，流进了浴缸。基于他们的回应，凌仕领悟到了一些东西。男性的终极幻想并不仅仅是被一个性感的女人迷住，而是好几个性感的女人！这个具有开创意义的启示很快就成为凌仕广告的噱头。库西诺说：“我们意识到，确切地倒不如说是确认了……如果想要一个广告取得成功，就必须强调品牌的信息素。”但是等一下，这些营销者并未就此止步。

接下来，本着男性间的战友情谊，库西诺和他联合利华的同事们召集了近 100 名年龄为 15~50 岁的男性（他们后来又在欧洲、北美洲和拉丁美洲国家进行了同样的研究），一起去酒吧待到凌晨三四点钟，然后观察他们的行动（清醒地，同时也在偷偷地做笔记）。他们的目标是看这些男性是如何在人群中挑选女性并最终接近她们的，也可以说是分析他们的“游戏技巧”。在分析了大量的笔记之后，最终，通过业内一个被称为“细分”的过程，联合利华的小组把男性（凌仕的潜在用户）按照心理状况分成了以下 6 类。

猎食者：根据库西诺的描述，这类男性用表面上的大摇大摆和气势汹汹掩盖其内心的不安全感。他们开着名牌车，浑身上下都是高端的时装品牌，在酒吧里一直徘徊。他们不太尊重女性，而且有明显的欺骗行为——通常会吹嘘自己的工作（事实上他是无业游民）和自己居住的地方（其实是和父母同住）等。猎食者倾向于瞄准单独出来的女性，最好是喝醉的女性，这样他就更有可乘之机。总的来说，猎食者是任何女性的——也是她们的父亲的——最可怕的噩梦。

天然万人迷：这类男性聪明、有运动细胞、有目标、有吸引力和天然的自信。其他男性喜欢和他们交往，女性也认为他们有内在的吸引力。天然万人迷看上的女人通常都能成功得手，而且从来不需要欺骗。有趣的是，当凌仕的研究者给所有男性作调查时，发现几乎每个人都不仅希望成为天然万人迷，而且相当一部分人还认为自己就是天然万人迷。这简直就是性方面的“乌比冈湖效应”（Lake Wobegon，指人们总是过高评价自己）。

结婚对象：这类人的典型特征是温和、自信、彬彬有礼、自我感觉良好，是那种你想带回家给妈妈看的男人（尽管单身女性可能会告诉你，根据联合利华的研究，这类男性在年轻男性群体中占了相当大的部分）。

普通朋友：对于多情的年轻男性来说，没什么比听到“对不起，但是……我对你更像是对哥哥的感觉，我们可以只做好朋友吗？”这句话更令人沮丧了。库西诺并无恶意地补充道：“你就看着他们在你面前泄了气。”意料之中的是，有不少男同性恋（以及没有公开性取向的男同性恋）属于这一类。

没有安全感的新手：这些可怜的年轻小伙子们根本不知道他们该怎么对待周围的女性。跟“结婚对象”和“天然万人迷”一样，美国也有很多“没有安全感的新手”。讽刺的是，他们外表看上去像猎食者，但走上前去，却只会做出一些让女性感到不舒服的举动，不过他们的动机是单纯的、没有欺骗性的。

热情的新手：这些年轻人也搞不清自己在做什么，但是他们看上去更加热切，不会令人毛骨悚然。他们也许不会得手，但是该死的，没有人会告诉他们，他们并没有发挥出最好的水平。

那么，既然凌仕的研究者们已经分出了这6类人，他们拿这些信息做了什么？第一步就是选出这六类男性中的哪一类才是他们最理想的目标。最终他们决定，最显而易见的选择就是“没有安全感的新手”，其次是“热情的新手”，最后是“天然万人迷”。为什么呢？营销者认为，前两类人缺乏自信和经验，会比较容易被“凌仕是提升交女友成功率的关键”这个说法说服——他们会在身上喷凌仕的产品，来提升他们的自信心。而“天然万人迷”型的男性并不需要太多自信，但是他们很可能会被说服使用凌仕产品作为晚上出门之前的最后一道工序。对于“猎食者”，营销者知道他们从来不会认为自己需要这个产品，也不需要任何“身外之物”去吸引女性。

以“没有安全感的新手”作为主要目标，凌仕推出了一系列32秒的电视广告，而这些广告中都含有公司研究出来的“男性的终极幻想”：让一堆性感女人都对你无法抗拒吧！这些广告人简直就是营销天才。在其中一段32秒的广告中，一群穿着比基尼的亚马孙女郎被这无法抗拒的香味吸引了，她们来到一个空旷的沙滩上，围住并诱惑一个无助又瘦弱的年轻小伙子。在另一则广告中，一个赤裸的、浑身沾满肥皂泡的年轻男人正在洗澡，突然浴室的地板裂开了，他掉进了（仍然是赤裸的、身上还滴着肥皂水）一个满是半裸美女的地下室，美女们走过来挑逗性地冲撞和摩擦，于是这个“色情片男演员”就在人群中爆发了。

“没人愿意摆弄肮脏（此处是双关，dirty 还有猥亵的、下流的意思）的东西。”在凌仕的另一个性暗示更加明显的广告里，一个女性的声音说着，旁边还有一个助理。“莫妮卡，你可以帮我清洗这两个肮脏的球（此处是双关，ball 还指睾丸）吗？”她让助理清洗和抚摸她手中那两个白色的高尔夫球。“如果喷上它，她们就会过来。”这是另一则广告所暗示的承诺。广告中，两个大学生年龄的女孩把一个同龄的极客男生拽进了女生宿舍。另外一则广告中，每次遇到喷了凌仕产品的男性，一群叽叽喳喳的年轻女孩都会先深吸一口气，然后立刻涌上去把自己的电话号码送上；还有一个广告，一个喷了凌仕“深度诱惑”系列的男性立刻就变成了一块和人一样大的巧克力，街头一帮性感的女人在剩下的广告时间里一直在挑逗性地咬着那块巧克力。这些广告的信息再明显不过了：用凌仕吧，它能让你泡上妞。不对，再说一次，是好几个妞。

这个广告系列瞬间大热，凌仕也很快成为排名第一的男性止汗 / 香体喷雾品牌，2006 年为联合利华赚了 7 100 万美元（比第二名的品牌 Tag 多赚 5 000 万美元），2007 年赚了 1.86 亿美元（这还不算在沃尔玛的销量），遥遥领先于第二名的品牌。此外，凌仕其他产品的销量也得到了增长，因为香体喷雾通常被用作“试水香型”，如果一个年轻男性喜欢一个品牌，他很可能会去买这个牌子的其他产品（我们业内人士称之为“光环效应”）。凌仕通过它那口口相传的广告获得了全球性的声誉，这些广告幽默、睿智、有攻击性，或者说有些性别歧视。不管怎么说，这是一种免费的宣传，而且很奏效。

然而，凌仕早期的成功很快就出现了反效果。原因在于，系列广告很成功地说服“没有安全感的新手”和“热情的新手”购买产品，全世界的极客和笨蛋们大量购买凌仕产品，这影响到了凌仕的品牌形象。最终（至少是在美国），对于高中和大学的男生来说，凌仕成了“可怜的失败者”的专用品牌，不出所料，产品的销售受到了巨大的打击。

之后，凌仕又遇到了另一个严重的问题。没有安全感的高中学生因为太相信凌仕能够让他们有性吸引力而完全沉浸于此。毕竟，如果凌仕 = 性，那么更多的凌仕 = 更多的性，对吗？加拿大广播公司报道称：“那些沉迷于凌仕产品的男孩们，显然是因为看了那些广告，相信使用香体剂就能立刻把漂亮女人吸引过来。”刺鼻的香气已经成为校园里一个让人分心的因素，以至于在明尼苏达州，学区的官员们试图禁止使用香体剂，声称“男士喷雾被滥用了，这种香味刺鼻的气雾对于学生和教员们来说是一种危险”。一所加拿大学校的校长开始没收凌仕的瓶子。“他们把这东西喷遍了脑袋和脖子，”一位老师说，“他们还没意识到这气味有多刺鼻……他们不知道喷多少就会变成一个‘活体臭气炸弹’，不过他们已经是了。”

如今，联合利华用一系列“病毒视频”来重塑品牌，这些视频主要是展示男士使用凌仕产品的身体部位。这之中当然也包含着性暗示：在给一个男性人体模特喷上喷雾之后，一个女代言人就把模特的右胳膊扯了下来，然后开始一边哭一边打自己：“我太淘气了！”

虽然有些波折，但凌仕广告的巨大成功说明了品牌和聪明的营销者深入探索我们最隐私也最根深蒂固的性幻想和渴望时能得到什么效果。这个案例也再一次说明，现在和以往一样，我们内心最深处的性幻想和渴望能够成为最强有力的说客。

虽然一些根深蒂固的营销技巧——就像你刚刚读到的这个——仍然存在，但大多数人都不知道，公司和广告商正在以一些新的卑劣的手法利用性。在本章中，你将看到我最近做过的一些关于广告中的性的实验结果，包括令人震惊的异性恋的男人在看到广告中的男性裸体时在想什么（提示：答案可不是他们的女朋友），以及哪种类型的男人会让一些女人幻想而又不肯承认（提示：看看她们青春期的女儿贴在墙上的海报吧）。我们还会探讨社会中正在改变的性别角色如何影响公司利用性吸引力及美貌给 21 世纪的男人洗脑的方式。

谁爱你，宝贝？

从时代广场到伦敦再到巴黎，在无数个 A&F 的店面里和广告牌上都有这样的形象：赤裸着上身的男性，眼神天真无邪、肩膀宽阔且光滑，紧身牛仔裤上面有 6 块腹肌突出来，他们摆出各种仰卧的姿势，比如在森林里摔跤，或慵懒地躺在夏日沙滩上。

这真是非常非常性感。但如果你停下来思考一下，就会觉得有点不对劲。广告里展示的牛仔裤是男士的，而 A&F 大多数的顾客（以及目标客户）是异性恋。如果这些广告牌要用性感的、半裸的身体去吸引客户，难道不应该用女性的身体吗？换句话说，为什么要用性感的男性形象向异性恋男性推销牛仔裤和内衣？为了回答这个问题，我们要先回到几十年前。

20 世纪 90 年代初，马东纳 · 巴杰（Madonna Badger，CK 内部代理公司的高级艺术总监，后创立了 Badger & Winters——纽约的时装广告代理公司）和摄影师赫伯 · 里茨（Herb Ritts）为 CK 打造了两则内衣广告，但他们无法预计广告的效果。我敢肯定你看过这两则招牌式的广告：一个男士三角裤的广告用了一个肌肉男和性感

偶像马克 · 沃尔伯格，他的手放在胯上，露齿笑着；另一个是女士内衣的广告，骨感模特凯特 · 莫斯把她纤瘦的胳膊抱在扁平的胸前。这些带有同性恋暗示的广告让 CK 的内衣销量（男士和女士的）提升了大约 35%，迅速向广告世界宣布了“是的，你可以用男性吸引力向男人推销，也可以用女性吸引力（虽然是有男性气质的女性）向女性推销”。在接下来的 20 年里，他们一直沿用这种方式。

20 多年之后，美国服饰（American Apparel）的广告牌因带有挑逗性而被指责为彻头彻尾的色情广告。广告中，穿着内裤的年轻男性把腿张开着。而在杜嘉班纳（Dolce & Gabbana）的古龙水广告中，男性模特都赤裸着他们光亮而轮廓分明的古铜色上身（在一个具有争议性的广告中，一个赤裸上身的男人趴在一个穿着黑色紧身裙的女人身上，而另一些衣冠不整的男人在旁观）。在阿迪达斯的一个运动鞋广告中，加拿大模特季姆 · 罗德斯（Tym Roders）赤裸着匀称健硕的身体，胯前被一双运动鞋挡住。值得一提的是，《男士健康》（*Men's Health*）杂志每个月的封面都是有着 6 块腹肌的半裸男性，是美国最受欢迎的杂志之一。重点在于，很大程度上多亏了 20 世纪 90 年代后期的 CK 那声名远扬的广告打破了壁垒，如今很多广告商用男性性暗示的图像向男性推销产品已不是什么新鲜事，从服装到古龙水再到体育用品都是如此。

然而，大多数直男都不愿意承认这些带有性感男性的性暗示图像——倒梯形的身材、宽阔的胸肌、棱角分明的上半身、凸起的裆部，能够影响他们的购买习惯。至少在美国，直男仍然认为承认爱慕另一个男性是不妥当的。事实上，当裸体男性出现的时候，男人们都习惯于避开视线——这也解释了为什么当一个男人站在公共厕所的小便池前，之后进来的男人会自动站在离他很远的地方，因为他们怕被对方认为在偷窥。

但数据不会撒谎。这些同性的广告真的有效，而且效果非凡。那么这究竟是为什么呢？贝利萨·弗兰尼奇（Belisa Vranich）博士（《今日秀》的心理学家，同时也是金吉姆健身中心的心理学家、*Shape* 杂志的顾问委员会成员）推测，男性会把自己对这些广告的欣赏合理化，他们告诉自己他们只是单纯地在欣赏局部的身体，也就是说，只是看看牛仔裤贴合臀部的效果，或者 T 恤套在胸前的效果，而不是关注身体。这叫作"《花花公主》式营销"。弗兰尼奇博士告诉我，这个名字取自一本创刊于 1973 年、刊有男性裸体的月度杂志。"有人说用男性是为了吸引女人，实际上却吸引了男人。"

基于我这么多年在广告行业的所见所闻，我一直对这些裸男广告是否能打动异性恋男人持怀疑态度——否则为什么它们会如此普遍？当我问一些年轻的男性怎么看待 A&F 广告里的模特时，他们会很高兴地承认说："那些女孩身材不错。"但是当我问"那男模呢"，我就会感受到房间里不和谐的气氛。然后，我通常都会听到这样的答案："我没怎么注意他们"或者"你为什么想知道"，说得就好像我在质疑他们的性取向（其实我并没有）。但是无论他们是否觉察到，我相信这些唤醒男性魅力或男性身体的广告和图像对于男人来说都是很强有力的"说客"，而且会影响他们的购买决定，但他们不肯承认，甚至都没有意识到。

所以我决定进行一项功能性磁共振成像研究，看看这种性刺激的图像是如何影响男性大脑的。我并不是想做出某种社会声明或者证明什么观点，比如"所有男人骨子里都是同性恋"。作为一个以研究品牌和广告为生的人，我纯属好奇——这些半裸男人的图像对于异性恋的男性消费者会产生什么效果。

所以，我再次和圣迭戈的 MindSign 神经营销公司合作了。我们已经为研究实验做好了准备。我们的“内衣”研究对象是 16 名年龄在 18~25 岁的男性，其中有 8 名异性恋和 8 名同性恋。MindSign 的神经营销小组让他们看了 5 张穿着白色紧身式内衣和四角内裤的男模的照片，同时用功能性磁共振成像扫描了被测试者的大脑。几周之后，一些令人震惊的结果出来了。

结果显示，两组被测试者大脑中的视觉皮质都被显著激活。这是意料之中的，因为刺激物本身就具有视觉性。但是更有意义的结果是，两组被测试者的大脑的某个区域（被称作“外侧额下回”的区域）都有所反应，当一个人试图撒谎、控制一个事实或者说服自己相信一些不真实的事情时，这个区域就会产生工作记忆。事实上，你也可以把这个脑部区域称为“欺骗区域”。MindSign 的研究者们认为，被测试者并不想被那些半裸的男模吸引，但实际上，他们确实被吸引了。更进一步说，异性恋男人的大脑对男士内衣广告的反应先是否认，然后表现出不同程度的兴趣——后面这个环节和同性恋男人的反应是非常相似的。根据分析研究结果的专家小组的结论，所有这些有力的证据都说明一些异性恋的男人也同样被这种广告刺激到了——只是他们的大脑在拼命地否认这个效果。

女人香

2004 年 12 月，国际香料香精公司竞标到了为 CK 制作新香水 Euphoria 的机会，他们找来艾丽卡 · 史密斯（Erika Smyth）及其后来的同事，国际香料香精公司的“品牌情感”（Brand Emotions）部门的主管亚历克斯 · 莫斯克温（Alex Moskvin）。以 CK（后来被联合利华收购）为例，香料行业的运作方式是这样的：生产商告诉香料公司他们想要这个气味激发出什么感觉，然后再让他们制造出来。香精样品交付之后，公司会举行一次焦点小组访谈，看它是否成功地激发了他们想要的关联和情感。所以联合利华首先交给香水制造商一份被业内称为“心情剪辑”的视频——一串从不同的电影中剪辑出的短小的、潜意识的、带有性暗示的片段组合（比如在一个场景中，一个女人以一种非常具有诱惑性的方式表现出自愿被蒙住眼睛并被绑起来）。为什么这个行业要用电影而不是简单地解释一下他们想要什么感觉的香型呢？戴维·库西诺说，因为“语言把事情变得沉闷”。

“制造一种能把女人带入这个情感空间的香水。”联合利华的小组这样告诉国际香料香精公司（及其他竞标者）。之后，当香精制造出来后，联合利华组建了一个女性的焦点小组，然后在每个人的皮肤上涂了一点“果汁”（在香料行业，用水果来命名香水是很常见的）。然后小组会让她们闭上眼睛，讲述她们脑海中首先想到的、能表达这个香味所激发出来的感觉的故事。不出所料，她们讲的故事都是浪漫的、带有性元素的和富有激情的。有趣的是，这个香型似乎激发了每个女人相同的冲突关联：天真和热烈、自由和束缚、柔软甜蜜同时又带有肉欲的爱。就是这个感觉。国际香料香精公司的“果汁”将成为CK的新香水产品。

但是这才只是刚刚开始。联合利华喜欢国际香料香精公司的设计，但还需要再改进。为了确保他们走对了路，联合利华小组决定围绕着同一个问题再进行一次研究：这种香味带给你情感上的哪些感觉？但是之后他们就意识到：没办法确认那个香味是否能把这些女人们带进那个“黑暗又性感的”地方，除非她们发现了那个地方。

所以他们决定更进一步。这一次他们引导每一个女人穿过一组迷宫般的走廊，进入不同的暗房（黑暗的房间能够消除其他感官上导致分心的因素），每个房间都喷洒了国际香料香精公司不同的香料。她们都闭着眼睛。她们看到了、听到了、感受到了什么？之后，联合利华小组仔细研究她们的反应，试图解码这些香料把每个女人“带去了哪里”以及那是什么样的“空间”。联合利华小组知道他们希望这个香味带她们去哪儿——根据一位小组成员的说法是“黑暗又性感的地方”。但是联合利华的高管不确定要用三四种不同香味中的哪一种，就给它取名为“炼金术”——恰到好处。

他们向女人们展示了那段之前交给香料公司的“心情剪辑”，然后让她们写下刚才走进这个被电影和香味激发的黑暗性感的“空间”时的感受，选项有“黑暗”、“邪恶”、“恐惧”。然而还有一个潜在的反应一直在重复出现，所有女人们都有一种“在性方面失控”的感觉。似乎联合利华小组寻找的情感反应是一种“被囚禁的欲望”。“我们想要的感觉是她们稍稍有些自我失控，但是同时她们又很乐于迷失于此。”库西诺回忆道。但是当时联合利华在国际香料香精公司的“炼金术”和另一家公司的作品中犹豫不决。于是他们请一家叫“香味分析”（Scent Analysis）的公司做了一个复杂的测试，来看哪一款香料更符合女人们刚才描述的每一项内容，然后在“情感空间”和“果汁”中间找到一个平衡点。之后联合利华还雇了一个符号学家帮助他们找到一个能够描述新香水的词汇——能够为品牌起到宣传和定位的形容词。最后他们决定使用“忧郁的”（melancholic）。因此，2004年，一款性感中略带伤感的香水Euphoria诞生了。联合利华打出了一系列暗色的、阴影的、性感的，当然还略带忧郁的32秒广告，然后新的CK香水就陆续上架了。事实上，如今Euphoria

仍是唯一一款在过去 10 年中推出的，至今仍稳坐全球前十大宝座的香水。

那么，性吸引力闻起来是什么味道？看来应该是铜臭味吧。

老牛吃嫩草

在《顾客为什么购买》（*Why We Buy*）一书中，零售人类学家帕科·昂德希尔（Paco Underhill）把那些掏腰包为孩子们（或伴侣）买东西的人称为“带着钱包的人”（the wallet carriers），因为青少年通常是依靠父母来给他们买各种东西的，无论是学校用品、衣服、化妆品，还是 iPod 里下载的歌曲。作为控制财权的人，带着钱包的成年人至少对于孩子要买什么有点发言权，这对于营销者来说是一个挑战。如何制定一个营销或广告策略，来说服成年人买孩子用的产品？你马上就会读到非常狡猾的手法。

如今，多亏了技术，在人类历史上，父母和他们的青少年子女之间的共同点从未像今天这样多。妈妈、爸爸、孩子都有自己的手机、脸书账号，以及大致相似的文化感性。他们去看相同的电影、听差不多的音乐、在电视（或 iTunes、TiVo 还有 Hulu）上看同一个电视节目。结果就是，好莱坞和音乐行业必须要想办法做出成年人和年轻观众皆宜的内容。他们是怎么做的呢？通过巧妙地打造语意模糊的歌词和对话，让一个成年人——通常意味着性成熟的人——说一些很不同的或对于一个 8 岁的孩子无伤大雅的话。举个例子，黑眼豆豆的《加油》（*Pump It!*），或者菲姬的单曲《伦敦桥》（*London Bridge*），歌词是这样的：“为什么你每次来的时候，我的伦敦/伦敦桥都会下沉”。（让你怀念起彼得、保罗和玛丽的《神龙帕夫》

那个纯真年代了，对吧？）

用一个 8 岁孩子的眼光去看一集《辛普森一家》，你就能明白我的意思。你们可能看得好好的，但是孩子很可能会嘲讽某些“厕所幽默”和类似“荷马 · 辛普森是一个傻瓜”这样的情景，而你还会笑史密瑟斯和伯恩斯先生之间紧张的同性恋关系。（在 2000 年的那集《两个斯普林菲尔德的故事》中，当原来的斯普林菲尔德的居民在河附近发现金子时，一个女人呼喊道：“谢谢，辛普森市长！从今以后，我们就能洗金子澡了！”）

《怪物史莱克》和《玩具总动员》这两部电影也运用了这种策略：《怪物史莱克》中的国王被叫作“Farquaad”，读音和“Fuckwad”（意为“蠢蛋”）相同；在《玩具总动员 2》中，巴斯光年爱上那个牛仔女孩杰西时的反应是翅膀的弹簧坚硬地立起。这些情节向那些拿着钱包的父母们眨了眨眼、点头致意，其中的性内容并没有明显到让孩子们察觉。英国广播公司指出：“好莱坞大亨们必须要意识到终极的电影应该是适合所有年龄段和类型的观众，这样才能有立足之地。”

正因为这个策略在娱乐产业获得了如此大的成功（事实上在私下里他们把这个称作“辛普森”或“史莱克”策略），公司也开始从好莱坞的经验中取经了，各行各业的营销者们都在他们的品牌中采用这一策略。比如，三明治连锁品牌奎兹诺斯（Quiznos）近日推出了一款新产品，叫作 Toasty Torpedo。广告上说它是一个“12 英寸长的美味”，文字过后，一台烤面包机用沙哑的声音对厨师说道“快说它性感”，以及“把它放进来”。希望 8 岁的孩子们不会参透其中的内涵。

但是，没有一个品牌会像当代的流行音乐偶像贾斯汀 · 比伯

（是的，他就是一个品牌）那样，通过“史莱克”策略获得如此大的成功。

有青春期女儿的父母都知道，贾斯汀·比伯是一个有着天使般面孔的十几岁音乐人，2007 年成名。当时他的妈妈在 YouTube 上上传了他在卧室唱歌的视频，几周之后，看过比伯视频的人达到了 100 人，然后是 1 000 人、1 万人，之后是 100 万人。两年后，比伯的专辑《我的世界 2.0》首发，在排行榜上排到了第一名。已有 5 000 万人订阅了他的 YouTube 频道，《时代》杂志称比伯是“数字时代的第一位真人少年偶像，他的成名完全归功于互联网”。但除了这个特点之外，在长期的传统中，比伯这种头发蓬乱、有着完美又俊朗容貌的少年一直是无数痴情少女迷恋的对象。丰满的嘴唇、深邃的眼睛、光滑的皮肤、有亲和力的甜美微笑，对了，还有甩发的动作！巧合的是，如果把 20 世纪 70 年代的年轻偶像唐尼·奥斯蒙（唱《你好吗，孤单女孩》的那个）的照片和贾斯汀·比伯（他有一首歌叫《一个不那么孤单的女孩》）的照片对比一下，你会吃惊地发现他们之间的相似之处不仅是歌曲的内容，还有他们的面部样貌。毫无疑问，对于 10~17 岁的女孩来说，“帅”的标准就是“单纯”和“天真”。

等一下，几百万迷恋比伯的粉丝们可不都是少女啊！当然少女有很多，但不是全部，而且远不是全部。那她们都是谁呢？无论你信不信，在这个十几岁男孩最疯狂的迷恋者中，有相当一部分其实是三四十岁的妇女。对，就是那些年纪大到可以当他妈妈的女人们。多年来，我遇到过很多中年妇女向我坦承她们会偶尔迷恋上一个年轻的男性名人。请搞清楚我并不是指那种恶劣的、非法的，或是不正当的感情，从没听过任何一个中年粉丝把迷恋付诸行动（同时，我发现如果一个47岁的父亲承认对一个少女产生性渴望，那么他就会被送去治疗，或者最坏的情况就是坐牢）。不过这些女人仍然让人觉得恐惧，在比伯出现的地方，一些热情的妈妈们在一群尖叫的少女中推挤着奔向偶像，还把女孩们推搡到一边，已不算新鲜事了。

作为一个痴迷于名人品牌的营销者，我不自觉地开始思考这个现象背后的奥秘。青少年对比伯疯狂可以理解，毕竟，少年偶像的现象也有几十年的传统了，而且客观上，以十几岁的标准来说，比伯也算是帅哥了。但是他为什么会吸引那些比他年龄大一倍的女人呢？他对她们有性吸引力吗？或者他只是她们青少年时代旧幻想的一种投射？我决定要一探究竟。我和一家国内的招聘集团默里山联合公司（Murray Hill Associates）合作，集结了一个焦点小组，小组成员是那些曾在少女时代迷恋过少年偶像（无论是利夫·加勒特、大卫·卡西迪，还是戴维·琼斯）的女性和母亲。但是在我问她们一些私人问题之前，我首先和一位女心理医生（她同时也是一位母亲）聊了一次，她曾经和我说过她时不时地会迷恋上一些长相好看的未成年男性。我的问题激起了她的好奇心。

她顿了一下。“这不一定是性方面的，马丁，”她说，然后又顿了一下，“但也不是和性完全无关。”当然，我必须要了解更多。

在芝加哥的一个雨夜，我找来12个45岁的妈妈们进行焦点小组访谈。她们围坐在一个椭圆形的桌子边望着我。“那么，女士们，”我说，“我想问你们一个问题，也许听起来有点奇怪。”我顿了一下继续说，“作为一个成年人，你们是否曾爱上过一个非常非常年轻的小伙子？”

这时我已经准备好接受她们愤慨的目光，也许她们还会把几支笔或几杯咖啡扔在我脸上。但是出人意料的是，房间里没有一个人因为我的话而发怒，而且恰恰相反，每位女性都向我投来认同的目光，我能感受到那种“松了一口气”的感觉——我明显切中了要害。我看过一期《周六夜现场》的节目，蒂娜·菲在短剧中饰演比伯的高中老师，她自言自语道：“我不知道我是想嫁给他，还是想把他放进手推车里推着他在购物中心里转。”基于我那晚所观察到的，这显然是一种普遍但鲜有人讨论的情绪。

屋子里的女人们当开玩笑一样讲着自己对比伯的迷恋，并且谨慎地强调她们从来没有对他有过实质的行动，但是我很明显能感受到那种积郁已久的渴望迸发出来。我几乎听不清她们在说什么，因为每个人都在努力盖过别人的声音，接二连三喊出一些诱人的少年的名字。有一位女士描述她带着女儿去看《暮光之城3：月食》时的情景。“当泰勒·洛特纳（他当时18岁）出现在屏幕上时，我差点儿跳起来，”她说，“我的天哪，他实在太帅了！当然我一个字也没说出来，因为我知道我女儿如果听到会疯掉的。”

就这样，讨论又持续了10分钟。最后，坐在桌子最后面的女士举起了手。她告诉我，少女时代的她是歌手王子（是的，在那个年代我猜她就是公主）的狂热粉丝。就在我开始质疑她的品位时，她说了一句非常有启发性的话：“我觉得女人比男人更喜欢美和漂亮的东西，而男孩也属于这个范畴。”

焦点小组的讨论快要结束时，我发现我的两个理论都得到了部分证实。这些母性的“狂恋”和性有关，因为这是女性重温少女时代性征的一种方式，但同时，和性相比之下，这些情绪与怀旧的关系更大，是她们再次体验年轻时对保罗·麦卡特尼和大卫·卡西迪这些偶像的狂热和兴奋的方式。我能感受到女性最想证明的，也许是对她们的女儿或对自己来说，在母亲的身份之外，她们仍然是曾经的那些女孩。

更重要的是，我相信某些营销者已经意识到这种“比伯现象”了，而且当他们推销下一个青少年偶像时，他们故意地，也可以说是偷偷摸摸地以青少年作为幌子，实际瞄准的是那些青少年的妈妈。事实上我很确定，当营销者们利用性吸引力向那些揣着钱包的成年人兜售青少年偶像（或任何一个表面看上去是儿童或青少年品牌的产品）时，他们的目的非常明确。媒体公司非常了解，中年的妈妈经常会和她的女儿一起看电视节目，或者在汽车里听女儿喜欢的音乐。“当你有一个千禧年的目标群体（指在 1980~2000 年出生的人）时，”弗兰克 · 马吉德顾问公司的“千禧年战略项目”的主席杰克 · 麦肯齐（Jack MacKenzie）说：“你的第二个目标群体一定是他们的妈妈。这就是如今的营销方式。开发这个‘第二目标群体’才是聪明的做法。”

所以，丈夫们，警觉吧！你可能以为你的妻子是给你们的女儿买了最新的贾斯汀 · 比伯的 CD，但这其中隐藏着一个惊人却又寻常的秘密，而且公司和营销者已经深谙这一秘密许多年了：无论对于同性恋者、异性恋者、年轻人还是老人来说，性吸引力以各种形态存在着；而且它是一个极其强大的说客，无论你承认与否。

我像一个女人一样购物

如今美国的男性消费者已不同以往。从历史的角度来说，在我们的文化里，女性比男性在性别角色的转换上更加自由。比如，多年以来，女性穿牛仔裤或宽松长裤、擦麝香味道的香水以及戴男款的手表，是能够被接受的。而大多数男人打死也不能接受穿粉红色的花衬衫，以及擦香水和化妆。但是观念转变得很快。至少在美国，越来越多的男孩（以及男人）允许自己适应“女性”世界——无论是耳环、紧身牛仔裤、化妆品，还是香水（在欧洲，使用香水的男性比美国的女性还要多）。事实上，现在的男性比以往更加重视自己的外表，而且更愿意为此花钱。全球的男性美容行业的价值已高达300多亿美元。2009年，仅在美国，做过整形手术的男性就增加了90万人。

公司和营销者充分意识到了这一转变，所以他们开始瞄准那些注重外表和美的男性。就拿最近推出的“多芬男士系列”的宣传活动举例吧。多芬是第一个推出男性专用产品线的品牌，而此前它的产品一直是为女性设计的。其中一个广告说：“既然你觉得做自己很舒服，那是不是也要有舒服的皮肤呢？”

男性消费者进入传统女性领域的这一迁移转变了营销和广告的规则，衍生出了各种意想不到的产品。以沐浴液为例。德意志银行和信息资源公司（Information Resources, Inc.）的研究数据表明，美国的沐浴液销量在2009年首次超过香皂（7.563亿美元比7.542亿美元）。无论你相信与否，这很大程度上是传统的女性产品的营销者更积极地去吸引男性客户的结果。那么，为什么突然有这么多的男孩和男人开始使用沐浴液呢？

第一个原因就是全球对于卫生的关注（我在前面的章节里也讲过），开始影响越来越多的男性。散布恐惧的营销者们成功地说服了很多男性消费者（女性消费者通常不需要太多说服）香皂是黏滑的、有细菌的，甚至完全是肮脏的。第二个原因是洗手液的生产商从早期就开始吸引新一代的男性，他们策略性地在小学男生的洗手间、高中和大学健身房的洗澡间，以及大学宿舍里放置售卖机。结果就是，当这些男性有能力自己出门并选购自己的卫生产品时，他们就会觉得用洗手液是很正常的，甚至是习惯性的。

几年前，一个沐浴液的生产商注意到男性会抵触这类产品是因为他们认为使用沐浴液的方式——触摸自己的身体——太女性化了。那么这家公司做了什么？它发明了一种新的丝瓜海绵，在男性的手和身体之间有了一个物理屏障。这个东西后来在美国发售了成千上万个，你瞧吧，使用香皂的人减少了，而沐浴液的销量上升了。

越来越多的男性使用沐浴液的第三个原因，我认为和营销者无关，是单亲妈妈的增加。如今，很多男孩是由单亲妈妈养大的，他们习惯了使用妈妈的沐浴液——正如我们在第一章所了解到的，我们在孩童时代习惯使用的东西会一直延续到成年之后的生活。当然，这对于像联合利华和宝洁这样的公司来说是一个利好，因为卖沐浴液比卖香皂赚钱多了。

为了寻求其他的观点，我和灵智广告公司（EuroRSCG）芝加哥分部的首席营销官，也是公认的男性消费者专家露丝·卡梅伦（Rose Cameron）聊了聊。卡梅伦指出，随着“斧头一代”（Axe generation，用她的话说就是生在21世纪初的那代人）逐渐成年，毫无疑问，男性消费者的需求以及他们会被营销者吸引的方式都在改变。“他们是首个从小就能使用香味产品的一代。”她解释道。

“那么接下来会怎样，露丝？”我问道，“我们该怎么应对这一切？”

“我看到的最新趋势是文身和脱毛。你听过‘冰沙’这个词吗？”

“我只知道这是种饮料，露丝。”

“我说的是人，尤其是指男人。”显然，除去身上的所有（对，我就是指全部）毛发是从男同性恋团体兴起的，然后才被专业运动界采用，尽管二者是出于不同的原因。“对于一些运动来说，体毛会减慢你的速度——至少这是一个合理的理由，”露丝告诉我，“这一趋势还受到色情业的影响，因为越来越多的男性会除去下体的毛发，而所有人都知道色情业是一个巨大的产业。”

这是一个非凡的真理，我通过一个在大型消费产品公司工作的人得知：15% 的美国男性会刮除下体的体毛（我绝对没有开玩笑），而且这是一个发展趋势。吉列公司反应迅速，他们在其网站上发布了一段视频，指导男性如何剃掉腹股沟区域的毛发。视频的名字叫作“修剪杂草会让树木看起来更高大”。

营销界的普遍认知是，女性在选择产品时 80% 靠的是感性判断，而只有 20% 是理性的。女性通常是从一个感性的角度去接受一款护发素、一个新品牌的化妆品，甚至是一款洗衣液。比如“我的妈妈总是用这个牌子”或“这条街上住的一家人就是开这种车”，然后再用理性的观点支持她们的感性决定。这就是大多数广告都抓住了感性女性的心理，比如怀旧、恐惧或嫉妒的原因。对于男性而言，在传统的营销观念中，这个比例是相反的，也就是说男性有 20% 的决定是感性的，80% 是理性的。但是我完全不相信！男人和女人都是感性的生物，唯一的区别就是男性需要用产品的功能和规格掩盖住他们感性的一面。男性的决策制定也是 80/20 法则——我简单地把他们制定决策的过程称为“感理性”（emorational），就是说产品的实用性是男性掩盖其感性特征的工具。制造商们也非常了解这一点。不知道你是否注意到，男性产品的营销者都倾向于强调产品规格和数字，比如 20G 的硬盘，或者 1 400 万像素的相机（是的，这确实有用），或是力特光电（Optimax）225 型赛车发动机等。因为这些数字为选择某个产品而不选另一个（通常是更便宜的那个）提供了一种理性的、可量化的理由。《时代》杂志称："产品规格极大地影响了我们的购买决定，即使我们的经验告诉我们那些参数没什么意义。"这点对于男性来说比女性更加明显。

然而，男性消费者正在变化，导致所有经过时间验证的营销策略也发生了改变。如今，在化妆品区的男性产品货架上，你会发现这些产品的名字都很有男人味，比如"大醉的燃料"（Ripped Fuel）、"边缘"（Edge）、"面部燃料"（Facial Fuel），还有"凌仕"（Axe），这些名字都能唤起对男子气概的联想，比如极限运动、摩托车，而它们实际上都是"美容"产品——以往大多数直男不会使用的东西。对此广告商们都格外小心。即使是Mënaji——一家非常成功的在线男性化妆品公司，提供面膜、遮瑕膏、治疗黑眼圈的天然护肤品等一系列产品——也给他们的产品取了带有男性色彩的名字，比如"迷彩"（Camo）和"终结者"（Eraser）。凌仕甚至推出了一款全黑瓶的产品，外形像一颗手榴弹，上面还印有一个年轻男性的指纹。这些品牌所隐含的感性承诺就是在使皮肤平滑、看起来更好的同时又能保持粗犷的男子气概。

男性虚荣心的高涨导致他们深受零售商诡计的毒害，而这些诡计曾经都是用在女性身上的。你有没有在买一条卡其裤或牛仔裤时，高兴地发现你的尺码从你读研究生起就没变过？那我有些坏消息要告诉你了。你可能已经沦为"虚荣尺寸"（vanity sizing）的受害者了。这是一种狡猾的伎俩，商店会把服装做得比正常的尺码大，这样我们就能穿上更小一码的。多年来，很多零售商都是这样做女装的，但是这一策略现在开始延伸到商店中的男装部了。《时尚先生》杂志派记者艾布拉姆·索尔（Abram Sauer）带着卷尺去一些商店，他发现标明 36 英寸的男装裤的实际大小是 37 英寸（H&M）、38.5 英寸（CK）、39 英寸（盖普、哈格和多克斯），甚至是 41 英寸（老海军）。一般的男人一点也不会在意他们的腰围，但是如今的一些专家非常了解，男性和女性都更加愿意去买那些让他们看起来更修长和苗条的衣服。

社会越来越接受男性在维护外表方面采取积极主动的行动，而毫无疑问的是，营销者们利用这一事实大捞了一笔。1995 年，53% 的男性为自己购物。而到了 1999 年，这一数字上升到 75%。WSL 战略零售公司（WSL Strategic Retail）的创始人兼首席执行官温迪·李普曼（Wendy Liebmann）发现，男性在购买商品前需要询问女性意见的时代即将过去。“我们正在见证一种文化上的转变，”李普曼说，“男人结婚更晚，所以他们独自生活的时间更长了。”这就意味着当男人最终走进产品区时，他们已经了解自己喜欢哪些品牌，有时甚至会把他们喜欢的品牌带入婚姻中，并影响他们的妻子购买。和以往那些“从妈妈直接过渡到妻子”的男性不同，如今的单身汉们必须要了解更多关于购物的知识，比如如何定制西装、如何挑选织工最好的床单等。

这在很大程度上解释了为什么有一家聪明的商店（位于圣安东尼奥的超市 H-E-B）建立了一个“男士区”，这是一个安全的区域，和店内其他区域分隔开来。在这里，注重美的男性顾客可以尽情地挑选个人护理用品，同时又不失男子气概。这个独立的男性产品区有科幻般的蓝色地板照明和一些平板电视机，提供 534 种产品，产品功能包括舒缓疲惫肌肤、消除眼袋、全天散发柠檬体香，还有 5 个触摸屏提供“梳理贴士及产品建议”。而且为避免过于女性化，平板电视中还在持续播放足球、赛车、篮球等其他体育运动。

与此类似，宝洁现在也把男性和女性化妆品分别放置在商店的不同区域，这样独立的男性消费者就不会在选购面霜或眼霜时因为有女性在旁边挑选口红而感到不舒服或尴尬。这些公司是怎么知道把男性产品分开放置会提升销量的呢？这多亏了它们在私下里做的调查工作。

几乎没有人知道这个秘密。大多数大型的消费品公司，包括联合利华、卡夫、百事可乐及可口可乐，都开了一些“假超市”，大多数位于城镇工业区里的废弃仓库。他们在货架上摆上自己的和竞争对手的产品，然后到了晚上，趁着天黑，他们邀请人们来这里购物。当人们在浏览货架时，摄像机和（在一些极端情况下）一些脑部扫描设备在实时观察人们在选择和放弃某些品牌或商品时的情况。和电影《少数派报告》里一样，这些“超市”里通常会有一个带有电视屏幕的控制室，实验者能够测量消费者在看到不同产品时脑电波的变化。以这些数据为基础，公司发明了一种商业上叫作“货架图”（planogram）的模型，该模型展示出每一种产品应该被放在货架的什么位置才能产生最高的销量，然后再据此购买超市或药房里的货架位置。

事实上，分开放置男性“美容”产品能够提升销量的原因在于，即使性别角色正在变化，很多男人仍不愿意在别人眼皮底下挑选美容产品。但是如果能够避开公众目光而自由地浏览商品，他们就会对高端商品更感兴趣并更愿意选购更多。那么，那些传统上针对女性的品牌（品牌名称极为女性化，比如“多芬”）如何成功地跨界到男性群体？你可以想想万宝路在20世纪20年代起步时卖过为女性设计的过滤嘴香烟、奈尔在2002年推出了男性的胸部和背部脱毛膏、UGG在以女靴而闻名之前曾长时间被宣传为一个男性品牌，看起来胜算都非常大。有一个关于“传统男性品牌如何迎合男性的‘女性化一面’”的例子，最近，荷兰的电器巨头飞利浦认为男性需要“一款更加有活力的、耐用的、解决洗衣问题的工具，这个工具需要更强的抓握力和更男性化的外观”。于是他们推出了GC4490产品，提供“更多力量、更多蒸汽和更好的表现”。

这个男性化产品究竟是什么？是一个电熨斗。

当然，广告中的性也许是书本中最老掉牙的策略之一，但是我从自己的经验中认识到，有一件事再清楚不过了：无论是挖掘我们内心最深处最黑暗的性幻想，还是激发出我们青春时代那激情澎湃的怀旧情绪，或是承诺让我们更富有性吸引力，如今的营销者和广告商掌握了各种利用我们最基本的和原始人类欲望的方式，并且从中大赚一笔。

05

压力之下

同侪的力量

1931 年，鸟类观察家爱德华 · 塞卢斯（Edward Selous）开始思考他多年来观察到的一个新奇的现象：为什么那么多的鸟类——白嘴鸦、海鸥、田凫、八哥等——可以完全同步地从田野飞起，就像在跳一出精心设计的舞蹈？大家都知道鸟类并不算聪明，也没有办法和彼此沟通，那么它们是怎么用无缝的方式协调行动的呢？他的结论是：一定是通过“读心术”。当时没人相信塞卢斯的“超感觉理论”。毕竟他没有任何证据，而且当时的科学界和现在一样，只认事实不认推测。不过，在 20 世纪 30 年代，没人能给出更好的解释。

事实后来证明，塞卢斯并不是信口开河。鸟类的行为就是各种各样心灵融合的结果。当然，鸟不能读取彼此的大脑，但是从某种程度上来讲，它们就像共享一个集体的大脑。这种现象并不只出现在鸟类中，动物王国中也充满了这样的例子，甚至白蚁也拥有共享集体意识的能力，是的，就是那种以咬噬破坏为生的、导致房屋地基不稳的、讨人厌的小生物。不太友善地讲，单独的一只白蚁完全是一个傻子，它的大脑没有足够的神经元，以至于它们不知道自己在做什么。然而100万只白蚁就拥有足够的集体智慧去建造巨大的、复杂的结构，比如高达30英尺的白蚁丘。但问题的关键是这种集体智慧是如何形成的？

直到20世纪50年代，科学界才给出了一个解释。当生物学家皮埃尔–保罗·格拉塞（Pierre-Paul Grasse）观察了很多组白蚁在建造蚁丘初期的行为之后，他发现每一只白蚁都会实施简单的三步行动。

第一步，白蚁会衔一口土，然后用唾液把土定型成一个小球。

第二步，白蚁漫无目的地游荡，直到偶然发现一个凸起的区域，它就会把小球放下来，就像金毛犬会放下沾满唾液的网球。

第三步，白蚁会不断地重复前两步。很难想象这些笨拙的小虫子们通过这种极其缓慢的、看似随机的、未经协调的过程，最终能建成一个巨大的、设计良好的结构。但是它们做到了。白蚁放置的小土球越多，蚁丘就会变得越高，其他漫无目的地游荡的白蚁就越有可能撞到它，然后让它变得更高。当这些蚁丘或柱状物达到某一个高度，格拉塞解释道，“一种新的行为就会产生，白蚁们开始在这些土丘之间建立拱门。整个精心建造的蚁丘包括房间、隧道和复杂的空气流通渠道，全部是由几千只白蚁在完全没有中心协调的情况下完成的，只是靠一些简单的规则。”格拉塞把这种奇怪的现象称为“无沟通的合作”。

简而言之，没有位高权重的蚁后发号施令，没有战略规划，也没有正式的组织情报机构告诉白蚁该做什么。它们仅仅是像一个庞大的白蚁大脑中那些一个个微小的、单一的细胞那样运作。

这个过程可以用一个叫作“复杂适应系统”（complex adaptive

systems）的理论来解释。该理论认为，自然界的很多系统（比如鸟类同步飞行，或白蚁煞费苦心地建造一个巨大的蚁丘），内在都是“意外的”和“非确定性的”。用最简单的话来讲，也就是整体的力量要大于各个部分的总和，以至于你无法简单地通过个体的行动（比如某一只白蚁嘴上叼着一块沾满唾液的沙土，或一只鸟正要起飞）来预测集体性的结果。根据这一理论，虽然人眼看不到这一过程，但白蚁其实是能够凭直觉“通过保持与族群中同伴的高度关联性，知道在什么时间以及在结构的哪个位置加入黏土”。换句话说，仅仅是通过观察和模仿同伴的行为，白蚁就能知道自己该做什么。

通过一次次的观察，我发现我们作为消费者也是以相同的方式行动的。就像鸟类和那些白蚁一样，我们也是被连接到一种集体意识中，通过判断他人的做法，从而相应地修正自己的行动和行为。利兹大学的研究者们在 2008 年做了一项实验，他们让几组人绕着一个大厅漫无目的地行走，不可以和其他人沟通。起初研究者们只是给了几个人详细的指令，明确地告诉他们应该在哪里行走。在观察最终的行为时，他们发现无论组的规模多大，组内的每个人都盲目地跟随着那一小撮知道该往哪里走的人。正如科学家们所说的：“（该）研究表明，人群和羊群以及鸟群一样，会无意识地跟随少数个体。”而且仅仅需要 5% 的“知情个体”就能够影响多达 200 人的群体的行走方向。另外 95% 的人只是无意识地、没精打采地跟在后面走。

做出此结论的研究者延斯 · 克劳斯（Jens Krause）教授表示：“该研究有趣的地方在于，我们的参与者最终达成了一致的决定，虽然我们不允许他们和别人说话或打手势。”就和那些白蚁一样，“大多数情况下，参与者们没有意识到他们是在被其他人带着走”。

关于“只需要几个人就能够引领组内其他人的方向”还有更多的证据。在德国科隆的一项研究中，200个人聚集在一个大圆圈的中心，圆圈上有像时钟一样的编号。然后研究者们给10名“知情个体”发了纸条，上面写着“走向9点钟的位置，但是不要离开队伍”。其他人没有收到任何具体的指示，只有写着一句“不要离开队伍”的纸条。一开始，大家似乎是随机地走来走去，但是过了一会儿，那些“知情个体”已经开始引领其他人走向指定的9点钟方向。

2007年,《华盛顿邮报》做了一个有趣又著名的实验。他们雇来了世界上最好的音乐家之一，用一把价格高达350万美元的斯特拉迪瓦里小提琴，找一天在美国首都的早高峰期间在地铁站月台上弹奏。大多数上班族都径直走过，忽略他的存在。他们心里肯定在想:“又是一个想从我兜里讨点零钱的贫困街头音乐家。”小提琴家那天早上的总收入是32.17美元，这相比他音乐会的一张门票来说简直就是九牛一毛。表面看来，这些路人似乎只是不懂欣赏音乐的门外汉，但是我相信这是我们的集体意识（或者说从众心理）起作用的一个例子。想想看，一个烦躁的上班族无视这个演奏者（也许她只是在那个早上特别匆忙，或者她是一个乐盲），然后她身后的上班族就会认为这里没什么好看的，也跟着匆忙走过。从跟在她身后的一个人开始，延伸到跟在这个人身后的10个人，直到所有在早上通勤的人群和这位世界级的大师擦身而过；而在另一种情境下，这些人也许还会很情愿地花上几百美元到肯尼迪中心或卡内基音乐厅去听他的演奏会。

从人群中站出来，或者和其他人不同，会让大多数人感到不舒服。我永远都不会忘记我在一个联合利华的焦点小组中所观察到的现象。一组消费者在讨论洗发水。当主持人提出关于瘙痒的话题时，房间里所有人都开始挠头皮。他们全都突然长了一头虱子吗？当然不是。他们只是完全无意识地模仿着房间里其他人的行为。

多年来，我还注意到另一个有趣的现象。当你给人们展示一叠聚会照片或刚刚上传到脸书上的相册时，他们的第一个举动就是停下来，然后看有自己的照片。这并不令人惊讶，因为我们是一个虚荣的物种。但是他们做的第二件事是什么？停下来看看照片中站在自己周围的人。为什么？因为他们在看完自己的样子之后，就需要分析一下自己和别人比起来怎么样：他们看起来是自己的本来面貌吗？他们是否给人留下了好的印象？其他人是用认同的眼光看着他们吗？照片上都能看出来。这说明我们作为人类从不凭空评估自己和自己的行为，或自己的决定，我们的自我评估是和其他人联系在一起的。

重点在于，我们是社会动物，生来就表现出这种从众的行为。即使是 14 个月大的婴儿也有这样的特征。在一系列的研究中，研究者们训练几个 14 个月大的婴儿玩 5 种不同的玩具。这些孩子在日间托儿所里向其他同龄的、从没见过这些玩具的孩子展现出了玩玩具的技能。两天之后，其中一个研究者把同样的玩具送到了第二组孩子的家中。这些孩子不假思索地按照他们在托儿所里看到的玩玩具的方式玩了起来。结论是什么？ 14 个月大的婴儿能够自动模仿同伴的行为，并把这些行为带回家，即使是在 48 小时之后。

已有大量的研究表明，我们本能地通过观察他人的行为来影响我们自己的决定——从我们该怎么走路，到我们该听什么音乐，再到我们应该开什么车。简而言之，我们似乎本能地相信他人比我们更加了解我们想要什么。

心理学家给这一现象起了一个名字，叫“同侪压力”。

听到这四个字时，我们可能会在内心叹息，就像我们是成年人那样深沉和忧郁地叹息。这是一个多么沉重甚至有些盛气凌人的表达，让人想起青少年时期那些缺乏安全感的回忆和青春痘，并让我们回到那个小宇宙，在那里有个幽灵般的同学在你的耳边低声道：“来吧，就这么一点儿，不会伤害到你的。”虽然这种旧式的同侪压力肯定是存在的，但我在这里讨论的不是这种。我说的是一种更加隐性的、利用我们原始的渴望被接受的人性本能——那些不会被遗忘的，也不会被驱逐出人类部落的进化本能。接下来你将读到，这种隐性的同侪压力更加阴险，公司和营销者正在以你无法想象的方式利用同侪压力的说服性力量。

有样学样

作家兼社会心理学家罗伯特·西奥迪尼（Robert Cialdini）曾在一个有趣的实验中证明了同侪的说服性力量。几百名志愿者坐在一个房间里，据称是让他们填一份问卷。但是填问卷只是一个幌子，西奥迪尼实验的真正目的是看我们的行为是如何被周围的人影响的。一个装满曲奇的大玻璃罐子就放在旁边桌子上的明显位置，香味都要溢出来了。

“你要拿一块曲奇吗？”其中一个研究者问答卷人。大约有 1/5 的志愿者拿了曲奇（他们真是自律啊！）在实验的第二阶段，研究小组偷偷地拿走了罐子里的大部分曲奇，弄得看起来像是其他人都拿了一样，但是仍然只有 1/5 的人愿意拿曲奇。

在实验的最后阶段，一名研究者坐在桌子后面，桌上就是那个曲奇罐。但是这一次，在研究者问那些志愿者要不要拿一块时，一个陌生人走进房间，打开玻璃盖，当着房间里所有人的面拿了一块曲奇，然后走了出去。这一次，当志愿者们被问到要不要曲奇时，几乎每个人都拿了一块。

这个实验所揭示出的是广告商和营销者们长期以来都意识到的：人类想要其他人想要的。而且其他人的需求表现得越明显，我们就越想要他们拥有的东西。在曲奇罐的实验中，即使人们认为其他人拿了曲奇，也没有想要更多的曲奇。但是当他们亲眼看到另一个人拿了曲奇时，他们的大脑就在说“我也要”。

现在想象一下还有两个星期就到圣诞节了，而你还没有给你的小孩买礼物。这没什么奇怪的，就像以往的圣诞节那样，总是会出现你看到过或听到过的“那个礼物”——家长们要么已经买了要么正计划买。我们那些持久的记忆能够让我们回想起近几年的圣诞节热卖礼物，比如菲比精灵、豆豆娃、Razor 踏板车、拓麻歌子，以及1996 年的“年度玩具”Elmo 瘙痒娃娃，这股热潮导致全美国的妈妈们不顾一切地“在商店的过道里一决胜负”。在每一个案例中，这种对于“必买玩具”的热潮和追捧都达到了成熟的社会流行病的程度，成为一种快速和广泛传播的社会趋势，与某些消费者病毒很像。

2009 年，在每个孩子的愿望清单上，最热门的必买圣诞节玩具是猪猪宠物电动仓鼠。虽然玩具的定价是 10 美元，但是由于全美需求量巨大（坦率地说，这太奇怪了），亚马逊网站以其 3 倍的价格出售；而且不久之后，eBay（易贝）网上甚至有人用 5 倍的价格出价。显然，这种风气是极易传染的，正如你之前读到的，当提到我们给孩子买东西的问题，负罪感就来了。但问题仍然存在：是什么决定了某种风气会流行，某种风气会终止，或者哪些品牌和产品会成为社会潮流，而哪些不会？为什么是猪猪宠物电动仓鼠，而不是其他什么玩具或小玩意儿？毕竟，它做不了任何特殊的事情，它不能唱歌不能跳舞，也不能满足你的心愿；它会发出各种奇怪的声音，比如鸣叫、哔哔声或哞哞声，但也只有这些了。然而，到 2009 年年底，发明电动仓鼠的圣路易斯西皮亚（Cepia）公司卖出了价值数千万美元的仓鼠玩具——这似乎不仅仅是个愉快的巧合。

西皮亚让它那奇怪的产品成为争相追捧的圣诞玩具，就体现了病毒营销——与“同侪压力”近似——的艺术和技巧。首先，这家公司在医院、动物园和职业棒球联赛中放置和展示了“仓鼠赠品”。然后，它又赞助了大约 300 场邀请制的“仓鼠聚会”，“有影响力的妈妈博主们”是该玩具（还有爬行管道以及让“仓鼠过管道”的秘诀）的幸运接收者。另外，公司还在流行的“妈咪谈话广播”（Mom Talk Radio）频道举办了一个现场的、由 9 000 人通过将电话联网参加的“互联推特”聚会（最后是抽奖环节），由主持人玛丽亚·贝莉（Maria Bailey）监督这场关于“猪猪产品的粉丝们分享自己与猪猪宠物的独特趣闻”的互动讨论，最后全美的妈妈们无论身在何处都听到或读到了有关该玩具的故事，由此引发了传染性极强的购买热潮，猪猪宠物电动仓鼠在全美脱销了。

然后西皮亚做了一些巧妙而又极其平常的事情——它开始减少猪猪宠物的制造量。对，减少。为什么？因为刻意限制库存会让消费者感觉到这个产品的需求量更大；如果“每个人”都想要一个，那么在消费者看来这个产品就会更加有价值。制造一种稀缺的感觉会刺激人们的团体性思维，以及人们对于错失的恐惧。觊觎他人拥有的东西，是人类的本性。

这种对于“被别人拿走了我们就错过了”的恐惧，驱使狂热的人群在凌晨 4 点就开始排队，只为亲手拿到最新推出的 iPad2 或者是一双稀有颜色的 UGG 羊毛靴，而且这也是几年前一个喜欢淘便宜货的人在一个黑色星期五于长岛的沃尔玛门外被踩踏致死的原因。如果你在 eBay 网上竞标过商品，你也很可能不知不觉地成为这种陷阱的牺牲品。如果某种商品只有一个（比如企鹅茶具在全世界只有一套），那么对于“其他人或许会轻易得到一套橙色喙的马克杯”的恐惧就会驱使人们成倍地提高竞标的价格，并心甘情愿付上远远超出产品价值的价格。

一旦社会传染病开始传播，它就开启了自己的“作怪”生涯。说一个更加奇特的例子吧。几年前在大学生和 20 多岁的男性中出现了一股玩一种叫“冰动”（icing）的喝酒游戏的风潮。不，我说的不是生日蛋糕上的那种糖霜（英文也为“icing”），而是被《纽约时报》称作“世界上最大的病毒式饮酒大赛”的游戏，喝的是斯米尔诺夫冰纯（Smirnoff Ice），所以游戏称为“冰动”。从来都没玩过？那你真是幸运。游戏的玩法是这样的：首先，挑个朋友，给他一罐斯米尔诺夫冰纯，然后他就必须单膝跪地一口气把它喝光。避免成为这无常命运的受害者的唯一方法就是自己带一瓶酒主动出击去“冰动”别人，但如果你去“冰动”别人时对方手边也有一瓶酒，那么你就得把两瓶都喝完。听起来真是糟透了，但是这个游戏很快就席卷了全国的大学校园，还催生出几个网站。据《纽约时报》报道：“（这个游戏）莫名其妙地流行起来……成为大学生、华尔街工作者以及小名人的奇怪的消遣活动。”

斯米尔诺夫断然否认要为这个游戏承担任何责任（我相信他们说的是真的），但是无论怎样，这个游戏让公司大赚了一笔。《时代》杂志报道称，这一热潮不仅提升了品牌认知度，还把品牌延伸到了年轻男性的范畴中，因为他们以往认为“冰纯”系列是女孩气和女性化的。冰纯系列产品的销量在游戏的发源地——南方的一些大学城骤然激增。无论这个游戏是自发出现的，还是由营销者刻意制造出来的，同侪压力给品牌和公司带来了一笔意外之财。

这恰恰是各行各业的公司变得如此善于种下社会传染病的种子，然后坐在一旁看着它蔓延的原因（正如在这个案例中，斯米尔诺夫被指控做了这一切）。我们在最后一章中将会读到，最有说服力的营销信息不是平面广告，不是电视广告，也不是广告牌，而是来自——或至少是“似乎”来自——我们的同侪。实际上，最有效也是最卑鄙的病毒营销策略之一，就是公司写一篇博客，或者制作一个视频，内容要极端、有趣、无耻、具挑衅性或令人恐惧（或是以上元素的组合），以至于让观众发问：这是开玩笑还是真实的？历史上最成功也是被谈论最多的病毒营销活动有：西约翰牌三文鱼罐头（广告中一个男人和一只熊为一条鱼而搏斗）；特洛伊安全套（公司在 2003 年推出了特洛伊游戏，以奥运会或世锦赛的形式比拼性能力）；李维斯（广告中男演员后空翻跳进蓝色的牛仔裤）；以及冲浪服装制造商极速骑板（Quiksilver，推出了一段令人过目不忘的假的网络视频，视频中一群孩子往河里投掷炸药，然后在爆炸制造出的巨浪中冲浪）。

尽管如此，还是没有公司能做出像传媒集团维亚康姆（Viacom）的病毒营销视频那样彻头彻尾的狡猾和两面派的事情。2010 年，长期反对电视和电影盗版的维亚康姆起诉谷歌（YouTube 的母公司），声称 YouTube 为了提升访问量和销售额，有意允许其用户上传他们从维亚康姆非法下载的（也就是偷窃的）受版权保护的电影和电视节目。谷歌进行了反诉，抗辩维亚康姆自己偷偷上传了很多视频，而且制造了假的 YouTube 评论，试图为他们的电视节目和电影制造假的“草根”病毒营销。实际上，谷歌有证据表明，维亚康姆曾要求过视频“不应和任何电影公司有关联，而是应该像是粉丝制作和上传的”。电影公司怎么能做到这一点？根据未密封的法庭文件，维亚康姆雇用了至少 18 名第三方营销代理人，他们和维亚康姆没有任何关系，且使用无法追踪的 YouTube 账号，故意把视频修改成了被盗或被偷窃的样子，然后再从无法追踪的电脑和位置上传视频。

虽然 YouTube（和谷歌）打赢了官司，美国联邦法官裁定该网站受到美国版权法的保护，但有一件事是肯定的：如果 YouTube 的用户知道视频是由营销者而不是他们的同侪上传的，那这些视频就不会成为一场病毒性的轰动。

我们必须要拥有它

很多人在生活中——至少有一部分时间——都在默默诅咒着其他人。那个开着悍马的家伙在十字路口挡了我们的路；那个在超市排队的老女人正一个个数着硬币；穿着蓝色帽衫的少年们聚集在便利店前，阻挡着我们去取汽车的路。他们或许令人生厌，但是说到底，我们还是需要这些人或其他那些像他们的人，来帮助我们做购买的决定。当然，这背后其实都是公司和营销者推动的。

当说到购物时，其他人的想法就变得重要起来，而且是很重要，即使这些人完全是陌生人。欧维希市场研究咨询公司近期的一项问卷调查表明，“61% 的被访者表示，他们在购买一件新产品或服务时会查询网上评论、博客或其他网上顾客的反馈。”强力点评（PowerReviews）公司在 2008 年 2 月做的一项类似的研究表明，“在每年网购至少 4 次、花费至少 500 美元的美国消费者中，有将近一半人在做出购买决定前要参考 4~7 条顾客评论。他人的观点如此有说服力，即使大多数人都意识到有至少 25% 的评论是由朋友、公司职员、营销者等写的假评价，也会故意忽略这个事实。伦敦的《泰晤士报》指出，我们天生就是相信他人的，一部分原因是集体信仰会帮助我们和其他人建立联系。简单来说，我们“想要”相信这些信息，即使我们可能也会深深怀疑。

要知道陌生人的偏爱和购买对我们的决定有多大的影响，就看看排行榜现象吧。想象你走进了一个像足球场一样大的大型连锁书店，面对大量的选择，花上 27.99 美元买一本你之后觉得不好的小说或回忆录的风险还是相当大的。但是等等，你右边的那个独立货架上摆着什么？本周的“《纽约时报》畅销排行榜”，包括虚构类和非虚构类，总共有 20 多本。你在潜意识中思考着，“如果有那么多的人买这本书，那么它肯定是本好书”；然后你接着想，“如果那么多人都在读这本书，如果我不读的话不就落伍了吗？”现在，你不仅避免了逛遍 4 层楼而无从下手的痛苦，而且还得到了购书的同侪的认可。

这在出版界并不是一个愉快的巧合。实际上，尽管出版商们希望你相信榜单上的内容，但畅销排行榜起初存在的主要原因不仅是为了追踪销量，还有一个目的是让我们认为这些书目是被“预先认可的”。换句话说，就是意味着如果我们没有读其他人都在读的书，我们就会缺乏教养、跟不上潮流，而且会被国民舆论排除在外。

畅销排行榜的说服力太强了，以至于它们已经被移植到了图书出版业之外的产品和行业中——丝芙兰的畅销化妆品、《娱乐周刊》的“十大受欢迎电视节目”、《综艺》杂志的“每周十大票房最高的电影”，以及苹果 iTunes 音乐商店的“畅销”或“推荐”（你们很快就会读到，这两者最终会合为一体）单曲、专辑、电影和音乐电视。我们先说一下“推荐”。与巴诺书店不同，iTunes 的首页分散而凌乱，充斥着大量的选择。然而，对于不知所措的购物者来说，幸运的是这无数的商品被整齐地分类进了一些推荐类别里，比如“我们在看什么”、“什么正在热播”、“我们在听什么”、“新上市及引人注目的”，当然还有“热门歌曲”和“热门专辑”。

这当中有两个方面是我感兴趣的。

第一，我相信苹果这么做并不是为了让那些漫无目的的浏览者更容易找到东西，而是向人们暗示他们的音乐专家团队花了一整月的时间剖析几千张专辑，而在首页上突出显示的十几张专辑则是专家们经过仔细挑选后的本月精选。没什么比这更大的谎言了。实际上这背后是大笔的交易，在 21 世纪，传统的、为人所不齿的“塞红包”行为是这样操作的：唱片公司给苹果一大笔钱，使自己的歌曲和专辑登上首页（和出版商付钱给书店一样，这样他们的新书就会被放在你一进门就能看到的桌子上）。无论怎样，在首页上出现的排行榜都会引导我们相信有一位专家或是一个专家团队在辛苦地听完无数张专辑之后为我们做出了明智的决定。

第二就是传统的“大片效应”。从本质上来说，它创建了一种“双层”系统。一方面把少数的品牌（在这种情况下，品牌是指音乐家）推向成功，另一方面把其他大部分的品牌定位成“失败的”。想想吧，面对众多选择，再加上顾客们相信这些歌曲已经被预先认可为“最棒的”了，那么很多（如果不是全部）出现在首页的专辑和歌手最终不都会登上热门歌曲排行榜吗？是的，我一次次地看到这种事情发生。而且一旦某一首歌或专辑登上畅销榜，它就被盖上了另一个“许可章”，而我们那敏感的心灵又会受到打击：有哪些是别人知道而我不知道的？我竟然错过了！

这种“许可章”甚至还会影响我们对于酒精饮料的选择。当美国饮料测试协会把“灰雁”（Grey Goose）称作是“全世界味道最好的伏特加”时，该品牌的营销天才西德尼·弗兰克（Sidney Frank）不仅制作了巨型广告来吹捧其最新的“世界最棒味道”的身份，还向几百名分销商和附近的两万名左右的调酒师“灌输”了这一概念。这样每次有顾客走进酒吧或者酒品商店并询问哪种伏特加最好时，他们就会说“是灰雁”。结果如何？到2004年，该公司已售出150万箱灰雁，而西德尼·弗兰克以2 000万美元的高价把公司出售给了百家得。

无论是世界上味道最好的伏特加、周度最畅销的小说，还是年度票房最高的电影，你最好相信公司是故意利用畅销排行榜来说服我们购买“其他人喜欢的东西”。在线图书零售商（逐渐变得什么都卖了）亚马逊把这一巧妙的策略又推进了一步。它给顾客发送电子邮件，让他们知道其他购买了某种商品的消费者还买了一些新商品，这样他们可能也会喜欢这些商品。这样做不仅是在直截了当地制造同侪压力，而且也是一种数据挖掘，我们在之后的章节中会讲到。

《科学》杂志发表的一篇有趣的研究显示出这一策略的效果。研究者们邀请了27名青少年，让他们访问一个能够免费试听和下载歌曲的网站。有一些人被告知有哪些歌曲是被之前的访问者下载过的，而其他人则不知情。的确，那些知道别人下载了哪些歌曲的人也确实想要下载那些歌曲。但是研究的第二部分更加值得一提。这一次，这些青少年被分成8个组，研究者只告诉他们有哪些歌曲是被本组的人下载过的。研究者发现，被试不仅倾向于选择组内成员下载过的歌曲，而且这些歌曲分别在各自的组里成为“热门歌曲”。这个含义非常明确：一首歌能否成为“热门”，仅仅是由“它是否被认为是一首已经受到欢迎的歌曲”决定的。这就是我所说的“双层系统”的含义：在早期占优势的最终就会胜利。乍一看这似乎并不太糟糕，但是如果换个角度来看呢——如果我们仅仅是因为受欢迎（即使并不流行）就去买某样东西，那就想想那些仅仅因为没在“十大”排行榜上出现就被我们错过的好书或好歌吧。

但这仍然无法准确地解释为什么我们的购买决定会被一个品牌的“想象中的受欢迎程度”过度影响。研究者们决定用功能性磁共振成像来观察这些易受影响的青少年，在迫于同侪压力时会产生什么大脑活动。他们让一些12~17岁的少年给几段从MySpace上下载的15秒歌曲片段评分，然后给他们看一些歌曲的整体受欢迎程度。结果显示，当被测试者给歌曲的评分和他们被告知的歌曲评价相符时（比如，他们喜欢的歌曲刚好也是受欢迎的），被测试者大脑中的尾状核（caudate nucleus，与奖赏有关的区域）就会产生活动；然而当出现不匹配时（比如，他们喜欢某一首歌曲但后来发现它并不受欢迎），大脑中与焦虑相关的区域就会被点亮。研究者们的结论为：“这种不匹配的焦虑驱使人们去改变他们的选择，从而走向一致，表明这是在青少年音乐品位一致背后的主要驱动力。”

早期的受欢迎程度和一个品牌或产品最终的成功有如此紧密的关联，就连好莱坞都在利用“热闹人群”的预测能力。《新科学家》杂志（*New Scientist*）指出，预测一部电影票房表现的最流行的新方法之一就是利用“人造市场”。在一个被称作“好莱坞证券交易所”（Hollywood Stock Exchange）的地方，电影迷们可以买卖名人或即将上映的和最近上映的电影的虚拟股票。这个虚拟市场流通着一种虚拟货币——“好莱坞币”，利用这些预测去创建股票评级，反映出每一部电影的受欢迎度或可能达到的受欢迎度（人们显然只会购买他们认为会大热的电影的虚拟股票）的聚合视图。“在行内，这是最近用来预测票房收入的黄金标准。”帕洛阿尔托惠普实验室的伯纳多·休伯曼（Bernardo Huberman）说。令人惊讶的是，这个方法非常精确，现在甚至被用来预测竞选的结果。

当然，我们不是总能意识到商品的“感知受欢迎度”影响了我们的偏好。最近，我在一次焦点小组中询问10位路易·威登的女性粉丝：“你们为什么这么喜欢这个品牌？”每个人都提到了拉链的质量、皮革的精致以及品牌的不朽。我对此表示怀疑。于是我们用功能性磁共振成像扫描了这10位女性的大脑。每当我们向她们展示路易·威登产品的图片时，大脑中的“布罗德曼第10区”（Brodmann area 10）就会被点亮，该区域在人们看到一些他们认为“很酷”的东西时会被激活。这些女性把她们的购买行为理性化，告诉自己她们喜欢这个品牌是因为它的高质量，但是她们的大脑知道，她们实际上是因为“酷”才做出选择。

就连大脑都无法忍受我们被排除在外，这一事实似乎表明，无论是“热门”歌曲、“那个”礼物，还是“潮”设计师手袋，我们最终购买的东西和我们想要的无关，而更多的是我们认为我们“应该要”的。即使是营销者自己都会走入这个圈套。比如，我认识的每一个广告公司的策划员（在大多数欧洲的广告公司，这一职位是做消费者研究的）都有一本精美的莫斯金（Moleskine）皮面笔记本。这并不是他们入职的时候公司发的，而是仿佛有一个不成文的规定，每一个广告公司的策划员都必须拥有一本并且使用它。如果你没有的话，就意味着你被孤立在外，不是“圈内人”。

这些营销者们以利用消费者对落伍的恐惧为生，但他们（或者说我们）潜意识中和普通人一样，对于同侪压力难以抵抗。

无法忘怀你的容颜

在之前的章节中，我提到过关于在我们的社会中，手机和智能手机如何制造出人们对孤独或“被他人认为孤独”的恐惧；与此相矛盾的是，我们越不断地和他人保持联系，越激发我们对“不受欢迎”和“不被他人喜欢”的恐惧。

互联网，尤其是社交网站，也揭露出很多人在多大程度上害怕我们的观点和存在对别人来说无关紧要。就像我们时时与人联系会导致“其实我们很孤独”的恐惧一样，我们评论、发表意见或时时广播自己，也会导致我们对“其实没人在乎我们说什么”的恐惧。我认为正是这种不安全感、这种被排除在外的感觉，促成了一个最具传染性的社会现象的出现——脸书。

首先，我来说一下关于脸书的一些事实和数据。到 2011 年，脸书已有近 7 亿个活跃用户，占所有网民的 22%，而且这个数字仍在以每个月 5% 的速度增长。据《时代》杂志报道，“如果脸书被授予国土，那么它将是世界上人口最多的国家，比美国还要大 2/3。”50% 的用户每天至少会登录一次脸书，而至少有 3 500 万用户每天都会更新状态，这样总共每天就有超过 6 000 万条状态更新。

但是问题在于，脸书是怎么成为如今这样一个全球性现象的？它是如何在所有社交网站（相信我，社交网站太多了）中脱颖而出成为我们“必须”要加入的在线王国的？很简单，就是因为每个人都在上面。邀请都是从那里发出，聚会照片也上传到那里，人们也在上面聊天，而且我们也逐渐在那里建立了社交生活。在一个每月分享至少 250 亿条信息、每周有 10 亿张照片上传的地方，谁不会觉得被世界排除在外呢？但不上脸书就肯定会被社会隔离，就像把家搬到了英国最北端的设得兰群岛的小屋一样。

大多数人都或多或少地意识到了这一点。但是几乎没人知道，公司在多大程度上利用连接到脸书的说服力量来巧妙地宣传和营销他们的产品。就拿脸书的一个功能“喜欢”（like）按钮来举例吧，它之前叫作“成为它的粉丝”。最初，人们用这个按钮来“赞”朋友的状态更新，这是我们表达赞许的一种方式，比如“詹尼刚刚吃了一个火腿芝士三明治”，或者“比利之前在阿鲁巴岛玩得很开心”。但是，这个网站开始越来越多地鼓励用户去“喜欢”他们喜欢的乐队、书籍、电影、品牌和产品——这一招极其成功，以至于网站每天能产生大约 1 亿条“喜欢”。你喜欢看一部叫《胜利之光》（*Friday Night Lights*）的电视剧吗？如果你去看脸书的节目页面，它会告诉你你有多少朋友也“喜欢”这部电视剧。等等，艾丽卡也喜欢《胜利之光》吗？你认为艾丽卡很酷，所以现在你得到了那个被营销者称为“社会认同”的东西，你是可以喜欢这部电视剧的，它授权你去向你最好的朋友们推荐这部电视剧，所以在意识到这些之前，你就点了“喜欢”按钮——它正好在页面的下方弹出来了。之后它就会出现在“消息源”（newsfeed）里，让你的所有朋友都看到，然后他们可能也会点“喜欢”按钮，就这样一直传下去，直到传到某个看到有关这个节目的消息的脸书用户那里，一条信息会弹出来，上面写着“鲍勃、弗莱德、马丁，以及 712 563 个脸书用户都喜欢《胜利之光》”。这就是发挥到极致的同侪压力广告，而且很有效。脸书的首席运营官谢丽尔·桑德伯格（Sheryl Sandberg）表示，营销者很早以前就知道这个秘密了，她说："我就很喜欢做（或买）朋友推荐做（或买）的事情（东西）。"

但脸书并不是唯一被营销者和广告商拿来利用我们的社交网站。比如 Foursquare，一个我们之前提过的基于地理位置信息的社交网站。多亏了便携式的全球定位系统的应用程序，它在任何指定的时间都能追踪你的位置，所以你只需打开苹果或黑莓手机上面的 Foursquare 程序，它就会自动显示出你附近的餐厅、酒吧、商场和店铺。但它不仅仅是一个多了实时位置追踪功能的查格（Zagat，美食评论网站）。这一程序的重点在于尽可能多地在那些已建立的位置"签到"，然后 Foursquare 就会自动把你的位置信息广播给其他 Foursquare 用户，当你在餐厅、酒吧、咖啡厅或商店签到时，还可以选择把该信息立刻同步到推特或脸书上（大部分用户都会这么做）。每签到一个地方还可以赚点数，访问某个位置最多的用户就可以成为"地主"。这个游戏不仅非常令人上瘾（就如我们在第三章中讨论过的），能让你定期在这些地方消费，而且因为它会把你的位置广播给所有 Foursquare 用户、脸书好友，以及推特上的粉丝，所以它为你每个签到过的地方都做了免费广告。推特的创始人伊万·威廉姆斯（Evan Williams）曾说过："在下一个 10 年中，有很多大生意将是关于'让我们的（消费者）行为信息更显而易见'的。"

营销者和坏女孩

众所周知，我们的文化总是给青春期套上光环——看看现在有多少以高中时代为主题的电影和电视剧吧。但是把"玫瑰色的回忆"抛到一边，哪个 30 岁以上的人会想要重新体会那些不安定、自我意识……以及同侪压力带来的痛苦？虽然从现在来看，同侪压力远远不止在高中的餐厅出现，但青春期是最容易受到同侪压力影响的阶段（另外值得一提的是，如今的青少年的消费是他们的父母辈在同期时的5倍）。为什么？主要是因为青少年还不了解自己，所以他们把品牌看作是自己的另一个身份。2010年美国国家心理健康研究所做了一个纵向研究，发现我们的大脑在25岁时才会发育完全（有时还会更晚），说明我们在青少年时期的认知能力以及自我意识离最终成熟还有很远的距离。

有研究表明，当青少年想要一条霍利斯特牛仔裤或是最新流行的Wii游戏作为圣诞礼物时，他们要的不仅仅是最新最潮的产品，还有真正想要的自尊心。明尼苏达大学的德博拉·勒德·约翰（Deborah Roedder John）招募了250名8~18岁的孩子，让他们在100个单词和图片中寻找出哪些最能回答“什么能让我快乐”这个问题。当她看到结果时，发现自尊心较强的孩子选择的都是代表非物质性的活动和成就，比如取得好成绩或和朋友玩滑板，而自尊心水平稍低的孩子选择的是和财产有关的，比如新衣服或一台iPod。

多亏了香烟和剃刀商家们深思熟虑的营销策略（看看那些微笑的、大笑的、牙齿洁白的、被朋友围绕、玩得很开心的吸烟者；以及维纳斯剃刀广告里表达的，如果你用维纳斯剃刀除毛，你就会找到一个性感英俊的男友），如今，很多孩子在社会化的过程中，认为他们能够买到他人的喜爱和接受。我们为本书作了一个全国性的民意调查，在2 035名青少年中，有大约60%认为穿着或拥有“正确”牌子的衣服、小物件或汽车，能够帮助他们“买到”幸福。另外，与成年人相比，青少年更喜欢购买著名的品牌，更相信选对衣服、小物件和汽车的品牌能使他们变得更受欢迎，他们也更愿意在卧室和浴室里的明显位置摆放昂贵的商品，比如化妆品和香水。虽然青少年们认为他们喜欢的品牌让自己很酷、有自信、友好、有主见、有创意、富有热情，但实际上他们完全不在乎品牌是否能做到这些！成年人表示他们喜欢的品牌让他们感觉更可靠、更实际、更高效，以及更怀旧。《消费者研究杂志》的一项研究指出："从十一二岁起，儿童就能理解很多关于产品和品牌的复杂含义，而这正是他们的自尊心下跌的阶段。他们会想，'我觉得我不那么受欢迎。我觉得其他孩子不喜欢我。我该怎么办？好吧，我知道受欢迎的孩子都会穿盖普的衣服和耐克的鞋子，所以如果我穿上那些，我就会受欢迎了。'"简而言之，他们的自信和自尊心程度越低，就会越依赖品牌。（还有人甚至由此下结论说，我们穿的衣服牌子越大，就说明我们的自尊心越弱。）在某种程度上，这么说有道理，毕竟，为了融入你的群体，买一双和其他人同样品牌的运动鞋比改变你的性格容易得多。专长于玩耍和育儿方面的心理学家阿曼达·格鲁姆（Amanda Grum）认为："同侪压力对于 5~12 岁的儿童来说是最有效的，因为他们那时正开始形成自己的身份……归属感对于年幼的儿童来说是一股强大的力量，尤其在他们的自我意识完全发展成熟之前。给他们一些外力，他们就能利用某个物品或群组的属性来定义自己。"

有一个跨越 30 个国家的针对 11.2 万个青少年的民意调查显示，只有不到一半的孩子会把品牌纳入购买时考虑的因素，男孩们最喜欢的品牌有耐克、鳄鱼、阿迪达斯、索尼和苹果，而女孩们最喜欢的品牌是 Zara、H&M 和 Roxy。

另外，也有不到一半的人表示，如果衣服外面没有品牌标志，那他们一件都不会买。在我最近针对女性青少年所做的一次焦点小组讨论中（与默里山中心合作），我发现一个品牌越受欢迎，这些年轻女孩就越认为它的价位高。霍利斯特和A&F被认为是很酷的品牌不仅是因为衣服的样式，还因为它们比其他品牌更贵。显然，公司知道青少年（通常成年人也是）愿意为他们认为酷或受欢迎的品牌花更多的钱，这也就充分说明了为什么苹果能把iPhone 4定价为229美元还有人买，A&F的一件背心就要价40美元。

昂贵又高端的品牌能让人获得别人的喜爱、接受以及社会地位，这种普遍的信念在很大程度上解释了为什么很多城市的街道上都有卖冒牌货的。讽刺的是，虽然我们经常会买假冒的蔻驰、范思哲、普拉达和雷朋而让我们自我感觉更好，但最近的研究表明，这其实会带来相反的效果。三位心理学家，分别是来自北卡罗来纳大学查珀尔希尔分校的弗兰切斯卡·吉诺（Francesca Gino）、哈佛商学院的迈克尔·诺顿（Michael Norton），以及杜克大学的丹·艾瑞里（Dan Ariely），以大量女性为样本，给了她们一些克洛伊太阳镜，然后告诉一半人这些太阳镜是假货，告诉另一半它们是真货。之后他们让这些被测试者做一些复杂的数学难题、给自己的信誉系统评级。结果，戴着“假”克洛伊太阳镜的女性（实际上全部都是假的）较为虚伪；“多达70%的人美化了自己的表现……”心理学家们的结论是：“戴着冒牌太阳镜不仅无法依照我们所希望的方式提升自我，还破坏了我们内心的真实。‘假装’会让我们觉得自己内心是伪君子和骗子。”我觉得广告大师大卫·奥格威说过的那句话很对：“一块假的劳力士骗得了别人，却骗不了你自己。”

鳄鱼牌是另一个成功地利用同侪压力来吸引青少年和大学生的高端品牌。30年前，那头小鳄鱼在欧洲和美国是最热门的品牌标志之一，大家都想穿鳄鱼牌。之后曼谷制造的冒牌货开始席卷市场，品牌名誉每况愈下（鳄鱼几乎要申请破产了）。为了重塑品牌，鳄鱼在大学里向型男型女们（以及著名的网球运动员）免费发放衬衫、付费给 MTV 音乐台做产品植入……突然间，品牌恢复了活力。有数据表明，如今鳄鱼和 30 年前一样受欢迎。

众所周知，没有品牌能够像苹果那样巧妙地成为一个引发类似宗教崇拜的品牌（实际上，在我为上一本书做的一次实验中，当我用功能性磁共振成像研究苹果迷们的大脑时，我发现他们的大脑活动和基督教徒是相似的），而且同侪压力就是苹果众多策略的核心。其中一个策略就是“早期招募”，换句话说，就是特意向 13~17 岁的孩子们推销。这一营销活动颇为有效，以至于在如今这个年龄段的孩子们中，大约 46% 的人拥有一台 iPod，孩子们彼此之间谈论最多的产品就是 iPod，而且一份问卷调查显示，在所有拥有便携式音乐播放器的高中生中，有 82% 用的是 iPod。

一旦这些孩子升入大学，苹果就开始明目张胆地“招募”大学生成为“苹果校园代表”，并把整个大学书店变成了一个迷你苹果商店。有一则招聘广告上写道：“这是成为苹果代言人和找点乐趣的绝佳机会。”职位描述包括主持工作坊、举办活动，并与学生、教职员工以及学生父母建立良好关系，最重要的是，“你将与苹果团队合作，在校园里执行营销项目，包括促销和提升苹果产品的认知度……我们需要一个领袖，一个既能够启发同伴又能够与学生组织合作的人。”这个文案非常巧妙：谁不愿意把自己想象成一个领袖、一个引领潮流的人、一个能启发同伴的人？（我要再补充一点：如果你经常去看电影，你很可能会以为全世界的人都用苹果产品——这是一个把产品植入和同侪压力合二为一的胜利。2009 年，几乎 46% 的好莱坞电影当中出现了苹果标志或苹果产品。虽然人们普遍认为这种行为不涉及金钱交易，但没有比这更好的广告和品牌曝光方式了。）

孩子们想拥有那些受欢迎的孩子所拥有的东西，道理简单明了。一个同事告诉了我一个关于电脑游戏的有趣故事，那个游戏就是不久前在加州发行的。它没有使用传统的产品广告，精明的开发者仅仅是找来了南加州的一所高中里最受欢迎的 100 个孩子，送给他们免费的游戏，然后坐在一旁静待星火燎原。

至于为什么那些受欢迎的同学对于孩子们来说如此有吸引力，其实是有生物学原因的。几年前，英国广播公司做了一项有趣的研究。研究者向孩子们展示了一些其他孩子大笑或微笑的照片，然后让他们选出自己最愿意接近的孩子。每个人都选择了大笑的孩子。表面上来看，原因似乎不言自明，谁不愿意有一个大笑的、看起来很开心的伙伴呢？但其实这背后另有原因：大笑实际上会让我们在生理层面上感觉很好。当我们大笑时，我们的大脑、器官和组织里的氧气充足，而氧气是“人体生物能量的主要催化剂”之一。所以学校里受欢迎的孩子们不仅是因为性格上占据优势，还因为他们让其他人从生理上感觉舒服。

当然，和同侪压力对于说服青少年购买所起到的强大作用一样，当一个品牌变得过于受欢迎、太广为人知时，就会适得其反。通过多年的研究，我发现年轻人总是拒绝成为任何一种新潮流的“一部分”。此外我还发现一旦年纪较长的一代开始接受一个新品牌或新潮流，它就会很快落伍。这就是我们说的“代圈”（generation lap）问题，因为年青一代会“弃船而逃”，并努力制造一个代圈，也就是他们与年长一代之间的心理距离。

虽然代圈本身是同侪压力的一种形式，但如果你愿意，它也会成为一种反向的同侪压力。就拿李维斯的例子来说吧。在 20 世纪 80 年代，李维斯是人人必买的牛仔裤品牌。但是到了 2001 年，这个品牌遇到了一个大问题——收入削减了五成，市场份额也从 1986 年的 18.7% 下降到 12.1%。李维斯突然变成了一个没人愿意穿着出去献丑的品牌。这是为什么呢？

叛逆期是每一个孩子成长中的必经之路。（有一项研究表明，到 35 岁时，男性和女性都发现自己与他们的父母很相似，或能够接受父母带给他们的影响了。）有很多深谙此道的公司通常会把他们的品牌和产品宣传成“坏的”或是“颠覆性的”，李维斯就是这么做的，只不过做得太过火了。

对于在婴儿潮出生的那一代人来说，李维斯是一个反叛的品牌——一种没有理由的反叛，詹姆斯·狄恩（James Dean）也穿李维斯。在 20 世纪 60 年代，它是嬉皮士和抗议者的制服；70 年代，它是第一批推出喇叭裤的品牌。但是当这代人长大，并开始有了自己的孩子之后，代圈就开始出现了。反叛的少年不想穿着和他老爸一样的牛仔裤。如果你和你的父母处在同一个潮流中，那你怎么把自己和你父母那代人区分开？所以孩子们开始穿其他的牛仔裤，那些足以区分自己和父母的牛仔裤。（现在你知道铅笔裤是怎么来的了吧？这种风格是成年人不能去追的。让我们面对现实吧，世界上最潮的成年人都知道他没法把他那四十几岁人的腿塞进和管道孔一样细的裤腿里。）

这恰恰就是我建议公司要创造更多“不被认可的品牌”概念的原因——那些故意引起父母反对的概念、产品或小物件；一种过于离谱的、过于挑衅的、过于与众不同的、过于……随便你怎么说，只要是成年人会反对的就可以。这执行起来比想象中要难，但是我的研究表明，一旦找出这样一个概念，你的品牌就有 90% 的可能性在年轻群体中大获成功。

虽然同侪压力有时会起到反效果，但其背后的心理——渴望被人接受——是保持不变的。我一次次地看到有某一类型的消费者会避开潮流，甚至是同辈人的潮流。如果他们的同辈开始喜欢“独立乐队”，那他们就会感到不屑；如果他们的朋友穿 A&F，他们就穿古德威尔（Goodwill）或救世军（Salvation Army）；如果他们学校的足球队得了冠军，他们就会把星期六的时间花在弹木琴上，或者就坐在他们的房间里皱眉和抽烟。他们认为，任何流行的、大家都喜欢的，或者那种会蜂拥抢购的东西都是次等的、大众的残羹冷炙。对于他们来说，“不酷”才是真的“酷”。

但是这并不像听起来的那么违反直觉。因为这些人喜欢和有同样想法的人混在一起，所以如果其中一个人抨击“拱廊之火”（Arcade Fire）乐队太过火爆，或声称匡威运动鞋是给“装腔作势的人”穿的，那有可能是因为他观察到周围的其他人也这样认为。说到底，“不一致”也是某种形式的“一致”。

放眼海外

在多年的营销职业生涯中，我一直发现有一个事实是正确的：亚洲人是全世界最容易被洗脑的。在亚洲国家，一个男人拥有五六块昂贵的瑞士手表，或者一个女人省吃俭用就为了买一双普拉达的鞋子，都是再正常不过的事情。在亚洲，甚至比美国更甚，人们会通过着装评判一个人。但是真正有趣的是，在那里，品牌偏好是有社会传染性的。大多数亚洲女性拿路易·威登的手袋不是因为她们迷恋这个品牌。正如一个专家所解释的那样：“‘适应’的能力和需求是一个强大的驱动力。亚洲是集体主义的社会，群体身份比较重要。所以在日本，如果办公室里有个女员工拿路易·威登的手袋，这就意味着要去‘适应’，而其他人也会做同样的事。”

路易·威登巧妙地利用亚洲文化中的从众心理，迎合了78%日本女性“在巴黎结婚”的梦想。他们是怎么做的？在营销、广告和店铺中突出“法国性”。首先，在日本（比其他地方更甚），店铺设计的灵感都与法国有关——迷人、旧式的巴黎街景以及法国地标，比如埃菲尔铁塔或凯旋门的图画。日本店铺的经理通常是法国出生的（他们的口音通常比莫里斯·雪佛莱还标准），而店里出售的手提箱或行李箱上面挂着法语名字的名牌，而且被刻意地摆放在旗舰店的大堂（店铺甚至还为最佳顾客提供法国酿的酩悦香槟）。路易·威登产品目录里的照片也以巴黎风格为背景，日本店铺甚至从不请日本模特，模特们都有明显的“法国形象”，要么有“法国脸”要么有“法国味儿”。无论你在哪个国家上网，当你打开路易·威登的主页，你就会立即被询问是否要用法语浏览网页——即使从全球来看，法国消费者也只占路易·威登产品销售额的一小部分（事实上，法国的精英阶层大都不喜欢这个品牌）。最后，即使路易·威登的大部分产品都是在印度制造的，但它送往日本市场的产品也继续在法国生产，只是为了保持“法国”形象。

从我旅行的所见所闻来看，可以说在那些经济新近崛起的地方——比如中国和俄罗斯，你会发现民众对品牌迷恋的程度最深。我认为这也是源于不安全感和对“适应”的渴望。长期以来，中国和苏联在全球经济中处于劣势，很多居民感觉世界上其他国家的人不接受或不尊重他们，所以他们通过购买品牌来过度补偿自己国家缺失的自尊，名声越大、越引人注目、越是放肆的昂贵，越好。

我永远都不会忘记在一次会议上一个俄罗斯男人给我讲的故事。

他回忆起他第一次取得去美国的特殊许可时的情景。在都柏林机场转机时，他冲进一个小店，用身上所有的钱买了一罐可口可乐。但是拉环坏了，他打不开罐子。当他试图在罐顶扎一个孔时，整个饮料罐爆炸了，但他毫不在乎。他不在乎能不能喝到可乐，而更多地关注他买了一罐原装的可口可乐，对于他来说，可乐就象征着美国。

来吧！干杯！

再给你们讲最后一个关于营销者如何制造病毒性趋势的故事，让我们去俄罗斯转一转。去年，我和英国诊所市场（Marketing Clinic）公司的格雷格·塔克（Greg Tucker）还有克里斯·卢克赫斯特（Chris Lukehurst）被召集去开发一个领先市场的伏特加品牌。我还记得第一次在俄罗斯的超市看到伏特加区时的情景。那里不止有几十种或几百种伏特加，而是几千种（而且这还不是一个大型超市）。之后我了解到俄罗斯一共有大约 3 000 种不同的伏特加品牌和 5 000 种伏特加口味。格雷格和我的挑战在于要创造出第 3 001 个品牌，而且还要让它取得市场领先地位。

我还有另外一个任务——改变俄罗斯人的饮酒习惯。我确定你一定了解这个地方的风评。实情也确实如此。人们大量饮酒已经造成了重大的社会危害，俄罗斯政府多年来都在为此斗争。现在你也许会奇怪，为什么一个伏特加公司会想让俄罗斯人“少喝一点”。这问题提得好。公司这么做有两方面原因。第一，法国的白兰地成功进军俄罗斯，而且正在成为历史悠久的伏特加产业的重要竞争对手；第二，就是“代圈”问题的变种——老一辈人猖獗的饮酒习气让年青一代望而却步，年轻人看到他们醉醺醺的父母，心想：“老家伙，我可不想像你们这样。”

所以，我的任务就是周游俄罗斯，然后找出俄罗斯人大量饮酒的原因，以及我能否对此做些什么。但矛盾的是，与此同时我能够创立一个成功的新伏特加品牌吗？对我来说，即使这些任务不是“不可能完成的”，也算是“不可兼得的”。直到有天晚上我发现了俄罗斯人大量饮酒的原因。

和我们在本章前半部分提到的病毒式的饮酒游戏“冰动”有些相似，饮酒也是一种社会传染性的仪式，而且是唯一一个维持了一个世纪之久的仪式。这一仪式的开头是把伏特加倒入一个大玻璃杯（通常是50毫升）里，然后大家当即一饮而尽，并大喊“干杯”！不能一口一口抿，必须一口气喝完。这是俄罗斯最古老也是最常见的习俗之一，是各个场合或庆典的主要节目，包括生日、晚宴或葬礼。（不过不要这么做，实际上这被认为会带来厄运。）但是当我开始和城市里以及村子里的俄罗斯人聊天时，我就发现了一些令人吃惊的事情。大多数俄罗斯人都讨厌伏特加的味道，也讨厌遵守这个仪式（他们甚至得在喝完伏特加后马上就大口吞咽食物，以避免嗓子被酒灼伤）。换句话说，他们不是因为喜欢才这样做的，而是因为所有人都这么做——它让人产生了一种归属感和同志情谊。再说，他们也没有其他仪式了。

当时我就无奈地叹了口气。

06

哦，甜蜜的回忆

怀旧营销的新面孔（其实也挺老套了）

我认识一个童年住在巴黎的美国女性，她深深迷恋着火星巧克力棒的滋味。可不是美国的火星巧克力棒，而是法国产的。她会举起右手发誓说，美国产的巧克力棒根本不能跟她童年吃的相比。她说不出个所以然来。非要比较的话，她就只是说，法国产的巧克力更甜、焦糖更绵。如果有朋友去法国，她就会求他们帮忙带一些回来。

我必须承认，在丹麦长大时的假日是我美好的回忆，尽管我有很多年都不住在那里了——外面雪花纷飞，厨房香气飘飘，全家人在树下齐聚一堂。回首过往，那段时光看上去要比如今充斥着刺耳且商业化的机器的假日要优越得多。虽然我最近几年的假期也都过得相当不错，但是在我心中，童年的那些假期才是最最好的。

虽然我们是在讨论过去，但你小时候听的音乐、喜欢的电视节目，难道不都比如今出现在电视和广播里的新流行的乐队和歌曲要好得多吗？或者说，你是否意识到，我们获得的最愉快的时光，有

99% 来自于初次体验？某一首歌或某部电影的第一版总是最好的；我们成长过程中所住的房子总比后来住过的要更好而且更迷人；我们第一次听到的故事也总是比第二次、第三次听到的要更有趣而且更加可信（其实，我曾经做过一项研究，调查过最后这一条，的确发现 72% 的人认为，第一次听到的故事比后来再听到的要可信）。

客观上来说，初次体验确实要好，虽然并非总是如此。但不管是否客观，在回忆里，它们看上去总是最好的。那是因为作为人类（以及消费者），我们都被糊弄了，觉得过去的就是完美的，而且我们的大脑也是这么认为的。罪魁祸首是什么？那就是一个简单而又非常强大的心理说客：怀旧之情。营销人员太清楚这一点了。

就拿 2009 年的超级碗橄榄球大赛来说吧。相比竞赛本身，此次赛事几乎是因为高价商业广告而变得更加出名（有些人甚至想不起来都有哪些队伍参赛了，其他人则根本不在乎球员都有谁，但几乎所有人都记得自己最喜欢哪则广告）。那次大赛期间，共有 15 160 万人——有史以来最多的电视观众——坐在电视机前看广告，广告里有演员唐 · 里克莱斯（鲜花公司 Teleflora 的广告）、阿贝 · 维高达和贝蒂 · 怀特（士力架巧克力棒的广告）、史提夫 · 汪达（大众汽车的广告），还有一只古董猴子玩偶（起亚新车型的广告）。

而且，广告里的背景音乐在大约 3 小时的比赛里持续不断地播放着，有库尔邦（Kool& the Gang）20 世纪 70 年代的芬克音乐（本田雅阁的广告曲），有廉价把戏合唱团（Cheap Trick）的古典摇滚（奥迪的广告曲），有英国电光交响乐团（Electric Light Orchestra）的交响摇滚——他们在 70 年代中期声名鼎沸（Select 55 啤酒的广告曲），还有 70 年代的创作歌手比尔 · 威瑟斯（Bill Withers）的歌曲（育碧公司电玩《但丁地狱》的广告曲）。中场期间，出场的是 80 代

名噪一时的布鲁斯 · 斯普林斯汀（Bruce Springsteen）和东大街乐队（E Street Band），他们演唱了 4 首歌曲。

我们究竟身在哪个年代啊？这是怎么了？

为怀旧而怀旧

“怀旧”（nostalgia）这个合成词来源于希腊语的 nostos（意为“回家”）和 algos（意为“苦楚”）。该词于 1688 年由瑞士内科医师约翰尼斯 · 赫弗尔（Johannes Hofer）拼组而成，用于指涉当时影响瑞士海外侨民的一种怪病（基本上就是思乡病），赫弗尔医生认为这种病最终将导致大范围的逃亡，甚至死亡。然而，用我们现代的说法，正如《韦氏词典》写的，该词普遍是指“对某段往日时光的愁闷或极度感伤的缅怀或回溯之情”。

英国南安普顿大学在 2006 年做过一项研究，在 172 名被测学生中，有 79% 投票声称他们每周最少有一次心生怀旧情绪，而有 16% 的人则表示他们每天都有这种多情的时刻。研究表明，出于某种原因，我们人类容易产生这些情绪，而怀旧之情对我们有好处。《科学美国人》（*Scientific American*）杂志指出：“沉浸在回忆中能够提升情绪、提高自尊心，还能加强人际关系，而非浪费时间或是一种不健康的沉溺。简而言之，怀旧之情是心理健康的一种来源。”同时，当同一批研究者请那些被试从三个方面评估他们的社交能力时（即建立关系的能力、对他人坦露心声的能力，以及是否能够对朋友提供情感支持），发现“在参与者中，最可能产生怀旧之情的人在社交技能的三个测试中比实验对照组表现得更好”，并由此得出结论：“怀旧情绪……带来更幸福的心情。”

我们对怀旧持有偏好的另一个原因是，在回忆过往时，大脑的信号让我们获得的体验要比当时感受到的更加美好也更加愉悦，这种现象被称作“玫瑰色回忆”，或“玫瑰色回顾”。正如英国消费者知识中心的首席执行官布赖恩·尤比克的理论所指出的，玫瑰色回顾可能是一种适应性机制，能在痛苦的回忆中抚慰和保护我们。还有证据显示，它甚至可能发展到帮助保证人类的延续；毕竟，如果女性总是确切记得分娩的痛苦，很有可能就不会有人愿意主动再体验一次。

虽然出人意料的是，几乎没有人调查过这个普遍的心理现象为什么存在，但有无数的研究一再表明，在评估事件时，我们确实有种强烈的倾向，以至于事后的评价比相同事件发生之时更加正面（有趣的是，我们的大脑同样也容易产生一种被称为“玫瑰色预期”的期待，使得我们对某一特定事件的预期要比事件真实体验更加积极）。在一项相关研究中，心理学家特伦斯·米切尔（Terence Mitchell）和他的同事做了一项实验，他们把学生分成三组分别去度假，假期分为三种：欧洲两周游、感恩节周末家庭聚会、为时三周的穿越加州自行车赛，然后让学生们对三项数据进行评分，包括对假期的期待值、假期的愉悦等级，以及事后的回忆。在三种案例中，学生的期待值及回忆都比他们对假期的切身体验来得更加积极。正如一份研究简报指出的：“一旦回忆占据主导……不愉快感就会消退，而美好的部分则留了下来，也许……甚至会被放大。”

还有一些研究表明，我们决心要正面地回想过去，以至于有时我们会“想起”从来没发生过的乐事。其中一个研究指出，有人会想起他们游览迪士尼乐园时所看到的兔八哥，但这是不可能的，因为兔八哥是华纳兄弟公司的卡通人物，而不是迪士尼的。实验得出了这样的结论："即使知道一段回忆不是真的，你也不会认为它没有意义或无聊"，而且，"对事件的记忆比切身体验更加重要"。

重点是，我们倾向于活在过去（在某种程度上说，也活在未来），而我们的大脑也喜欢这样。这就部分解释了为什么在我的经验中，没有人相信他们的心理年龄和实际年龄一样大。实际上，我有一个观点，无论生日蛋糕上插了几根蜡烛，成年之后，绝大部分人的心理年龄都是稳定不变的。我曾经问一位 50 岁左右的顶级银行的首席执行官"心理年龄"有多少岁。"19 岁。"他立刻就说了出来。如果拿同样的问题去问一整屋子的人，我保证绝对没有人会回答他们的实际年龄。我们几乎都是"双面人"：内心的自己，以及其他人看到的（老一点的）自己。毕竟，不管是 20 岁、40 岁还是 60 岁，在每一座生日的里程碑下，都会有人觉得难以置信。不会有人喜欢变老的感觉，但是我相信这种现象存在的基础，绝非仅仅是对变老的恐惧。我相信，这和对生活的"玫瑰色的回忆"有关，也就是说，我们的心理年龄停留在我们认为是"最好时光"时的年龄。

你可能会想，"好吧，这听上去还挺可信的，但是这和品牌向我们推销产品有什么关系？"嗯，其实关系太大了。公司和营销者深知，我们的"认知"年龄是影响消费决定和购物习惯的一项重要因素。为什么一个 50 岁的女性会买染发剂和除皱霜？为什么一个 40 岁的男性会买雷朋眼镜或法拉利敞篷车（也被称为"中年危机汽车"）？可不是仅仅为了看上去年轻一点（虽然这也是原因之一），还为了消除他们实际年龄与心理年龄之间的差别。正是受到同一种人性倾向的驱使，成年男女才会买那些他们年轻时喜爱过（或者在他们的记忆中喜爱过）的东西，以及所有能够使我们感到青春焕发，或与自己的心理年龄相符的东西，比如紧身牛仔裤、跑车、匡威全明星运动鞋、平克·弗洛伊德乐队的 CD 等。

聪明的公司知道，我们变得越老，我们对过去的缅怀就会变得越强烈。他们也知道，我们会对在无忧无虑的童年、青少年时期以及伴随一生的二十出头的几年里喜爱的音乐、电影、流行以及产品有所偏好。在 1998 年的《纽约客》的一篇文章里，神经科学家兼作家罗伯特·萨珀尔斯基（Robert Sapolsky）谈到他对于新事物无法提起兴趣：食物、体验，尤其是音乐。为什么在他反复播放《鲍勃·马利精选》专辑时，实验室里那几个二十几岁的同事却都听着从胜利玫瑰（Sigur Rós）到音速青年（Sonic Youth）再到黑眼豆豆的每一首热播新歌（或是流行老歌），并随之手舞足蹈？为了试图了解自己为何如此痴迷于 20 世纪 70 年代的音乐，萨珀尔斯基着手研究那些"塑造我们的文化品位，以及让我们接受新体验的窗口"。他想，是否在某一特定年纪，"这些开着的窗户猛地就关了起来？"确实如此，萨珀尔斯基总结道。他和他的研究助理们致电了几个专门播放不同时期的音乐的广播电台，并问了每一位电台经理同样的两个问题：你们播放的大部分音乐大都是什么时候发行的？听众的平均年龄是多少岁？基于他们的答案，萨珀尔斯基发现，绝大部分人 20 岁左右（或是更早）听的音乐会成为一辈子播放和喜爱的音乐。而且，如果一种新的流行乐在一个人过了 35 岁之后才产生社会影响，那么超过 95% 的可能是，这个人永远都不会去听这种音乐。在针对食物和时尚作了同样的调查之后，他总结道，就像是舌头被刺穿一般，体验新鲜事物的"开放之窗"在 23 岁时就会猛地关闭，而我们对新食物（比如说小羊胰脏或小牛肝）的开放度也差不多在 39 岁就会闭合了。

在我的职业生涯之中，好几次发现生活之中时常会有一个特定的时刻，我们会产生这种强大的回忆，影响我们（潜意识地）选择终生购买某一品牌的产品。我记得当我开始为百事公司和可口可乐公司工作时，我跟一位55岁的女性聊天，她是可乐的终身粉丝。为什么呢？6岁时，父母允许她自己去当地的糖果店买饮料，那个店主通过把苏打水和糖浆混在一起，再倒进一个冰玻璃杯里，制作出了“真正的可乐”。这样一杯可乐既冰凉又刺激，还很可口，是她那一天最精彩的时刻。之后她就会悠闲地逛回家附近的街区，和其他的小孩在街道上玩到天黑。这就是我所说的“绿洲回忆”（oasis memory）。在回忆里，世界上的一切看起来都恰到好处——安稳的、满足的、有趣的、被保护的、闪闪发光的。

如今，她的生活很艰难。她要做两份吃力的工作，照料几个小孩，其中一个还有重度残障。但是当我站在她面前，看她喝上一小口可乐时，我发誓，她的眼神改变了。那种滋味带着她回到了那个时刻，那个街区，那个绿洲。

这就是怀旧之情的力量。

黄金时代

怀旧营销长期存在，而且非常成功，广告商运用这种策略，通过重现过去10年的影像、声音和感觉，卖给我们某个品牌或产品。

有时，通过重新运用一则广告、一种包装风格甚至是一个偶像或代言人（就像超级碗大赛时广告里的那些人），我们当中三四十岁的那些人因此得以愉悦地回忆童年时光；有时又是通过含蓄地唤醒一段纯真年代的感觉或是质感而潜移默化地施加影响；还有些是通过重振某个老品牌来实现目的的。

阿肯色大学最近有一项调查指出，不管品质如何，一个品牌越老，它给人的感觉就越好。原因之一是我们会从过去的角度看待一个怀旧产品。无论是早餐麦片品牌还是运动鞋品牌，我们都在重新体验世界，体验年轻时第一次遇到该品牌的感觉——那时的一切（多亏了大脑的玫瑰色回忆）都更安全、更简单，也更好。

很少会有人知道这一点，但是任何品牌或广告宣传的主要目标之一就是要拥有一个“时刻”。“拥有一个时刻”是什么意思？嗯，如果你已经快 50 岁或者 50 出头了，你肯定记得柯达傻瓜相机吧。柯达傻瓜相机在 1963~1970 年最为流行，这种价格低廉、瞄准就拍的机器创造了一个无人不知的词语，并在我们的文化神话中占据了一席之地——“柯达时刻”（the Kodak moment）。众所周知，柯达时刻就是捕捉了独一无二的情感体验的瞬间——你儿子吹熄第一个生日蛋糕上的蜡烛的前一秒、你女儿伸出手接受高中毕业证书的那一瞬间，诸如此类。尽管柯达已经不再生产傻瓜相机了，但是这种情感表达并没有消亡。而对于营销者来说，“柯达时刻”就是商机。

一个产品在一个时代里占据了一个瞬间，就等同于夺得了一方土地，这意味着产品保住了地位、抵挡住了其他品牌的竞争，不得擅自入内，这个时刻是我的！以“他们只成长一次”为广告语的雀巢巧伴伴（Nesquik）获得的瞬间，是当你的孩子第一天上幼儿园时，你往孩子的午餐里放进了一盒牛奶，并意识到他就在你眼前从一个学步小童变成了一个男孩。珍妮 · 克雷格瘦身公司得到的，则是当一个女性发现自己已经扣不上汽车安全带的“安全带瞬间”。当然，这些标语巧妙地起着作用，不仅微妙地把产品与那些转瞬即逝的时刻连接了起来，还把我们身处这些时刻时的情感连接了起来。因此，如果我们想念小比尔的中学毕业典礼（时间都去哪儿了），我们就拿出雀巢巧伴伴；如果我们因为牛仔裤变得更紧而感到没有安全感以及尴尬时，就会自动想到："是时候打电话给珍妮·克雷格公司了。"当然，这都是潜意识里的，但也正是它如此强大的原因之一。真正有野心的营销者和公司甚至试图霸占整个时代，而非仅仅一个时刻。令人惊奇的是，通过诸如"是去尝尝麦当劳美味的好时候了"，或"现在是麦当劳时间"的口号，麦当劳拿到了过去的30年。结果是什么？我们整整30年的情感与关联都跟它们的汉堡和薯条连接到了一起。

值得一提的是，时间暗示能以其他方式说服我们进行消费。你知道吗？仅仅是在广告里提到时间，就可能让我们购买一样商品。这是因为一旦感觉时光飞逝，我们就想，"趁着还来得及，我最好买来用一用"。而你又是否知道，当被"灌输"着去思考时间的时候，我们对于某个产品的情感联结会大大提升。比如说，如果一个行李箱生产商宣布"是时候买套带滚轮的新产品了"，或一家咖啡公司宣布"现在是意式特浓咖啡时间"，我们很可能会积极地回应这些广告。为什么？很简单，因为我们所有人都希望时间越多越好，只是它极少给我们这种可能。

我们对过往时代的浪漫化倾向能够解释为什么怀旧营销在经济不稳定的时期格外有效。如果股市下跌、个人债务增多、电视里播放着气候变化的新闻、职业安全也已经成为过去，这种时候，不安的消费者寻找的不过是能够带来安慰感的元素：声音、气味、外观、记忆，以及那熟悉的童年时期挚爱品牌的字体。换句话说，我们想要的是那成年人烦恼来临之前的时代。

站在没有把握又不确定的未来面前，我们想要的仅仅是重回安稳时代。而哪一个时代会比过去看起来更安稳、更纯真、更有趣呢？（虽然实际上，过去也是又疯狂又混乱的，但我们就是不会准确地想起这些。）还有，很奇怪，回想过去不仅给予我们欣慰和安全感，甚至让我们对未来感到更有希望、更为乐观、更有能力去应对前方的挑战。

这就是为什么在艰难时期，我们会吃更多的“复古”食品，像是通心粉、芝士和土豆泥，还会涌向经典的、风靡一时而又永远存在的品牌，比如好时、美泰格、亨氏、赫尔曼（Hellman’s）或者亨特皮靴（Hunter Boot，一个有150年历史的鞋子品牌，由高端零售商像是波道夫·古德曼和布鲁明戴尔百货公司进行销售）。

这也是怀旧营销在“二战”后动荡的几年里快速发展、此后每10年都会再度达到新高峰的原因。怀旧营销也趋向于遵守某一特定模式。普遍而言，营销者和广告商会回归到与当前时代最不相符，也是最浪漫的文化潮流中去。比如说，在经济政治都不稳定的20世纪70年代形成了一种怀旧风潮，那些让人回想起沉稳保守的50年代的产品流行了起来；在束手束脚的80年代的里根时期，营销者又开始向那个随心所欲的60年代致敬；而在21世纪，在经历了“9·11”事件、中东地区的两次战争，以及大萧条以来最为严重的经济衰退的前10年里，营销者回溯的时尚与风格则属于繁荣且和平的80年代。

还有人记得1986年马文·盖伊（Marvin Gaye）拍的那则广告吗？他在里头对着一堆葡萄干轻声哼着他那1967年的小调《道听途说》；还有温蒂快餐店在2010年重新使用的那则1984年的“牛肉在哪儿”的广告；以及可口可乐在35周年之际重播1971年那则著名的《我想要教世界上的人怎么唱歌》的广告曲（该公司甚至请了一家侦探公司去搜罗数十年前第一次唱这首歌的演员们）。

到这里，我就忍不住要说那些拥有超高人气的经典老电视台，像是“电视乐园”（TV Land）、“尼克夜生活”（Nick at Nite）和美国经典电影频道（American Movie Classics）。还有美国经典电影频道的连续剧《广告狂人》（*Mad Men*）——无可挑剔地捕捉了20世纪60年代早期麦迪逊大街的光环、精华和魅力的一部剧，会有人想起这个当前的文化现象吗？它可不只是一部让我们痴迷的连续剧而已（顺便一提，它被有意打造成这种老旧泛黄了的怀旧情绪的一部分）。我们还沉浸在（也愿意花钱观看）生活之中的流行和时尚里——所有的复古物件，从束腰连衣裙到窄领带到马提尼酒再到古典鸡尾酒。

今天，从可乐到麦当劳到通用公司再到联合利华，有无数的公司和品牌利用我们的想象（和幻想）赚取巨额利润。我们会想，跟现在的生活对比，旧时光总是要更好——更简单、更有趣、更真实、更安全（上海甚至还有一个专门提供怀旧产品的商城，就叫作“中华老字号商城”）。然而，对营销者和广告商来说，这种做法也有风险，如果他们过分宣扬昔日时光，我们可能就会开始觉得那些产品和品牌既缺乏活力又过时。这就是为什么很多品牌和公司（比如你接下去会看到的这个），都发展了一些极具独创性的甚至深谙顾客心理的策略，以便在这座独木桥上前行。

旧时光的飨宴

就在我走进纽约哥伦布商业圈的时代华纳中心时，一座由众多高端零售商构成的中城“商业城”屹立眼前，乘电梯下到全食食品超市（我们在第3章见过它了）所在区域，我之所以注意到它，是因为当时在我头上隐隐播放着的舞曲是阿巴乐队1979年的一首歌，勾起了 35 岁以上的消费者的思乡情和熟悉感。

在全食超市里，我们看到了 21 世纪最新的农业和饮食风尚——从无公害的牛肉到无麸质的曲奇饼，从不含农药的产品到木桶发酵的微酿啤酒；再配上一首比这些商品古老得多的悠闲小曲（噢，播放这首歌可不是巧合，全食超市同时兼顾了时尚和怀旧。下一章我们将探索数据挖掘技术的世界，那时你就会发现，在你光临的商店里，可没有什么“随机”播放的旋律）。

乍一看，这个闪闪发亮、礼堂大小、设备先进的全食超市跟怀旧营销之间没有太多关系。毕竟，全食超市还是很现代化的，不是吗？比起迷宫般的全食超市，昔日时光可是要有趣得多、简单得多，不是吗？对于大部分人而言，“美好的旧时光”里没有连锁商店，没有对工业化食品的忧虑，甚至连“有机”这个字眼都没有。在那个时代，农产品是新鲜的，无须冗余服务，所有东西，从鹰嘴豆到全麦饼干，也不会有 10 种不同的品牌。

也许，我们“记住”的是这样一个时代：去杂货店购物就意味着和父母停在一个路边的蔬果摊，对那天清晨刚刚收获的玉米又闻又剥，篮子里装满了从附近的果园里摘来的苹果，或者抓起一束小花，它的价格被潦草地写在一块小石板上。那是我们曾经在电影里看到的场景吗？无所谓了。我曾经在 5 个不同的国家和消费者一起筛选照片，请他们给照片排序，看哪一张最能给人新鲜感。所有人一致挑选了一张 20 岁出头的农场小伙的照片，他戴着一顶牛仔帽，手上抓着一个装满了新鲜蔬菜的木箱。当我问他们，有多少人在现实生活中看过这样的景象时——不是那个农场小伙，而是随便一个农民——400 个人里，只有一个人举起了手。

不管我们生活中是否真的走进过一座旧式农场，我们在情感上都会把旧木箱、花朵和随手乱写的标牌，与真实感、历史感以及一段更好、更简单的时光（还有新鲜度，我们在第 2 章看过这个了）联系在一起。换句话说，就是和外表现代化的全食超市完全相反的东西（还是一样的东西？）。也许一开始并不明显，但是设计了全食超市的机灵的营销者可是非常谨慎地在布置，为了激起与那个“更简单时代”的联系。

举例来说吧，在门店大概 12 英尺深的地方堆着一打纸箱，每个箱子里都装着 8~12 个新鲜的甜瓜。当然，这些箱子本来会被任何一个加入了工会的全食超市员工打开，但是它们却被故意放在那儿。为什么？为的是那种粗糙的、“什么破玩意儿啊”的触感。换句话说，这是一种象征，用来强化旧时光的简单性的印象——仿佛那些神秘的农民把装甜瓜的板条箱都用完了，只好拿用过了的纸箱将就将就。

但是，等等，这些箱子看上去不太对劲。让我们走近一点，仔细看看。有趣啊，在严格的审查之下，这堆箱子看上去就像一个巨大的纸箱。不可能的，对吧？不。实际上，它是一个巨无霸纸箱，在对着顾客的那一面割有细腻的龟裂纹，这让它看起来像是一个木箱，尽管它就是由一大堆纸箱组成的。这种做法真是太巧妙了，让人想起在“愤怒的葡萄”（Grapes of Wrath）时代，工人们把一箱箱新鲜的水果堆到商店里的场景。但是就跟全食超市里的一堆东西一样，这是一种错觉。

在这个行业里，这些纸箱被称为“仿造物”。这理由可真好！我们又一次上了怀旧情绪的当。

全食超市把一堆苹果摆放在木制的板条箱的上面做展示，向旧日那些路边小摊表示敬意。板条箱故意做成残损的样子，带着灰色的裂纹，意味着那些苹果是用一辆脏兮兮的平板卡车运送到这家店来的，就像20世纪40年代那样。这个板条箱是另一个象征，就像放在苹果堆后边的那两瓶有机苹果汁，像是苹果爸爸和苹果妈妈正在看管着一堆幼嫩的澳洲青苹。只有长着6英尺长的手臂的人才会真的想要伸手拿这些瓶子。但这不是重点。有机苹果汁引导我们的大脑想起过去家庭自酿的苹果酒——这又是一个营销手段，意在唤醒对那个更简单、更美好、更有滋有味的时代的记忆。

不过这个策略里还有一个有趣的悖论。过去是完美的，所以过去的产品也是完美的，没错吧？嗯……其实不是这样。因为以我这几年研究消费者以及他们对品牌的回应的经验来说，我发现怀旧元素的一个必要的组成部分就是真实性，而没有什么真实的东西是真正完美的，对吧？

苹果上的一道擦伤、瓷器上的一个缺口、大衣柜木板上的一道划痕，这些不完美足够创造出那种真实的、有些许“被使用过”的感觉，而这种感觉长盛不衰，它能够唤醒从阁楼翻出破旧玩具的记忆，以及从祖母那里继承了磨损的手镯的记忆。你注意过“预洗”T恤的市场吗？理智上，我们会告诉自己，我们之所以买这些T恤，是因为它们不会因为清洗和烘干而缩水，但是从情感上来讲，这跟它们那“真实”且破旧的外表更有关系。古德维尔公司以及救世军商店是如今青春少女们最喜欢的服装店，因为女孩们开始冷静地质疑那些服装百货公司——比如A&F、霍利斯特和美国服饰——的“真实性”。

我最近去了一家乔氏（Trader Joe's）超市连锁店，当时那里的奢侈巧克力吉尔德利正在促销。但是以往那种花哨的包装纸和炫目的盒子都看不到了。相反，他们卖的是“散装”的吉尔德利巧克力块，包在硕大的棕色纸袋里，袋子上印着旧式手写体的商标。袋子里是一些切成不均等小块的巧克力，就像是一个自家经营的糖果店里的巧克力制作师手工切的。毫无疑问，这看上去非常真实，直到我买了两袋之后才偶然发现这些巧克力块的外形是一模一样的。它们根本不是手工切的，而是用一台机器压模出来的，看起来就像是随便切下来的那样。

绝大多数的消费者都迷恋小小的不完美，而且很多品牌都知道这一点。日语中的一个词汇“wabi-sabi”（侘寂）是一种美学，翻译过来就是指在自然中发现美的艺术，无论是香蕉上的一个黑点，还是树干上的一块树皮。为说明这一点，我举个我朋友的例子，她的父亲是澳洲的驻日大使。她说，有一天她父亲坐在他那位于东京中心的花园里，啜着清茶。15 米外，有一个园丁正在捡拾落叶，他花了整整两小时才捡完。接着，等到地上一片落叶也没有了，他走开了 20 分钟，又回来，开始仔细而温柔地把叶子随机放在草皮上，这一片，那两片。为什么要这么做？因为没有落叶的草地看上去太过完美了，很不自然。

完美会让消费者感到可疑。众所周知，没有什么是完美的，从来没有；如果有东西看起来很完美，我们就会下意识地寻找瑕疵和不真实的地方。我们瞥了一眼超市里那形状完美的汉堡，突然意识到我们吃的是一家工业化屠宰场里大规模生产出来的牛肉。我们看见老海军服饰店里的一面墙，墙上排满了牛仔裤，缝制得无可挑剔，染色也都一模一样，我们就会想象它们在某家血汗工厂的流水线上滚过的画面。我们对长相完美的婴儿和毫无瑕疵的模特也感到厌烦。为什么我们深爱着 YouTube 上的视频？因为它们不完美、业余，而且视频里的人会让我们想起我们自己。近来有一股风潮，主流电影和电视节目里出现了很多“真人”，而且我预测这会变得越来越流行。根据《纽约时报》2010年的一篇文章："举个例子，福克斯广播公司的电视部主管说，他们开始在澳洲和英国募集更多本色出演的演员，因为在洛杉矶的海选里有太多看起来异常年轻的人，产生了巨大的雷同性。"

但到底什么是"真实性"？《韦氏词典》是这样定义的："值得接受和相信的。"但是当谈到营销和广告世界的阴暗角落，这就意味着很多不同的东西。预录笑声真实吗？拉斯维加斯的巴黎酒店真实吗？H&M的毛衣或者Zara的裙子——和在时尚周的T台上看到的（贵上4倍的）那一条很像的——真实吗？原则上我会说，真实，因为在以上这些情况中，每件商品都是它们本来的样子。但同时有人也会争辩说，这只不过是模仿，是精明的策划而已，想糊弄我们的大脑，让我们以为我们买到了"真实的东西"。

这些策略都是营销者和广告商的老花招了，但是我最近才开始注意到一个有趣的转变。现在有许多营销者都在推销细小而微妙的不完美，试图为他们的产品创造一种真实的印象，或者我称之为"不真实"的真实。这就是为什么，像是在全食超市，我们会看到越来越多连着茎的球芽甘蓝和番茄，有不少根茎上还沾着泥土，叶子也没有拔掉；我们会看到更多的手写标志，惟妙惟肖地模仿着路边蔬果摊的潦草字迹；看到更多沾有灰尘的木板箱，更多粗糙的纸袋，更多看上去似乎是被充满人情味的手随意而混乱地捆扎的包装（其实都是国外一家工厂里的机器做的，有时还会故意将标签贴得七扭八歪）。这一切都是为了打开我们怀旧的开关，唤醒我们对更为简单的时代的玫瑰色回忆，哪怕它根本就不曾存在。

但是全食超市使用的伎俩可不只是怀旧策略中的唯一一招。所以现在，让我们关注一下怀旧营销的另一种变体：古早品种。

我好像之前在哪儿见过你？

公司创造怀旧元素的经典手段之一，也是最有效的手段，就是重新使用过去的广告、标语或宣传活动。没什么能比得过亨氏在2009年所做的了，它重新使用了20世纪70年代著名的品牌口号："买豆子就找亨氏。"在亨氏的新广告（倒不如说是旧的）里，慈爱的妈妈拿着亨氏豆子喂她们的小孩，背景的口号甚是吸引人，比如："当我难过的时候，我妈妈就会读那些标签给我听。她知道要拿什么哄我开心，那就是'买豆子就找亨氏'。"这则广告让人难以忘怀，首播之后，还被广告名人堂投票评为近30年来最受欢迎的口号。

英国公司霍维斯（Hovis）则把相同的手段加以改制。在一则广告里，消费者看到的是雷德利·斯科特（Ridley Scott）1973年拍的广告的重制，广告里有个"骑单车的男孩"骑车穿过英国历史上一段不稳定的时期——从伦敦大轰炸到矿工大罢工。其中隐含的信息是：不管经历了什么，霍维斯一直都在我们身旁。该广告在1973年收效显著，2009年也大获成功，使销售额增加了11%。

甚至银行和轮胎制造商也对口号再利用感兴趣。花旗集团最近用回了1978年的宣传标语"花旗永不眠"，试图把人们带回尚未开始憎恨和怀疑银行的时期，让自己看起来更安全、更让人信赖。米其林则重返1898年，用回了它那著名的品牌标志——米其林轮胎人（不过出于当代的健康观念，它的最新形象变得苗条了些）。在好事达保险最新的蒙太奇手法电视广告中，代言人走在大萧条时期的照片里，并诵读道："1931年并不是创业的好年份，但好事达就是在那一年开始营业的。经历过12次经济衰退，他们已经知道，恐惧消退之后，会发生有趣的事。人们开始享受生命中的小事，这是返璞归真的表现，是好事。保护好这些小事，保证它们的安全。”

我在百事公司工作的时候，在复古潮的推动下，公司为两款最受欢迎的饮料增加了“蔗糖”口味。百事还给它们取了怀旧的名字——“复古激浪”(Mountain Dew Throwback)和“复古百事”(Pepsi Throwback)。除了使用20世纪60年代和70年代流行的纯天然甜味剂，这场“复古”运动甚至还包括脸书上的一款应用，用户可以做出“复古”照片，或是使用复古风格的模板。这个应用的受欢迎程度令人咋舌：网站被提及次数超过200万，相关博文达到24 000篇，还有上百个YouTube视频，内容都是脸书和推特上的活动热潮。

在奢侈品方面，路易·威登最近也推出了怀旧广告，由肖恩·康纳利和凯瑟琳·德纳芙参演——他们象征着光鲜亮丽的旧好莱坞时代。路易·威登还有一则唤醒旧时代记忆的广告，由巴兹·奥尔德林、萨莉·莱德和吉姆·洛弗尔参演，他们分别代表三代太空探索者。他们坐在一辆二手的韦斯顿（Western）皮卡车里，凝视着夜空，但他们有时也会向后回望，对历史表示敬畏。

如果你仔细想想，就会发现这种策略真的是太高超了。通过重播我们年轻时看过的广告（在米其林的案例中，则是重播祖父辈年轻时的广告），公司不仅让我们缅怀起那个时代，还在我们的大脑里把该时代的玫瑰色回忆与其产品联系在一起。就算我们从来都没吃过亨氏豆子，或者从来没去过花旗银行，都没有关系。那些旧广告还是会让我们亲切地回忆起那个时代的所有其他事物（与此同时，公司还不用花上一分钱）。

在佛罗里达的博因顿海滩有一座城市，那里的人绝大多数都退休了。当地有一份新的免费出版物，名为《怀旧美国》(*Nostalgic America*)。它试图吸引年长者，把当地的广告与往年的偶像形象组合起来。比如，一个长期护理机构的广告与一张披头士乐队 1964 年在《埃德 · 沙利文秀》（*Ed Sullivan Show*）登场的照片；一份推销“终身保险”的广告与一张吉恩 · 凯利吟唱着《雨中曲》的照片。把经典电视节目《我爱露西》（*I love Lucy*）1951 年首播时的广告放在一份反向抵押贷款广告旁边，看起来怎么样？虽然以老年人为目标的广告宣传已经很狡猾了，但还是比不过社会保障总署的招数。他们选用了音乐家恰比 · 切克进行宣传——在黑白的视频里，切克和一群穿着 20 世纪 60 年代服饰的舞者跳着扭摆舞。当切克变成彩色的时候，他说道：“法律有了回旋余地，让你能够更轻松地从你的医疗保险处方药计划里省钱。”

如果你在看了这么多怀旧营销的例子之后，对平日光顾的超市——不只是像全食那种高端超市——感到可鄙，这一点也不奇怪。让我们看看麦片吧。糖霜麦片（Frosted Flakes）盒子上那诞生于 1952 年的标志性的托尼虎，它要吸引的目标是那些怀有孩童之心的成年人，他们怀念曾经希望自己变得更壮更强的心情。同样，澳洲品牌营养谷物（Neutri-Grain）最受四五十岁的男性欢迎，它的目标则是那些想某天长大变成钢铁侠的小男孩（该品牌是 2011 年钢铁侠系列的官方赞助商，而且如果你登录其网站，你会对那些青春洋溢且肌肉壮硕的运动员的照片感到震撼）。我还认为，麦片本身就是一种怀旧产品。在任何一所大学餐厅里你都能看到大量得了思乡病的学生，正一勺一勺地往嘴里送这种食物。这是为什么？当然，可能他们喜欢那种滋味，但它还是一条生命线，这条线连着父母，连着慰藉，也连着童年的亲切感。脆谷乐、特里克斯和可可泡芙都经历了一番彻底的改造，借着复古的包装盒重回市场。如果说你真的想坐一趟时光机，那你就看看卜卜米那些“新的”黑白广告吧，广告里有由你的爸爸、妈妈、奶奶，以及他们珍爱的那支小矮人乐队共同构成的卜卜米米通（Rice Krispies Treat）回忆。

食品的怀旧营销风不仅局限于麦片。2009年，纳贝斯克生产了复古包装的乐之薄饼和奥利奥饼干，而夏威夷宾治则用回了它那经典的标语："来一杯爽口的夏威夷宾治吧！"基菲爆米花则对消费者说："有些东西比你记得的还要好。"几年前，安海斯·布希（Anheuser Busch）重新生产了1936年首次面世的罐装百威啤酒，连同一份三步式的说明，向消费者展示如何饮用该啤酒（罐装啤酒在那时可是闻所未闻）。说到过去的饮品，放在汽水架上的Tab饮料（可口可乐公司的一款产品）算是其中之一吗？Tab，这种在20世纪70年代受到无数节食女性欢迎的非酒精饮料，现在还在吗？当然在了！甚至原本那些使用了特大号醒目字体的字母都被保留了下来，在《那女孩》或《帕特里奇一家》电视剧里都能看到。

走过汽水区，我们走向了摆满各种巧克力的货架。惠特曼巧克力？有意思，它的盒子看上去就像一条百家被，就跟奶奶以前用的那条一样。维特牛奶糖？还有人记得那则电视广告吗？罗伯特·洛克威尔饰演一个和蔼的爷爷，慈爱地拿了一颗牛奶糖给他那天真可爱的孙子。一切都是在怀旧。

2007年，冷冻食品品牌斯旺森（Swanson）把品牌名称换成了"经典斯旺森"（Swanson classics），重新推出了一系列"经典电视餐"，包括鸡肉派以及配有玉米、马铃薯泥和烘肉卷的索尔斯伯利牛肉饼这些20世纪50年代的主食——当然，全都放在我们年轻时代的、标志性的、分成几格的泡沫聚苯乙烯托盘上。

营销者都知道，作为消费者，我们渴望得到关于我们过去的任何遗留物，不单单是在食物方面。比如，如果我们要买一套大富翁、一盘飞行棋，或者一个魔方，我们想买的不仅仅是玩具或者游戏棋，而是一趟重返童年时光的旅程。这就是塔吉特重新引入了被连锁店称为“精选复古玩具”的东西，包括猴子玩偶和糖果摇摇机的原因。我们甚至更可能会买一套看起来像是我们青春期遗留物的游戏，尽管它是某品牌上一周刚推出的。就拿广受欢迎的孩之宝公司的玩具特布（Taboo）来说吧。它上市于20世纪90年代末，里面装的是一个老式沙漏，而不是计时器（这也总是叫我想起另一部儿时经典——《爱丽丝漫游奇境》），样子还非常朴素，非常复古。

怀旧之情同样也是电器零售商巨头百思买最近把美国100家门店的货架都腾出来卖黑胶唱片的原因（是的，你没看错，就是黑胶唱片，那些转动着的黑色怪东西，如果唱针碰到了末端还会发出嘎吱声）。尽管在MP3时代，绝大多数唱片店都已经关门大吉了，但黑胶唱片依然强势归来。登录易贝你就会发现，有人在拍卖上千张老唱片，有些价值好几百美元都不止。脸书上也出现了很多黑胶唱片爱好者小组和粉丝的页面，而且百思买也认为它的黑胶唱片实验大获全胜。

有些品牌和产品甚至会捏造一段它们从未有过的历史。你觉得百利甜酒这种用威士忌和奶油酿造出来的酒有多少年历史？100年？150年？毕竟，它用“经典”二字自我标榜，使用的还是一种设计得“很名副其实”的瓶子，用来暗示那些美好的旧时光。但实际上，算上今年，百利甜酒才只有37年的历史。此外，如果品牌不想发明历史，它们还可以“买”历史。纽约去年就有一场拍卖会，一些不再使用的名字，比如“好运”奶油、“轻松包”保鲜膜、“雪花庄稼”（Snow Crop）橙汁，甚至还有像《矿工》（*Collier's*）和《星期六评论》（*Saturday Review*）这种旧时媒体的名字都登台出售。拍得者买到的不仅是一个可信的、经过时间检验的品牌名字，还买到了一整代人的回忆。

就连设计用于缅怀已逝时代的场所也相当具有吸引力。想想你最喜欢的饭店或餐厅吧。它有 20 世纪 20 年代的酒吧那种厚实的橡树门板和木护墙板吗？它有 50 年代的餐馆那种镀铬的小隔间、荧光灯和桌面上的自动唱机吗？它有 18 世纪的老牛排餐厅那种深色的桃花心木和皮革吗？它是否真的回到了它想要重新创造的时代？很可能没有。聪明的营销者更可能知道的是，让它看起来、感觉起来很“老式”应该有助于吸引人群，还有金钱。正如《纽约时报》最近有篇报道所称，在纽约颇为时髦的西村地区已经形成了一股风潮，在那里，“‘转世’的餐厅有一种骄傲感……用不同的历史时期激发灵感”，把周遭地区变成一个“以往昔为主题的公园”。文章接着写道：“设计师说，要让房间洋溢着一种‘有故事的感觉’，使人回想起一种更为亲密的生活方式，这一点很重要。”

过去未来式

“你体验过的不是幸福，你记得的才是。”奥斯卡·莱文特（Oscar Levant）这样说过。过去总是比当下好，我提到的所有品牌和公司都知道大部分人就是这样想的。道理很简单，因为我们的大脑就是这样运作的。不过你仔细想想，这是大脑对我们耍的一个精妙的诡计，因为这能让我们免受痛苦回忆的侵扰，还能让我们变得乐观，认为事情将会再度变好。但是当然，这种做法的危险就在于让我们在不知不觉中上当，对凡是能让我们回忆起年轻时代的东西来者不拒，比如：有压痕的苹果、小时候的猴子玩偶、经典的摩托车。而且更可怕的是，有时只需要一个微妙而下意识的暗示，如一首歌的几个小节、一些复古风的字母拼写，或者一张某个已过世的影星的照片，就能勾起我们内心的怀旧之情——这只狡猾的老狐狸。

随着美国大约 7 800 万在婴儿潮时出生的婴儿进入 60 多岁，不可否认的是，到那时，怀旧情绪在营销中的作用将比现在更大。在如今这个科技飞速发展的时代，传奇品牌和机构，从伍尔沃斯到淘儿唱片，都已摇摇欲坠，感觉再没什么能够恒久不变，我们甚至也更具保护性地倾心于那些不仅从儿时到现在一直存在的品牌，还有那些重新唤醒我们，让我们重新回味那个更简单、更稳定时代之记忆的品牌。说到这点，还记得这一章开头我提到的那位女性吧，那个发誓说法国产的火星巧克力棒比美国产的更好吃的那个？我相信她是对的。请忍耐一下，稍后你就会知道个中原因。

过去几十年来，我敢说，法国每 10 对新父母里就有 9 对给他们的婴儿喝过依云矿泉水。对法国父母来说，这已经成了一种小迷信：如果你不给小弗朗索瓦或小奥黛丽喝上几口依云，他们就无法成长为成功人士。不少年轻的法国家庭家里都会放上两瓶不同的水：给婴儿喝的依云和另外一瓶给自己喝的其他品牌的瓶装水。在本书的序言里，我谈到了父母对孩子选择品牌的影响，以及在成年之后，我们如何让在成长之路上对接触到的产品的喜爱之情与我们相伴终生，不管是冰箱里的番茄酱或芥末，还是剃须膏的气味，抑或父母用过的香水。

正如结果所示，不单单是我们个人的过去会影响此后我们对品牌的偏好，我们对自己的历史和文化已逝的味道都有一种反常的依恋。几年前，达能，这个世界级食品饮料巨头兼依云矿泉水的生产商决定，既然它在法国如此成功，为什么不打入中国市场呢？中国有超过10亿的依云矿泉水的潜在消费者，是个能大捞一笔的潜在市场。

正常来说，达能应先从法国阿尔卑斯山装好依云矿泉水，再运送到全球的零售商和消费者那里。但是考虑到矿泉水的重量，运往中国的成本极高，所以达能做了一个重大的决策。高管们让法国的水质专家检验上百口中国本地的水井，试图找到一口符合法国依云水质标准的井。在花了上百万美元之后，他们找到了一口完美的井（或者说在他们看来），然后开始抽水，生产中国版依云矿泉水。

这是一个圈套，一场跨国灾难。你仔细想想，其实不难知道为什么法国的消费者会对那玩意儿嗤之以鼻。毕竟，对不少西方人而言，中国意味着污染和工业废料，并没有我们所追求的饮用水品质，尤其我们已经习惯了从后院那青葱如画的自然奇景里取得水源。可是结果呢，中国的消费者也不肯碰一碰它。这究竟是怎么回事？

众所周知的是，水的味道难以用语言形容。水尝起来什么都像，像空气、像杯子、像寒冷的夜，也可以什么都不像。所以当依云的研究小组受命要查出为什么中国人如此讨厌依云时，他们认为没有必要问中国消费者觉得依云喝起来是什么滋味，而是该问他们与童年有关的问题。有些问题是这样的：“你小时候都在哪里玩？”“你小时候喝过的第一种饮料是什么？”“哪一种饮料是你父母禁止你喝但你还是会喝的？”

调查结果说明了一切。

在30年前，北京上海广州等大都市还有大片的农地，到处都是农作物和奶牛，大约有60%的劳动人口从事农业相关工作；到了1990年，这个比重降到了30%；而20世纪90年代中期，当中国的工业革命把某些城市重组成经济发展区、政府推平耕地修建工厂之后，这个比例就降得更多了。

要记得，大多数时候，消费者想要的是对很久以前的记忆进行激活以及再创造，尽管我们并没有一直意识到这一点。这就是依云矿泉水在中国行不通的原因。中国消费者并不习惯今天喧嚣的、城市化的中国。他们绝大多数都是在农耕地区长大的，那些地方更像是法国阿尔卑斯地区，而不是现在的深圳；而且就像法国人一样，他们也都习惯了饮用水里那种极小的、微妙的青草味，瓶装水也一样。耕地可以变成工厂，但是记忆永远是鲜绿色的，所以当依云推出中国取源的矿泉水时，中国消费者就觉得他们童年的滋味被夺走了。

这就是依云出口商走错的一步。他们以为他们是在面向今日的中国做营销，而不是以前的中国。从调查结果来看，除了在中国找到一口在过滤之后依然保持淡淡的、有青草香口感的水的井之外，依云别无选择。这个明智的策略转变不仅改变了达能和依云在未来操作国际业务的决策，还使达能成为今天中国饮用水市场的第三大参与者。

我绕了这么大一圈，来证明我那美国朋友说的法国产火星巧克力棒更好吃的说法是正确的。对她来说，至少，法国产的确实要比美国产的好吃。

哦，对了，这位朋友最近注册了脸书。她找到了几个曾经在法国的中学同学加了好友，而且他们都同意她对火星巧克力棒的看法。好吃的原因可能在于法国乳牛、法国牛奶、法国土地上的法国牧草。可能——好吧，只是可能——还有怀旧之情。

07

营销者的皇家光芒

名人和名气背后的力量

全美的民意调查显示，高高在上的皇室家族的人气越来越低了。公众每隔几年就会质疑，皇室家族是否真的配得起它的称号。把税收花在保养皇宫、聘请保镖以及保持富丽堂皇的外观上，都是为了什么？皇室成员们究竟是靠什么赚钱的？皇室家族面临的是一场公关危机，他们的顾问团也很绝望。这时我的电话响了。

我有办法帮助提高皇室家族的形象吗？我有办法为恢复他们的高支持率提供建议吗？换句话说，我有办法帮助改造和重振皇室家族的品牌吗？

几番谈话之后，我发现我已经在为世界上最著名的家族之一效力了。

皇室有些东西能够激发大多数人的想象和仰慕。毕竟，谁不想成为皇室的一员，拥有风光的生活、华贵的服饰、奢侈的食物、闪亮的钻石以及体贴的侍从。在大部分孩子（还有不少成人）读过的或是在电影里看过的每一个童话和幻想故事里，都有皇室的身影。

乐高玩具公司西班牙巴塞罗那概念实验室里的设计经理玛尔塔·阿兰达（Marta Aranda）指出，据公司研究，小女孩都被灌输了“长大要成为公主”的思想。“她们甚至想穿着公主装睡觉。”她说。即使是世界上最富裕又最有权势的人，从身家数十亿的首席执行官到好莱坞超级巨星，在和皇室接触时也会变成慌张又口吃的儿童；就连世界上最富有最成功的首席执行官，包括比尔·盖茨在内，也会为与英国皇室家族共餐而花费巨资。这是因为在我们的文化里，皇室是等级最高的阶级：他们是终极名流，站在名誉和地位的巅峰，是最令人嫉妒的族群。

然而，绝大多数人都不知道，这个形象来之不易。风光的背后，皇室家族其实无异于一个高端品牌，是一个被悉心、刻意、持续打造和维持的品牌。该品牌持有者用心至极，以至于欧洲的皇室会定期见面，相互比较、交流经验、制定长期发展战略。一位知情人士对我说：“皇室家族和品牌之间的区别就在于，品牌关注的是未来的6个月，而皇室通常都有一份关于未来75年的营销计划。”此外，维持皇室形象还包括在幻想与现实、距离感与亲切感之间保持微妙的平衡。皇家成员与社会保持联系很重要，但是如果变得过于真实或过于亲切，他们就会失去魔力。

比如，英国《每日镜报》的一名记者（在白金汉宫担任皇宫侍从，实为“卧底”）于2003年拍到了一张照片——皇室早餐桌上出现了一个特百惠的容器，让公众愕然。公众不能接受皇室成员使用特百惠！公众想要他们使用镀金餐碗、古董银汤匙！但与此同时，如果皇族表现得过于高傲或专横，他们就要面临其他的风险，为他们埋单的公众可能会把他们看成傲慢、高高在上、遥不可及的人。

在业内，我们把这叫作“仙尘现象”（pixie-dust phenomenon），

因为每次名人（以及他们所代表的事物）与公众互动时，他们总会得到或者失去些魔力——他们的“仙尘”。如果他们变得太平易近人，他们的仙尘就会消散。我接触过很多名流，事实证明你跟他们相处越久，他们就会变得越“正常”。他们的神秘、魔力和权威一并消失——发生了“品牌回缩”效应。保有恰当数量的仙尘是一份良好的平衡，为此名人“品牌”每天都得变换戏法——这就是名人跟他们“真实的粉丝”见面时，经理和宣传人员一般都会限制最多半个小时的原因。而且很少有人知道，许多皇室成员戴着长手套并不是为了显得优雅，而是在有意地创造出和公众的心理距离。

从历史角度看，皇室成员真的是世界上前所未有的名流。基本上在人类文明开始的时候，他们就已经成为自己国家的公共形象。他们代表了一个国家的价值与传统。他们借庆祝周年纪念日、生日、忌日，甚至还有新年的到来，来团结全国人民。他们是活生生的旅游招牌，并由此带来了巨额的资金、生意和产业。简而言之，他们就是品牌，很有赚头的那种。以英国皇室家族为例，一项研究指出，“英国皇室和企业品牌管理之间乍看没什么联系，但事实并非如此”，不少皇室成员把君主政体称作“豪门企业”……该研究还引用了英国一位著名历史学家的话：“在民主时代，王权必须要和其他任何品牌一样，赢得人们的尊重。”

如今英国的温莎城堡甚至可以说是创造出了“经营”皇室的概念。为了控制女王的形象并确保她看上去就跟我们从邮票、硬币、钞票和海报上看到的一模一样，英国皇室推出了一套“形象控制系统”。现在，每一次公众与女王在餐会或接待会上互动，皇家摄影师是唯一一个被允许拍女王照片的人。不过当然了，每个人和他妈妈都想跟女王拍照，所以皇家摄影师会把这些照片卖给他们，要价不菲（在网上，你还可以买到自己站在女王旁边的照片）。

回到我负责的皇室家族及其品牌的话题上。他们在两年前遇到了麻烦，需要打一剂“仙尘”。我要从一场运动开始说起，这场运动呼吁那个国家（抱歉，我不能说是哪个国家）要有民族责任感，提醒公众每一个君主政体都需要信任并信仰其皇室家族。无数的研究表明，如果人民相信某个事物，那么国民的死亡率就会下降，民众也会普遍感到幸福、更加长寿，减轻社会服务的压力——这是一切我竭力宣传的信息。我也感觉到我们必须提醒国民，皇室家族是公民身份、责任和公共服务的顶点；皇家晚餐和香槟早午餐都不再发挥效力了。因此，我们安排皇室成员承担一系列新的责任，组织各种精心挑选的、高调的慈善活动。

接着我还请一位档案保管员梳理历史典籍，找出我们能重新使用的那些被遗忘的仪式。我多年来的研究表明，消费者会对拥有仪式的品牌产生更多情感依赖（因此也更为忠诚），这些仪式为品牌和产品创造出了一种神秘感，是一种极为有效的品牌战略。我很幸运，皇室家族有许多历史悠久的仪式、故事、神话、符号和不为公众所知的庆典。不少仪式实际上都是用于保护皇室以避免尴尬的时刻，同时也是为了“控制”公众（比如这心照不宣的规定：平民不能直呼皇室成员的名，除非是皇室先招呼他们，而且平民必须使用正确的头衔，这两点都在提醒平民，他们是臣服于面前这些闪耀而高贵的皇族的）。其实，我所效力过的皇室还会为其年轻的成员提供训练课程，其中就包括学习如何正确地与“平民”握手。

在我为皇室工作的那段时间里，我了解到了许多秘密的仪式和传统，虽然我不能透露，但是我可以告诉你：世界上的每个皇室家庭都知道，提升受欢迎程度的最好也是最快的办法，就是举办一场皇室婚礼（想想威廉王子和凯特·米德尔顿的大场面吧，你就知道我在说什么了）。第二种办法呢？皇家宝宝的诞生，生得越多越好。想来一次皇家全垒打？那就生双胞胎吧！2011 年，丹麦皇室在现代社会里第一次实现了这一点，这让其在全国的人气上涨了好几个百分点。要记住，蹦出来的小王子小公主越多，未来举办婚礼和诞生礼的可能性就越大，因此人气也更可能得到延续（现在你知道我说的皇室会做长达数十年营销计划的意思了吧）。

说到这儿你可能会想，好吧，这很有趣，但是这跟我们有什么关系？毕竟，美国可没有皇室家庭。嗯，原则上说这没错，但是美国有另一种皇室。美国有布拉德·皮特、安吉丽娜·朱莉、茱莉亚·罗伯茨、瑞希·威瑟斯彭、乔治·克鲁尼、汤姆·克鲁斯、凯蒂·霍尔姆斯、威尔·史密斯、贾斯汀·汀布莱克、金·卡戴珊、瑞安·西克雷斯特、巴拉克·奥巴马和米歇尔·奥巴马夫妇，数不胜数。在我们的文化里，名人就是国王和王后。而且你最好相信，我们的营销者和广告商在利用他们的名声对我们进行品牌洗脑时，和向选民推销王室品牌的皇家顾问团一样，精明得很。

灰姑娘真的吃掉了我们的女儿

说到这里你可能会纳闷，一个名人真的对我们花钱的方式有那么大的影响吗？我们肯定没有那么天真啊，对吧？

错了，我们确实很天真。而且，名人吸引力的出现比你想象得更早。在大多数男孩只有三四岁时，他们就已经在崇拜超级英雄了，比如蝙蝠侠、超人、蜘蛛侠、X 战警，或是由漫威（Marvel）、皮克斯公司的营销者决定的一个要大受欢迎的新英雄。等到七八岁时，不少人会把这份肤浅的崇拜转到血肉丰满的英雄身上，通常是像大卫·贝克汉姆、戴尔·恩哈特、德里克·杰特和佩顿·曼宁这样的运动员。公司当然知道这一点，这就是卖给小男孩的产品会有那么多的名人代言人的原因。“在（赛车手）迈克尔·舒马赫还在法拉利车队效力时，乐高就和法拉利签了一份代言合同，它在德国的招牌就变得巨大无比。”乐高公司的市场与产品执行副总裁马斯·尼佩尔（Mads Nipper）回忆道：“乐高有能力这么做。”简单地说，乐高也许是一个强大的品牌，但是名人的作用更加强大。

为什么是超级英雄和体育明星？还记得我在第 2 章里提到过的，关于那些玩弄恐惧的营销手段是如何利用我们对于“恐惧的未来自我”的不安全感吗？不过，以名人为中心的营销策略恰恰做着相反的事：他们能唤起我们对“理想的未来自我”的幻想。多亏他们做的心理学研究和聘请的咨询师（了解到这些情况是因为我就是其中一个），营销者敏锐地意识到，相当多的小男孩都梦想着长大后变得强壮而有力量。因此，他们会被拥有超能力、体格健壮或其他方面突出的英雄吸引。举个例子：我认识一个美国人，在他 5 岁时，妈妈送给他一套黑色蝙蝠侠装，包括一些配饰。现在他已经是个中年人了，但是他依然记得，有了绑在腰上的那个廉价的小蝙蝠飞镖，他当时感到充满了力量。他不仅仅是打扮成蝙蝠侠，他在 45 年后回忆道，他认为自己就是蝙蝠侠。

那么女孩们呢？总体而言，小女孩就不那么喜欢强大的形象了。她们理想的未来自我是优雅的、充满女人味的绝世美女，所以我们的文化里就有了无所不在的公主幻想。记者佩姬·奥伦斯坦在她的新书《灰姑娘吃了我女儿》里探讨了为什么公主成了女性典范的代名词。此外，她还列举了“公主工业化情结”，以及公司和营销者向我们年幼的女儿们兜售公主幻想时使用的一切办法（而且在这个过程中赚得盆盈钵满）。正如奥伦斯坦指出的，市场上有超过 26 000 种迪士尼公主玩具，"'公主'不仅是公司打造的所有品牌里成长最快的，还是这个星球上 2~6 岁的女孩们享有的最大特权。"

玛尔塔·阿兰达解释道，小女孩一开始是想要成为公主，但过后"她们的标准就不仅仅是汉娜·蒙塔娜或电视里看到的年轻体操选手了，反而通常是一个年龄大一些的、有金色长发的典型美少女"。所以，如果迪士尼的公主是女童时期的理想形象，那么最能代表少女们理想的成年女性形象的（就算完全不现实），就非芭比莫属了（她 2012 年就满 53 岁了）。当然，也有人反感这个金发性感的尤物，但是无论你欣不欣赏她那非自然比例的身材，你都不能否认她的知名度，或是她的利润率；美泰公司（Mattel）估计，世界上每秒钟能售出两个芭比娃娃，年销售额大约达到了 15 亿美元（这是美泰公司年收入的 1/5）。你仔细想想，芭比一直是过去半个世纪以来最著名的文化偶像之一，也是最著名的品牌之一。这一点也不奇怪。毕竟，芭比代表着每一个女孩想要成为的形象：美丽、迷人、受欢迎、被仰慕，无论生在哪个时代。

这同样也是一个新的流行文化偶像麦莉·赛勒斯的吸引力。如果你家没有 13 岁以下的女儿，你也许就不知道，这个著名的少女就是《汉娜·蒙塔娜》里的明星，在一部电视剧里演一个叫麦莉·斯图亚特（Miley Stewart）的少女。白天她是一个普通的中学女生，但夜里就成了戴着金色假发、被称为汉娜·蒙塔娜的流行巨星。该节目广受欢迎。就像男孩喜欢体育明星一样，汉娜·蒙塔娜对少女们关于理想自我的幻想充满了吸引力。赛勒斯不装腔作势，而且有趣又狂野率性，这就是怀有不安全感的青春期女孩未来想成为的样子。

（还有，告诉我，有哪一个小孩不曾站在卧室的镜子前，拿一支假麦克风对口形唱歌？）

如果说这些都是我们儿时的英雄，那么长大之后呢？很显然我们对声誉和名人的迷恋并没有止于童年。其实，正如大多数小男孩长大想要变成超级英雄，绝大多数女孩想要变成公主（尽管我们得承认也有例外），在绝大多数成年人眼中，无论是男是女，理想中的“未来自我”或多或少都具有普遍性：富有、迷人、有名气。

我不止一次地被邀请去为名人“做品牌”，最近的一次是一个著名的电视明星。一般来说，我用的就是那套为皇室效力时使用的战术，不过也有一些关键的不同之处。和皇室家族不同，名人一般并没有高贵的血统、悠久的历史、陈旧的仪式，也没有什么大型盛典（除了在某一场年度颁奖典礼的红地毯上走一走）。而且，不同于皇室家族，名人多是靠天赋获得名气的（但这种例子越来越少了，如果你不相信，看一两季《与星共舞》吧），无论是表演、唱歌、跳舞还是运动（虽然有漂亮脸蛋肯定没坏处）。是的，我们的名人就像是一次性出场的皇室成员，因为他们富有、强大，而且受到一大群代理人、经理、公关顾问以及保镖的层层包围。但是二者之间最重要的共同点就是他们都遭人嫉妒。我们想“成为”他们，即使不行，我们也希望“像”他们。所以我认为，为了卖给我们从衣服到汽车到早餐麦片再到运动饮料的一切商品，广告商和营销者支付巨款给各路名流——从演员到运动员再到真人秀明星，这一点都不奇怪。

大部分人都能意识到名人营销的存在（毕竟很难忽略）。但是，很多人没有意识到名人营销有多有效。一项由 11 000 名成年人和青少年参与的网上调查显示，绝大多数的人都相信，出现在广告和代言里的名人并不会，注意，是“并不会”影响我们的购买决定。实际上，超过 80% 的参与者声称，他们买的都是自己喜欢的产品，无所谓有没有明星代言。

好吧，你猜怎么着？我相信他们。至少我相信他们不认为自己被名人广告给诱惑和说服了。而这正是问题所在。正如 NDP 集团（一家市场调研机构）的首席行业分析师马歇尔·科恩（Marshal Cohen）指出的："有时这是一种无形的影响力，它会引起消费者的注意或怂恿他们购买某商品。一个产品一旦和名人扯上关系，将产生一股非常强大而又难以察觉的购买影响力。在某些情况下，消费者能认出某个品牌或产品，可能仅仅是因为它和某个名人相关联。"

研究还显示，当名人出现在广告里或代言产品时，不仅会让我们以为该品牌信息更加真实，还会强化我们的认知和对产品的记忆。所以当我们看到这种产品时（不管是莎拉·杰西卡·帕克代言的香水，还是盒子上印着瑞秋·雷的三层夹心饼干，或者是拉斐尔·纳达尔代言的耐克运动鞋），我们都会本能地而且通常是无意识地选择这些产品，而不是无名人代言的产品。

甚至还有证据表明，名人的说服能力有其生物学基础。荷兰的一项研究发现，当女性看到某名人代言一个产品时，她的脑部活动通常会改变。在这个引人入胜的研究中，研究者让 24 位女性看 40 张不同女性的彩色照片，照片中的女性有些是名人有些是普通人，她们穿着同样的鞋子。研究者在这个过程中扫描了被测试者的大脑。结果显示，当她们看到名人的照片时，大脑中与喜爱之情有关的部位（内侧前额皮层）就会变得活跃；而在她们看到非名人的照片时，就没有这样的反应。英国近期的一个研究表明，即使是长相平庸的名人模特，也比美若天仙的非名人代言人更有效，前者让我们产生更强烈的情感反应。该研究总结道，不但名气比美貌更能说服我们购买，而且人类大脑也许有一个特定的区域，天生就会对名人代言的产品产生积极的反应。

人类似乎与生俱来就会被名气吸引（谈论名人，就和谈论天气或体育节目一样，能在陌生人之间建立起共同话题，也有助于帮助我们获得一种归属感），过去10年来，新闻界的“名人”数量增加了3倍，我一点儿也不觉得奇怪。你没看错，是增加了3倍。多亏了真人秀和网络，它们为成名提供了各种新的途径（有些还颇为愚蠢），“成名”的含义已经广到远超乎我们的想象。名人不再只包括运动员和影视明星，如今的名人还包括YouTube上的话题人物，比如小甜甜布兰妮的“超级粉丝”克里斯·克罗克、MySpace上的红人（想想提拉·特基拉）、名人博主（比如佩雷兹·希尔顿），当然还有真人秀节目上的知名人士（多得说不过来），这当中有不少人都神奇地把他们15分钟的成名时间延长到了至少一个小时。于是，在过去10年中，全世界名人广告的比例多了一倍（达到了17%左右）。而且我们不要忘了那些只是服务于名人就出名的名人：所有跟明星有关的医生、牙医、整容医师、地产商、厨师、博主、时装设计师、化妆师、发型师、派对策划、舞蹈教练和花卉商人。正如哈米什·普林格尔（Hamish Pringle）在《名人卖家》（*Celebrity Sells*）一书中所写的，在英国，有名人参演的广告的比例现在达到了20%，仅在10年之内就涨了近100%。在美国，名人广告的比例是25%。

与以往不同，现在的名人营销可不单只有演员、摇滚明星和篮球运动员。如今的产品赞助商和代言人包罗万象，包括脱口秀主持人（凯莉·瑞帕代言伊莱克斯）、电视大厨（戈登·拉姆齐代言哥顿金酒）、前拳击手（乔治·福尔曼和他的畅销烤炉）、政客（鲍勃·杜尔代言伟哥）、商界大亨（推特创始人之一比兹·斯通代言红牌伏特加）、星二代（比利 · 乔和克里斯蒂 · 布林克利的女儿亚莉克莎 · 雷 · 乔代言绿宝），以及家庭破坏者（高尔夫球手泰格 · 伍兹所谓的情妇代言拍卖网站 Bidhere.com）。

正如你接下来要读到的，公司和营销者不仅认识到名气的界限正在扩张，他们还使出各种各样卑鄙又见不得人的新手段，以便充分利用我们对于新晋名人的沉迷。正是这种沉迷，把名人造就成了如此强有力的隐形说客。

我想像迈克尔那样

既然我们已经达成共识，在这里我把名人定义成符号或是偶像，他们不仅拥有令人渴望的特质，重要的是这些特质让人觊觎——可以是美貌、魅力、性吸引力、诱惑力、沉着、温和、威慑力、音乐才能、运动能力……任你怎么说。当我在谈论以名人驱动的营销或广告时，我并不是说名人仅仅把他们的名字租给一个品牌或是授权品牌把他们的面孔印在广告或包装上。当然，这些做法也有效果，但是我要说的会更深一些。我正在说的是一种更为微妙的心理策略，这种策略哄骗消费者去相信，名人几乎是炼金术般地把他们的特质转移到了食品、饮料、汽车、香水、面霜、行李箱、信用卡等商品上，在这天衣无缝的过程之中，我们不知不觉就被说服了，而且认为购买这些产品就等于购买名人的一部分。

在许多人看来，名人就是活在美梦里的人。每一次我们拿起一本八卦杂志，或是看一场颁奖典礼，我们就会立刻被红地毯、价值上万的礼服、迷人的伴侣、完美的脸孔、第五大道顶层公寓和马里布海景房吸引。在经济不稳定的时期，名人的生活显得格外闲适，似乎与大部分人日常生活中的烦恼和责任绝缘（有趣的是，佩姬·奥伦斯坦写道，在近期的经济衰退中，“公主热”反而加温了）。“我敢说茱莉亚·罗伯茨的房子不用二次抵押。”我们会苦涩地想，“为什么我的生活就不能那么轻松呢？”“买一支茱莉亚牌口红，或是一只手袋吧！”——广告商暗示道：你也能过上她那样的日子。

如果你觉得这听上去过于简单，或者消费者对我不够信服，先别急于下结论。杜克大学福库商学院和加拿大滑铁卢大学一起做了一项有趣的研究，发现对于已经建立的品牌而言——比如苹果或者可口可乐——哪怕是转瞬即逝的接触，也能让我们接受该品牌所拥护或其所代表的行为。举个例子，仅仅看到苹果的商标，看到这个与创意联系在一起的品牌，人们就会更具想象力地去思考。所以，既然名人都如此传奇，那么接触他们代言或使用的品牌不也会传染给我们同样的传奇吗？

毫无疑问，使用由某影视明星代言的面霜、香水或是眼影能让我们感到与最喜欢的名人以及我们所嫉妒的一切靠得更近。我们每天都把这位名人“带”在身上。继而，我们把该名人的价值和特质，连同他（她）的骄傲、态度、天赋、自我、沉着或者魅力，也一并吸收了。简单地说，实际上我们变成那位名人了——至少，在大脑深处是这样的。

涂上斯嘉丽·约翰逊用的杜嘉班纳（D&G）化妆品，你就能变得像她一样惹火美艳；买一栋位于菲姬老家的房子，放眼望去，哪怕看得再不清楚（比如距离她曾经的住处两个街区的地方），你也能一览菲姬曾经看过的景色；喷一喷詹妮弗·洛佩兹或哈莉·贝瑞用的香水，你身上的气味就能跟她们一样诱人……也许这听起来有点夸张，甚至可能难以置信，但实际上这是一种普遍的心理现象，被称作“移情”，指的是我们在潜意识中把对某人某物的情感移植到其他人或物上的倾向。

你试过南滩饮食法（the South Beach Diet）吗？这是迈阿密心脏医学家亚瑟·阿加茨顿博士（Dr. Arthur Agatston）创造的饮食法的名字。这种饮食法通过去除人们对糖分和精制淀粉类食物的摄入欲望，实现减重的目的。《南滩饮食法》一书于2003年由罗代尔出版社（Rodale Press）出版。总之，除非你经历了什么不可思议的事，否则你当时应该从来都没听说过这本书。

在前总统比尔·克林顿（出了名的快餐热爱者）于2004年年底宣布他要做心脏搭桥手术时，他在采访中提到了使用南滩饮食法减重。不仅如此，他还对记者说，连希拉里·克林顿也在使用该饮食法。一时之间，该书的销量飞涨，而且到了如今，南滩饮食法不仅成为美国最著名的饮食法之一（可能仅次于阿特金斯），书也已经卖出超过500万册了。

这看似平常的桥段，恰恰突出了名人强劲的说服力。借着买一本《南滩饮食法》，消费者就能够分享美国历史上著名的政治家夫妇的饮食习惯。作为额外的奖励，他们甚至还能甩掉好几磅赘肉。无论你的政治立场是什么，也不管你有什么样的价值观，我敢说，克林顿夫妇身上就有你追求的某些品质：权力、智慧、领导力、魅力及毅力。另外，研究还发现，食物是一种强大的情感连接物。所以，如果我们尝试比尔·克林顿喜欢的鸡肉意面食谱，就真的会让我们觉得和这位前总统更加亲近，就好比我们穿着迈克尔·乔丹的运动鞋时，会感到每一步都弹跳力十足，于是会想象我们的篮球技术也像他那样棒。或者，当我们穿上凯特·莫斯代言的CK内裤，体验着她的臀部在穿着这种内裤时的感觉，我们就会把自己想象成像她那样惹火诱人。再或者，喝着坎贝尔浓汤，我们就感到像费城老鹰队的四分卫多诺万·麦克纳布一样强健，同时脑海中浮现出我们大步走进（想象中的）运动场时，球迷为我们欢呼加油的画面。

从理性上说，我们知道这很愚蠢，是痴心妄想，但情感上就另当别论了。

一个明星诞生了

为了更好地理解公司如何利用我们心理的这一基本层面，让我们看看维生素水（Vitaminwater）这个品牌（现为可口可乐所有）是如何做的。如果不是因为名人，这个品牌可能会毫无建树。几年前，维生素水的营销者想出了一个非常聪明的方案：把公司的股份作为代言的回报送给明星。这个精明的计划达到了两个目的：第一，它让维生素水没花多少钱就拥有了一支全明星的代言队伍（包括说唱歌手“50美分”，他在该公司的股份让他大赚了一笔）；第二，或许也是更重要的一点，既然这些名人持有公司的部分股票，他们就有了站在摄像机前的动力，任何时候，只要有可能，就喝一口这种饮料。前不久，艾伦·德詹尼丝就在她那受欢迎的电视脱口秀上为零卡路里的维生素水零度（Vitaminwater Zero）打了一次现场广告。喝了几口之后，艾伦，或者说是一个非常强健的替身演员，就在舞台上做后空翻以展示那饮料带给她多少能量——代言得实在“专业”。

营销者非常清楚，一旦某种产品和名人一起上镜，销量就会暴涨，尤其当照片（一张某名人一边处理“日常事务”，一边使用或享受某产品的照片）是“偷拍”来的时。举一个2007年的例子，前辣妹组合兼足球明星的老婆维多利亚·贝克汉姆被拍到在拉斯维加斯一家精品店买了一本当时还不知名的、名为《骨感贱人》（*Skinny Bitch*）的食谱。虽然它在英国是一本畅销书，但是在美国你可能看都不会看一眼。就是这么一本书，被贝嫂买了就不一样了：那张照片一登上娱乐杂志，食谱在网络的销量就冲到 37 000 册，并长驻《纽约时报》畅销书榜达 84 周。

但是当然，这些照片并不是像它们看上去的那样是“被偷拍”来的。营销者和广告商深知这种照片就是一座金矿，他们变得更加固执地、也更加聪明地试图用相机“逮到”名人使用他们的产品或品牌的场景。维生素水在 2009 年的时尚周就做得非常成功。当时该公司把免费的饮料摆在离 T 台最近的位置，这些位置通常都是 A 级的名人才能坐的，确保这些 A 级名人——从莎拉 · 杰西卡 · 帕克到缇拉 · 班克斯再到海蒂 · 克拉姆——在正喝着或者至少正拿着那瓶饮料时能被人看到。

显然，并不只有人类明星才能具备强大的说服力。在南美洲，一档叫作《拉 · 格兰哈大人物》（*La Granja VIP*）的真人秀有一个卖狗粮的赞助商，叫作“狗大师”（Masterdog）。为了能借助喧闹的 30 秒广告大放异彩（正如你可能还记得，我在之前说过，品牌跟电视节目的结合越深，消费者就越可能记住它），“狗大师”硬是让这档受其赞助的节目加进了另一位竞争者——一条名为“大师”（还会有别的名字吗）的金毛猎犬。这位犬类竞争者大受欢迎并被广泛热议，于是“大师”几乎一夜成名。当然，狗粮也卖疯了。

有趣的是，名人的权势甚至对名人的子女也有“涓滴效应”（trickle-down effect）。好几年前，福克斯新闻报道说，安吉丽娜 · 朱莉和布拉德 · 皮特的孩子是“最受世人模仿的小孩……从婴儿车到发型到 T 恤再到跨国收养”。文章还说，“人们真的在模仿朱莉收养孩子的做法……柬埔寨儿子马多克斯和他那大眼睛的埃塞俄比亚姐姐莎哈拉。”举个例子，当马多克斯被拍到穿着一件写有“人肉加农炮”的T恤时，衬衣生产商Inky-DinkTees的销量就猛涨。据该公司的发言人表示，公司的网上商店里有一个“您是怎么知道我们的”区域，回答者中的大部分人写道：“在马多克斯身上看到的。”我们似乎真的很想要朱莉和皮特拥有的一切；美国对非收养机构（Americans for African Adoption）的主任谢里尔·卡特–肖兹（Cheryl Carter-Shotts）在接受《人物》杂志采访时表示，在《人物》杂志刊登了朱莉收养埃塞俄比亚女儿的故事之后，她的机构“快被人们的咨询电话和邮件淹没了”。从贝宁宝贝经典（BabyBjörn Original，一个深受富人和名人喜爱的婴儿车品牌），到马克·雅可布（Marc Jacobs）的尿布袋，甚至再到知名设计师设计的纸尿裤（没错，设计师辛西娅·洛蕾跟帮宝适合作，设计了11种不同的风格和款式，在塔吉特能买到），如果我们觉得某个产品能和名人联系起来，我们就得给我们的孩子也买一份。

那这个如何？名人甚至会影响我们给孩子取名。2009年，根据社会安全管理局统计，人气上涨最快的女孩名是玛利亚（Malia，奥巴马总统大女儿的名字），男孩名则是卡伦（Cullen）——《暮光之城》一系列百万畅销书和影视大片里那个万人迷吸血鬼的家族姓氏。并列第一名的是《暮光之城》中另外两个角色的名字，分别是雅各布（Jacob）和贝拉（Bella）。（好吧，平心而论，“雅各布”和“伊莎贝拉”十多年来一直都很受欢迎，但是它们在《暮光之城》大火特火的那一年上升到了第一名可不是巧合。）2009年升上来的名字都是这种有名的名字，女孩的是克洛伊（Khloe，卡戴珊的名字），斯嘉丽（约翰逊的名字），维奥莉特（Violet，萨尔玛·海耶克女儿的名字）；

男孩的则是杰特（Jett，约翰·特拉沃尔塔小儿子的名字），罗密欧（Romeo，大卫·贝克汉姆和贝嫂二儿子的名字），马多克斯。在那些从前100名里消失的名字当中——伴随着同名名人事业下滑或是名气褪去——则有林赛（林赛·罗韩）和托瑞（托瑞·斯佩林）。

在旅游业、服务业、金融业和博彩业里，让消费者有名人或皇室（或是这二者之间的巧妙结合）的感受，一直以来都是一种营销策略。这些公司深知，没有人想把自己看成一个庸常之人。这就是为什么30多年来，美国运通一直在炫耀它的名人"会员"，包括罗伯特·德尼罗、杰瑞·辛菲尔德、昆西·琼斯，以及最近的一个，蒂娜·菲，以吸引消费者加入那个有排他性质的"俱乐部"（当然，根本不排他，任何愿意支付高昂年费的人都能加入）。创造这种排他性的错觉一直都非常有效，所以各路公司使出浑身解数想要诱惑消费者，从"首选会员"的升级和优先地位，到蓝宝石卡、银卡、金卡、铂金卡、钛金卡，再到总统级豪车、绿宝石俱乐部会员，以及特级贵族套房——我还想说，绝大多数都是用著名的脸孔做的广告。还记得几年前美国运通那则搞笑的广告吗？蒂娜·菲被关在机场的贵宾休息厅外面，几乎要错过与马丁·斯科塞斯的面谈……直到一个兴冲冲的航空公司员工通知蒂娜说："别担心，您凭运通绿卡就能进入！"这个广告的信息就是：购买我们的产品或者使用我们的服务，你就可以享有同样的身份和待遇，甚至拥有和你喜爱的名人一样的名气。

"多亏了营销者和真人秀节目向我们展示了获取特权的途径，VIP身份如今已经更容易获得了。"拉斯韦加斯某夜总会的一个经理对我说："这和社会地位没有任何关系。不过是钱罢了，一种炫耀的方式而已——对精英主义的片刻体验。"他感慨道："你不得不纳闷，一瓶30美元的灰雁伏特加真的值得我们花600美元购买吗？还是仅仅想要体验一晚当名人的滋味？”

我必须承认，就连我这样的营销者也不能对这些伎俩免疫。十几年来，我一直坐汉莎航空公司的飞机全世界到处跑。因为我的旅行日程很混乱，飞行常客里数也多得算不清了，所以我一直是该航空公司的顶级会员。最近我在瑞士的苏黎世机场办理登机手续，正要走进头等舱休息室时，迎宾员礼貌地告知我因为公司内部规定的一些调整，我还差2 000英里才能成为“俱乐部会员”。被降级至议员级别，我很不高兴。嘿，我不想当什么议员！就像乔治·克鲁尼在《在云端》里的角色一样，我想要拥有你们设置的最高级别的飞行待遇！即便我知道，“俱乐部”这玩意儿不过是一种精心设计的营销策略，好让我对汉莎死心塌地，但我还是会因为遭到拒绝和不满足而感到痛苦。看看你有多可怜啊，林斯特龙“议员”！我这样想着。

我觉得自己很漂亮

在我走进全球化妆品连锁店丝芙兰时，迎面就是一张印着当红女演员达科塔·范宁和克丽丝汀·斯图尔特的海报，和真人一样大小。这是一则她们的新电影《逃亡乐队》（*The Runways*）的宣传广告，影片讲述的是摇滚乐手琼·杰特和她那支全由女生组成的三流乐队的故事，以及她们在20世纪70年代中期的演变。广告上写着：“《逃亡乐队》剧组使用了这些美妆精品，在电影中再现了70年代烟熏妆形象。”这看起来像是在说，这组化妆品的其中三种产品正是画出那种又黑又脏的眼皮——时髦的摇滚女孩的象征——的关键。

简单地说，这个广告说的就是，年轻女性不仅能画出达科塔·范宁和克丽丝汀·斯图尔特那样的妆容，还能感受到琼·杰特的能量：这真是一举两得——摇滚偶像的化妆品，再加上饰演摇滚偶像的时尚年轻名人。

但在我看来，她们全都像是几夜没睡觉的浣熊幼崽。

你在丝芙兰的走道里看到的明星脸可不只这些。这家店大概有25万件产品，但我禁不住望向后墙，因为我发现了墙上超大的字：医生推荐产品。

既然“名人”的界限已经无限延伸了，丝芙兰难道不该发展一两个明星医生吗？让我们来看一看。首先上场的是皮肤科名医兼畅销书作者尼古拉斯·裴礼康医生（Dr. Nicholas Perricone），作为医学博士，他“建议”——也就是，打广告——单买一堆昂贵的护肤产品和套装还不够（他的RX3抗衰老养生组合的零售价是603美元），还要买一组“补充营养的”膳食补充剂——由裴礼康医生特制，混合了99种营养素，能够像他说的那样增强体质、优化能量，还能帮助我们控制体重。穿着白大褂的裴礼康医生（他上过《奥普拉脱口秀》、《今日秀》和《20/20》）几乎在每一份主流报纸上出现过，现在也能定期在美国家庭购物网QVC里看到他（当然，他还有一个人气博客、拥有众多粉丝的推特帐号，甚至还有自己的苹果手机应用）。他看上去就像大卫·哈塞尔霍夫那个更有智慧也更加坚定的兄弟（就是不肯下水、说水会伤害他皮肤的那个）一样神秘。裴礼康医生研制的一些淡纹精华液和润肤霜甚至就装在老式的棕色瓶子里，就是你在老药铺里会看到的那种，以强调那种“医用”感。带着一丝怀旧感的名人，还有别人吗？

名医还有一箱“随时可供拍照”的东西，这是他的“合唱团”，为“裴礼康医生打造青春焕发的、亮泽皮肤的秘密”放声歌唱。此外，这个箱子里还有一个“好莱坞影星真正的必备产品：神经肽面部轮廓修复霜”，同时也是“红地毯之战前的秘密武器”，售价每盎司325美元。在裴氏医师的宝盒旁边，放着另一位明星医生丹尼斯·格罗斯（Dennis Gross）推荐的一系列改善肤质的产品。格罗斯是时尚美容杂志的常客，比如《Vogue服饰与美容》、《世界时装之苑》和《时尚芭莎》。从他的网站来看（该网站邀请我们加入“美容贵宾俱乐部”），也是在传递一种排他性的力量（或至少是排他性的错觉）。简而言之，告诉我们怎样才会看起来像个明星的人，就是明星医生。还有什么比这个更具说服力的吗？

医务人员涉足美容行业看起来完全合情合理，因为这就等同于我们是从一个真正的医疗从业者那里拿了一张处方单。这就是为什么消费者会在他们的药瓶和护肤产品上看到越来越多的安心标签：“医生推荐”和“皮肤科医师准许使用”。甚至还有直接起名叫“医师配方”（Physicians Formula）的品牌，但是当你登录他们的网站时，你根本看不到什么医师。

那么，在这些到处给各式药品授予许可的人当中，所谓“名医”、“著名皮肤科医师”都是些什么人？他们到底有什么真凭实据？这是个好问题。快速看一眼瓶子，上面细小的印刷文字什么都没说（除了在德国，很多品牌会在产品上印上“医师的妻子准许使用”）。真相就是，所有的医药公司都会高薪聘请医生当咨询师，而且很多医生甚至就是化妆品公司的董事。换句话说，“准许使用”这些产品的医生和皮肤科医师通常都会从公司那里分一杯羹。但是，公司还是相当乐意给这些医生发工资的。为什么？正如我们在本章的后面会看到的，因为“专家”的推荐是很有含金量的。

回到丝芙兰，走过两条过道之后，在看到自然哲理（Philosophy）的一系列护肤产品时，名人的诱惑又出现了。其网站宣称，它“得到名人、皮肤科医师，以及最重要的——顾客的青睐”。自然哲理有不少产品名字都很讨巧，都是从好莱坞那里借来的，比如“黑影”（Dark Shadows，取自20世纪六七十年代一部很受欢迎的吸血鬼主题肥皂剧）和“奇迹缔造者”（Miracle Worker，取自一部奥斯卡获奖影片）。而在它旁边，罗拉克（LORAC，自我标榜为“红毯权威”）的“好莱坞秘方组合”（Hollywood Insider Collection）提供的是“全方位体验明星美妆艺术家卡罗尔·肖（Carol Shaw）的红毯美颜秘诀”。广告还说：“卡罗尔为该精华组合精心挑选了她最爱的罗拉克必备产品，包括镁光闪耀亮粉、经典闪亮唇蜜、好莱坞亚光丝滑腮红、特效睫毛膏，以及独家魅惑闪耀三色眼影！”这些广告低语（或大喊）道：这些正是所有你挚爱的名人使用的产品，你为什么不用？

我是名人，我就是品牌

信不信由你，丝芙兰的故事还没结束呢。没什么地方会比香水区更能让我们清楚地看到名人营销的实例。那里的货架上有很多以名人命名的品牌香水，比如哈莉·贝瑞、玛丽亚·凯莉、伊丽莎白·泰勒、莎妮娅·特温、小甜甜布兰妮、费丝·希尔、格温·斯蒂芬妮、莎拉·杰西卡·帕克以及碧昂丝（她还同时出现在百事、威瑞森、三星、巴黎欧莱雅、瑞轩、任天堂、美国运通、德荣屋、萨曼莎·撒乌萨手袋以及水晶高山泉水的广告里）。

在男士香水区，也有以名人命名的古龙香水，比如贾斯汀·汀布莱克、大卫 · 贝克汉姆、亚瑟、蒂姆 · 麦格罗、安德烈 · 阿加西，甚至还有唐纳德 · 特朗普。“我们相信，不管什么年龄段的男士都想体验一把特朗普先生对奢侈品的热情和品位。”雅男士（Aramis）董事长法布里斯 · 韦伯（Fabrice Weber）说道。但事实并非如此，也有一些把名人之名放到某个产品上并没有效果的情况。举其中一个例子，据某位眼光锐利的博主说，唐纳德 · 特朗普牌男士护肤品在上市几年之后就被放在了 T. J. Maxx（美国最大折扣零售商）的清仓货架上，售价从原来的 48 美元降到 8 美元。最新的香水？布鲁斯 · 威利斯香水（Eau De Bruce Willis）被厂商描述为“世界上最具男子气概的气味”，据说是一种凝聚了该演员的“力量、自信以及专注力”的气味。

当然，名人品牌营销在价值高达数十亿美元的香水产业早就不是什么新鲜事了。几十年前，香水公司和广告商意识到，名人可以激励消费者与品牌形成一种亲密的联系。与此同时，名人也意识到，只要准许香水公司在香水上使用自己的名字或形象，就可以赚到好几百万美元。快速问答：你能说出历史上最成功的名人香水吗？答案：伊丽莎白 · 泰勒的“白钻”（White Diamonds）。到目前为止，它的销售额超过了 10 亿美元（一般来说，在这种合作里，名人能够得到香水全部销售额的 5%~10%）。

名人一直以来都知道，不单单是香水和美容公司，他们对于时尚设计师也很有价值。意大利设计师乔治 · 阿玛尼（现在他本身就是一个名人）从洛杉矶成立的工作室起步，请名人穿上他的成衣，因而造成了如今人们对名人出席各种盛典（比如奥斯卡、金球奖以及其他各种颁奖礼）时着装的痴迷。

然而近几年来，名人们的做法又更进了一步。一些过气的明星意识到，拥有和发布他们自己的产品线，不仅可以大赚一笔，还可以为他们的事业带来新的活力。对于詹妮弗·洛佩兹来说，这种策略的效果十分惊人，她把名字卖给了好几家香水品牌。2006年，根据《福布斯》公布的娱乐圈前20名最富有的女性名单来看，卖香水的所得不仅占了洛佩兹1亿美元总收入中的7 700万美元，还提高了她的曝光率以及人气，帮助她走出了事业低潮期，还让她得到了一系列音乐演出的机会，她还拿到了电影《怪兽婆婆》以及最近的《后备计划》的角色。

一位参与过一系列国际名人香水发布的主管跟我说了一个有趣的故事。某个著名歌手兼演员一生中从来都没用过古龙水（嘘!!!），而且当时他的事业也不是很明朗，所以香水公司的代表抱着试探的态度去他家拜访他。他们看了他的每个房间，用笔记下了他喜欢的风格和设计（据我的朋友说，这里面没什么可圈可点的），想要搞清楚他的价值观以及他在全球粉丝面前所体现的形象。接着，他们摆出了一些香水小样，各种气味应有尽有。这位明星挑了一种，剩下的工作就是捞钱了。瓶子和“液体”的生产成本微不足道，但是多亏了名人的名字，为了买到一两盎司，人们很乐意花上60美元、80美元、100美元，甚至更多。

当然，名人品牌在其他类型的产品上也同样大行其道。如果你去问一群15岁的孩子，谁是保罗·纽曼，他们绝大多数都会回答“一种沙拉酱”或是“柠檬水”。那是因为在1982年，保罗·纽曼从多年的电影事业中退休，和他的作家朋友霍齐纳（A. E. Hotchner）在康涅狄格州做起了包装食品的小生意。纽曼一时心血来潮开了这家公司，预测年销售额会在1 200美元左右；但事实上26年过去了，纽曼家（Newman’s Own）的累计销售额已经接近3亿美元（这些钱都捐给了各个慈善机构）。

还有不计其数的名人，他们不仅创造和销售品牌，而是他们自身就是品牌。大卫·鲍伊是第一个使用传统的营销策略给自己打品牌（以及重塑品牌）的超级流行偶像。那些成功品牌，比如百事、老香料（Old Spice）和耐克，都在不断地改进包装、重新设计商标，并重塑公共形象；同样，在1973年，事业达到巅峰的大卫·鲍伊发展出了多重身份，集魅力摇滚歌手、安迪·沃霍尔的叛逆之友，以及Z字星尘（Ziggy Stardust）于一身。在《钻石狗》（*Diamond Dogs*）的封面上，鲍伊被设计成半人半狗的形象。而下一张专辑他又把自己变成了一个被称为“瘦白公爵”的、优雅的，也可以说很动人的雅利安形象。在他20世纪80年代后期的世界巡回演出期间，大卫·鲍伊向他的歌迷宣布，这是他最后一次表演“老作品”——这是公共关系的一次创举，让他最新灌制的专辑销量一飞冲天。而且，和任何一个赚钱的品牌都会精打细算一样，几年之后，在1997年，鲍伊发行了“鲍伊债券”（Bowie Bonds）——当前以及未来收入的资产担保证券，成交量净额（以及随之而来的公关）让这位歌手预赚了5 500万美元。

当然，麦当娜也是个人形象重塑艺术的大师。绝大多数人都知道，她这些年来使用过不少“形象”，但他们不知道，她是多么巧妙而又精明地利用每次新作品的发行给自己打造新的“品牌形象”。无论是变坏的好女孩、变成全身穿白衣的处女、戴着卡巴拉念珠的鬼魂、苍白的密歇根出生的玛丽莲·梦露、锥形胸部的机器人，还是一个移居英国的瑜伽爱好者，她改变对外形象的方式堪比营销天才。正如沃尔特·迪士尼动画工作室的前主席杰弗里·卡岑伯格（Jeffrey Katzenberg）说的：“她一直都在进化，从来不会停滞不前。她每两年就会以一个新形象示人——新的自我呈现方式、新态度、新表演和新设计，而且每次都很成功。”

现在我就跟你们说说她都是怎么做的。每次推出新唱片时，麦当娜都会参考杂志照片、插图以及当今和未来最新最尖端的文化趋势。接下来她和她的创意团队以及制作团队就会创造一个形象，并据此打造一切，从唱片封套到她的服装再到歌曲的节奏。这是麦当娜得以经营她的强大品牌同时又保持文化相关性的方法，甚至还走在了时代的前面。这同样也是她的听众永远都不觉得她在变老的原因（她的一大批青少年歌迷就是例证，尽管她已经老得可以当他们的妈了）。这也是她能够在某种程度上“游离于时间之外”的办法。

很多成功品牌其实就是这么创造出来的。相信我，同样的方法我已经用过好几百次了。我会让一批消费者从杂志里挑选一些“能代表某客户公司的‘感觉’、‘意识’或是‘价值’”的照片和头条新闻，然后把这份剪报交给一家设计公司。事实上，我经常会问一些首席执行官和首席财务官，如果要挑出一个人，这个人具备他们所钦佩的经商头脑和营销思维，而且能从这个人身上学到很多，这个人会是谁。有九成的人都会说“麦当娜”。为什么？因为她能够重塑自我，并且对趋势做出迅速反应。于是，从情感上来说，她的粉丝不仅喜欢她的歌，也爱上了麦当娜这个品牌。

说到游离于时间之外的名人，有些人很聪明地做到了不受时间影响，从而成为不朽。还记得在 20 世纪 80 年代早期，当迈克尔 · 杰克逊给百事拍电视广告时头发意外着火吗？广告片的执行制片人拉尔夫 · 科恩（Ralph Cohen）收集了杰克逊烧焦的头发，把它们包了起来，保存了 20 多年，然后在杰克逊 2009 年去世时，把头发卖给了一个名为约翰·列兹尼科夫（John Reeznikoff）的收藏家。这个收藏家接着联系了芝加哥一家叫作生命珍宝（LifeGem）的珠宝店，把头发的样本做成了昂贵的钻石。最终，生命珍宝宣布要发布（也就是销售）用杰克逊头发制成的限量版钻石。或者，按生命珍宝创始人迪恩·范登贝森（Dean VandenBiesen）那套令人难忘的说辞："我们的计划是要让人们有机会拥有用迈克尔·杰克逊的 DNA 制成的钻石……我们预计反响会很热烈。"这样看来，在 2010 年于贝弗利山庄举行的一场拍卖会中，一张爱因斯坦的脑部 X 光图卖到 38 750 美元，而玛丽莲·梦露的两个处方药瓶子（我可没开玩笑）卖到 18 750 美元，你还会觉得奇怪吗？

这年头，名人，尤其是音乐界的名人，如果没有营销计划就没法生存了。越来越多的流行歌手身边有了营销专家，营销专家不仅帮助他们定位自己的形象和价值，还决定他们做什么、去哪里，以及如何瞄准特定的受众。简单地说，就是管理名人的品牌。

音乐经理人拉里·鲁道尔夫（Larry Rudolph）被广泛认为是这个行业的顶尖好手。他的名声不仅来自于发掘了小甜甜布兰妮（他看中她那鲜明的"性感学生妹"形象，把她从准明星集中营《米老鼠俱乐部》里挑了出来），还由于他从 1999 年到 2004 年期间以及 2007 年管理她的品牌。在 2007 年布兰妮的事业坠入谷底时，鼓励她复出的正是鲁道尔夫，但他们也在这一年分道扬镳。布兰妮不再吸毒后，立刻重新雇用了鲁道尔夫。因此，在好几个月的"反常"（也许可以这么说）行为之后——这本身也是一次营销壮举，正是鲁道尔夫促成了她的复出。与布兰妮复出的成功密不可分的，是 MTV 音乐台在 2008 年播放的一部记录了她人生的"未经审查的"纪录片，名叫《布兰妮：星踪可考》。绝大多数观众都为影片中那个实事求是的、受困的、谦虚而又富有人情味的歌手而感动，随之也对这位八卦缠身的超级巨星所承受的压力产生了新的同情。MTV台自然没有指出——它有什么理由去指出呢——这部“未经审查的”纪录片已经被布兰妮的经纪人拉里·鲁道尔夫仔仔细细地检查过了（这里我还要补充一点，鲁道尔夫同样代表了其他的超级品牌，比如贾斯汀·汀布莱克和98度）。

把自己从里到外塑造成一个品牌，这样许多明星才有资本索要巨额出场费，无论是拍电影、时装秀、出席酒吧派对，还是犹太女孩成年仪式。时装博客Fashionista 2010年的一个排名表显示，像碧昂丝、蕾哈娜或玛吉·吉伦哈尔这种A级名人的出场费是10万美元起。Fashionista写道，同样的10分钟，B级名人，包括希拉里·达芙和《绯闻女孩》的演员们，只能拿到2.5万美元。D级名人，包括帕丽斯·希尔顿或MTV台真人秀《泽西海岸》的演员，基本上就不受欢迎了。

我只是在电视上演过

2002年，《今日秀》的主持人决定推出每月一期的读书俱乐部。在他们公布书单的那一天，被点名的书在亚马逊的销售排行榜上的排名会立刻飙升，并且下一周就会出现在《纽约时报》的畅销书排行榜前列。如果销量还想继续上升，唯一的办法就是得到奥普拉的推荐。

如果你曾经去过巴诺书店或鲍德斯书店这样的大型卖场，或者任何一家大型的超市，无论是塔吉特、百思买还是沃尔玛，就很容易理解为什么消费者喜欢被无数的选择引导、喜欢靠人的指引来找到一本好书。

更多的选择通常会降低消费者的满足感，也会降低他们买东西的可能性，这是个有趣的老道理。你没听错：说到购物，少即是多（而且你可能会纳闷，为什么你通常会两手空空地走出百思买，或者为什么一本12页的餐厅菜单会让你想直接走出门，转而找一家最近的麦当劳）。道理很简单，我们都害怕做出一个错误而又昂贵的选择。

我用一个我一直都很喜欢的实验来证明这一点。我找来12个人，给了他们两个选项：从一个装有30种不同巧克力的盒子里选出一块来，或者也可以从一个只放有6种巧克力的盒子里挑一块。你能猜猜发生了什么吗？相当多的人最终选的是只有6种巧克力的盒子。这充分说明了另外一种观点：我们面临的选择越少，我们越有可能会挑一挑然后买点什么。

我最近跟一家著名连锁书店的经理们有过一番谈话。在离开之前，我让他们的员工做了一个类似的实验：把店里前排和中央的那七八张展示桌都搬走，只留下一张。在剩下的那张桌子上，我让书店的员工只放上12本左右的书（书店里的普通桌子最少能放40本）。一周之后，我们计算了书店的总收入。仅仅7天，整个书店的书籍销量上升了2%（这听起来可能不太多，但是对一个书店来说可是一大笔收入）。简而言之，当读者无须应付那么多选择时，就会有更多的人决定消费。

那么，既然我们如此害怕做出选择，如果有个人——不是随便哪个人，而是个名人——帮我们做出决定，岂不是太好了？毕竟，就连英国皇室也会发行有百年历史的“皇家许可证”，这是出现在一些奢侈商品上的印章，表示许可、声誉以及高品质。“人们之所以认可这个认证是因为它是卓越的标志，”皇家认证委员会（Royal Warrants Association）的皮帕·达顿（Pippa Dutton）说，“它对贸易大有裨益。因为大家会认为，如果连女王都去那儿购物，那家店一定很不错。这对境外贸易非常好。”对公司或生产商来说，成为皇家认可的供应商意味着抵达了梦寐以求的等级顶端，从而消费者就会相信，如果皇室使用这个产品，那它的品质一定是最高的。于是，上千种产品的样品每个月都会出现在皇邸的台阶上。

这个现象，恰恰解释了为什么我们会跑去买《今日秀》读书俱乐部推荐的书，以及为什么会有这么多明星医生在丝芙兰兜售他们的美容产品，我把这个现象叫作“关掉我们大脑的电源”。

2009 年，埃默里大学神经经济学和精神病学教授、医学博士格雷戈里·伯恩斯（Gregory Berns）带领埃默里大学医药学院的科学家们做了一项研究，结果发现，当一个被看作是专家的人提供了建议和引导时，人们真的就会停止自主思考。在这项研究中，研究者让被测试者做一个理财决定。其中一组被测试者要自己做出决定，而另一组被测试者则收到了来自某个理财“专家”的保守建议，这个建议会让他们的收益最小化。然后研究者扫描了两组被测试者的大脑。

功能性磁共振成像显示，面对“专家”的建议（即使这真不算是个好建议），被测试者的大脑中与“做选择”有关的区域几乎完全停止运作。似乎正是因为收到了“专家”的建议，导致我们脑部负责决策制定的区域停止工作，尤其是遇到风险局势的时候（有趣的是，在做祷告时，大脑中和“怀疑及警备”有关的区域的活跃度同样会降低）。该研究的第二作者莫妮卡·卡普拉（Monica Capra）博士写道：“大脑活化作用的结果表明，对专家的信任驱使人们放弃制定决策。”伯恩斯也补充道：“这项研究表明，在一位受信任的权威提供意见时，大脑就放弃了相关责任。这种倾向的问题在于，如果受信任的对象实际上是不称职或是品行恶劣的，那么可能会给听者造成损害。”

正因为我们如此看重名声与财富，所以专家与名人之间的界限可能会小得出奇。还记得那个老笑话吗，“我不是医生，但是我在电视上演医生”？笑话背后其实有很多真理。就拿比尔·考斯比（Bill Cosby）举例吧，正如一项研究指出的，在《考斯比秀》最为火爆的时候，考斯比在节目中饰演一位叫赫克泰斯博尔的医生（同时还是一大帮孩子的慈父），而当时他还出现在吉露果冻一系列非常成功的电视广告中。为什么这些广告会有效果？因为人们把他与他在电视上饰演的那个敏锐的医生兼宠爱孩子的父亲给混淆了，你会认为这样的人只会代言最健康也最卫生的食品。在他们看那些广告时，他们的脑部活动是怎样的？《社会认知与情感神经科学》（*Social Cognitive and Affective Neuroscience*）杂志上刊登的一项实验总结表明：“只要看过一次某专家和某产品同时出现，就会形成对产品的正面态度，并对此记忆产生长期的积极效果。”

难怪像格罗斯医生、裴礼康医生、玛莎·斯图亚特，或者任何一个在电视上提供建议或咨询的人（这是一个悖论：他们之所以是专家仅仅是因为他们有名，而他们之所以有名又仅仅因为他们是专家），都会有一批痴迷又忠诚的粉丝。当听到他们提供的“专家”建议时，我们会不知不觉地关掉脑部关键的决策制定区。于是，我们盲目听从那个建议，通常还要搭上白花花的银子。

随时准备好来个特写

关于出名，安迪·沃霍尔经典的那句“未来，每个人都能当上15分钟的名人”多年来又重新回响在他的耳畔，最终让他变得目光呆滞。“我受够那句话了！”他在20世纪70年代后期宣布，“我再也不会说那句话了。”

如今的情况可能是15秒。布鲁斯·哈罗维兹（Bruce Harovitz）在《今日美国》中评论道：“名声的价值已经跌到谷底了。”去年，服装制造商美国鹰（American Eagle）宣布，只需花上一件T恤、一条牛仔裤或是一双袜子的钱，消费者就能在该公司位于时代广场、高达25层楼的广告牌上把他们的脸向全世界放映出来。但是实际上美国鹰这些精明的营销者打的算盘是：如何让这转瞬即逝的几秒钟永存，并在这个过程中持续得到免费广告。他们知道，在当今数字世界，这些年轻又激动的消费者会掏出他们的数码相机或智能手机，把自己登上广告牌的画面拍下来，上传到脸书页面，或晒给他们的推特粉丝看，诸如此类的行为能为美国鹰打上不计其数的免费广告，也给自己带来更多名声。

事实上，如今要变成名人其实简单得难以置信。去年我跟《今日秀》的一位制片人打了个赌，说我能从零开始打造出一个名人。

在我上一本书的推广期间，我认识了克丽斯塔·布伦森（Krista Brunson），她当时是一个早间节目的幕后工作人员（不是管摄影的）。我一直在阐述我的名人论点：如果给一个人配上合适的“配件”（还有合适的人），那么公众就会被迷惑，相信她是个名人。但我的论点由于一直未被证明而受到挑战，所以我决定，我们就把克丽斯塔打造成一个“名人”，看看人们买不买账。

早上6点，克丽斯塔出现在美国全国广播公司的化妆室，看上去就跟平时的自己没什么两样：年轻、有吸引力、精神振作，虽然的确有些紧张。10分钟后，在一位专门请来的化妆师的要求下，克丽斯塔卸掉了她平常的妆容，然后一位个人造型师开始了对她的全面改造。没过多久，克丽斯塔有了蓬松的头发、闪亮的双唇、古铜色的两颊，还画上了烟熏眼妆。接着，我们让她穿上紧身皮裙、紧身衣，套上高级皮靴，搭配一个昂贵的香奈儿手袋、超大墨镜，以及点睛之笔——一只名为扎克的喜欢乱叫的微型犬。不过等等，还没完呢。大家都知道，名人很少会独自出门，所以我们给她配了一群假随从，包括一个个人摄影师、一个保镖（当然是要挡住仰慕的粉丝啦），以及一个美国全国广播公司的摄影师。

克丽斯塔·布伦森已经准备好成为明星了——一夜爆红，冉冉升起的全美巨星。

我们走出了位于洛克菲勒中心的《今日秀》演播室，前往第五大道，身后跟着一支摄影师队伍。就在克丽斯塔按照我的指示开始浏览第五大街萨克斯百货的橱窗时，摄影师就开始尽情拍摄。我还教她要慢慢地、慵懒地走，因为名人都会这样做，还让她不管发生什么都要坚决保持这个状态。然后——我从来都没碰过这种事——人们不知从哪里冒出来开始围观，好像她就是茱莉亚·罗伯茨或者凯拉·奈特利。不知道从哪里冒出来的！不少人确信他们以前见过她，并开始拍她的照片，而那些仅相信她是个大人物的人则一直黏在克丽斯塔的随从身边，问她是谁。

有一刻，克丽斯塔的一个随从告知她当天接下来的行程。克丽斯塔，仍然保持着姿态，大声回答她午餐想要喝一杯含羞草鸡尾酒，接着下午还要做一次深度按摩。她在第五大道上继续走着，人也越聚越多。“克丽斯塔，你打算穿什么参加奥斯卡？”我们一个假狗仔叫道。“你在跟佩顿·曼宁上床吗？”另一个问道。在人们走上来索要克丽斯塔的签名时，她签的全都是自己的真名，可是没有人发现。

在我们返回演播室的路上，有个男的跟我说，他曾经在一场演唱会上看到过克丽斯塔，还在表演结束后跟她说过几句话。他声称绝对没有看错人，他完完全全相信，那就是她。

不出我所料，打造一个名人就是这么简单：昂贵的装配、深色墨镜、高档服饰、名牌鞋子、一条老鼠大小的纯种狗。这也表明，如果我们这么容易就能打造出名人，那么我们究竟是谁就不重要了，重要的是我们在周围的人面前所代表的品牌。

但我要再次重申，绝大多数公司及其营销者早就知道这一点了。

08

希望之瓶

健康、幸福与心灵感悟的代价

在尼泊尔的北部、喜马拉雅山的山巅，在月亮和星辰之上，长着一种神奇的小浆果，名为枸杞，它的茎条直抵天沿。

想在任何一种语言里找出“枸杞”（Goji）这个词的意思不算容易，但我从一个未经证实的消息源得知，“枸杞”就是“幸福”的意思。不管这是不是它真正的含义，枸杞，又叫西方雪果，这种长得像干瘪的红葡萄干的东西如今被压扁、碾碎、研磨，还被榨成汁，在保健食品和有机食品市场里销售，32 盎司一瓶，每瓶 30 美元到 50 美元不等。

中医以枸杞入药的历史长达数百年，用于护肝明目，增强免疫力，促进血液循环。如今有不少枸杞汁生产商，包括百事可乐公司、可口可乐公司、玉泉（Schweppes）、安海斯 · 布希公司、胡椒博士（Dr. Pepper）、坎贝尔公司、自由人生国际集团［FreeLife International，旗下有“喜马拉雅枸杞公司”（The Himalayan Goji Company）］，该集团跟 26 个国家有枸杞生意往来，占了全球枸杞业的九成，年营业额估计在 2.5 亿至 5 亿美元，这些公司纷纷断言，每天喝一点枸杞汁可帮助治疗各种小病小灾，不管是抑郁、焦虑、性功能障碍、腰酸背痛、血液循环问题、血糖不平衡、自体免疫缺陷、肝功能衰竭、黄斑变性，还是某些癌症 [有些供应商狂吹枸杞汁的功效，甚至声称有个叫李清远（音译）的人，每天都吃枸杞，最后活了 252 岁]。但别忘了看看枸杞产品瓶子背面，上面怯懦地承认："这些表述并没有得到美国食品及药物管理局的评估。这个产品不能用于诊断、治疗或预防任何疾病。"

那么，这种昂贵的小果子真的有经过证实的保健效果吗？还是说这不过是一场大骗局？一项已发表的研究以谨慎的口吻写道：枸杞"的确值得我们进一步研究"。另一项研究也发现，在紫外线的照射下，服用了枸杞汁的无毛小鼠晒伤的比例减小，这表明"饮用枸杞汁能为易过敏人群提供额外的光照防护"。还有一项 2004 年的研究，这项听起来有些奇怪的研究是由中国武汉大学公共卫生学院开展的。研究人员在喂食了枸杞的糖尿病兔身上发现"高密度脂蛋白，或者说是'益性'胆固醇增加了，而血糖浓度下降了"。

好吧，这对糖尿病兔子和日光浴老鼠真是件天大的好事，可是对我们呢？

尽管有很多关于枸杞的民间故事、传说及起源，而且都充满了堂 · 吉诃德式的传奇魅力，可是并没有多少确凿的科学证据可以证明它真的有什么用处——除了要价不菲。然而我们还是会整瓶整瓶地买；在 2009 年，整个枸杞产业价值 1.45 亿美元，发展出包括果汁在内的 9 种产品类别，有茶、麦片以及糖果等。但如果枸杞没有任何经过证实的真正疗效，那么问题就来了：我们究竟是怎么被洗脑才买了这么多枸杞的？

其实，枸杞真正的魔力跟我们的心脏和循环系统或者血糖的关系都不大，跟我们的大脑关系才大。

正如我在上一本书《买》里写的，我们的大脑很容易形成心理快捷键，或者说书签，它们被称为躯体标记，将物理世界里的暗示与特定的情绪状态或属性连接起来。通过在产品与某些积极情绪之间创造关联，精明的公司真的有能力把这些躯体标记植入我们内心，我在工作中看过太多这种例子。“枸杞现象”似乎正是这种情况。现在，请先忍耐一小会儿。枸杞产于中国和马来西亚，但是它最常和喜马拉雅山联系在一起。说起这个地方，你会想到什么？你想到的，会是佛教和佛教所象征的一切吗？纯净、简单、慈悲、智慧、无私以及终极的开悟？这些产品的营销者深谙此道，这也是他们能非常聪明地促使我们的大脑把产品与这些精神属性联系在一起的原因。他们是怎么做到的？首先，就是在他们的包装和广告里着重强调枸杞产于亚洲东部地区。

举例说吧，看看自由人生的“厄尔·明德尔医生的纯正喜马拉雅枸杞汁”（在亚马逊网的保健美容区和其他很多地方都买得到）。在那时髦且卖相昂贵的瓶子上，画着积雪覆盖的珠穆朗玛峰直耸云霄的庄严模样，仿佛与人世喧嚣绝缘。在最显著的位置上，一串血红的枸杞悬坠在稍稍弯曲着的、长满叶子的茎上，看上去就像是一个自然奇迹。4 瓶 1 升的饮料打包卖的价格？ 186.11 美元。再来看看由健康活力实验室（Dynamic Health Laboratories）研制的“100%纯净有机枸杞汁”，它的包装和自由人生的枸杞汁很类似，也有遥远而模糊的喜马拉雅群山，看上去高耸入云，因而远离尘嚣。斯蒂兹（Steaz）公司是有机绿茶和运动饮料的生产商，它借由图像手段来暗示产品发源于亚洲东部地区，从而达到营销目的。如果你登录该公司网站，就会看到另一幅喜马拉雅的景象——覆盖着白雪的黑色群山、清澈的潺潺流水、人迹罕至的小径、遥远的红色佛塔，甚至还有电脑制作出来的蜂鸟，钻进娇嫩的花朵中吸食花蜜，更不用说那行“智慧由内而生”的文字了。

尽管这些品牌会让你认为，它们瓶子里装的东西是成熟之后由人工采摘、再从中国西藏或尼泊尔的原始山巅运送过来的，但这跟真相离得太远了。自由人生的产品都是在一家大型工厂里大规模生产和装瓶的，这家工厂就在亚利桑那州的菲尼克斯，而健康活力实验室就在佐治亚州，斯蒂兹的总部就在宾夕法尼亚州的纽敦。

很久以来我都这么认为：世界上那些最为强大的品牌——从苹果到哈雷公司，都和世界上的宗教有共同点，因为它们都让我们产生一种强烈的、有仪式感的，甚至是福音般的信仰。但是在这一章中，我们要讨论的是另一种方式，一种将信仰作为“隐形的说客”发挥作用的方式。我们将会讨论营销者、广告商以及商品的承包商（从餐饮业到服饰美容业）等探求信仰（也是探求高额利润）的方式：借由在自己的品牌和商品里灌输某些晦涩又煽情的“精神”特征，比如健康、希望、幸福、信念、纯净、好运，甚至还有人类灵魂的提升，来刺激我们的购买欲望。

杜克大学的行为经济学教授兼畅销书《怪诞行为学》（*Predictably Irrational*）的作者丹·艾瑞里指出，我们买的东西通常不仅仅是物品，还有那个物品所承载的一种理念。无论是健康、幸福、开悟，还是社会责任，正是这种相当普遍的心理倾向，让我们在这一章中要讨论的隐形的说客具有不可思议的力量。

“果”真是好年

前几年去过保健品店的人都知道，枸杞并不是唯一的“奇迹”之果。

就说巴西莓吧，它是草药类产品里发展得最快的，2009 年的销售额接近 3 亿美元（也是现今销售量最大的植物产品）。巴西莓非常小，长得像葡萄，大量生长在巴西的雨林里，现在可以在很多产品里吃得到，包括各式药片、果汁、奶昔、酸奶和速溶饮品粉末（我甚至在某家保健品店看到过一种枸杞混合巴西莓的饮品，简直就像是滚石乐队和 U2 举办的 1+1 演唱会）。广告和包装又一次刻意地宣扬这种浆果那“充满异国情调”的原产地：美国好地球（Good Earth）的雨林红茶（当然是含有巴西莓和热带水果）的盒子描绘的是热带草原风光，草原上有只母狮正在照料着它的幼崽；而雨林疗愈（Rainforest Therapy）的巴西莓粉末（由巴西亚马孙地区的鲜果制成）展示的则是一些朴素的木桶，这长寿之果从桶里满溢出来。

乍一看，这好像全然无害；我们无法想象自己居然这么好骗，只是因为盒子上有张雨林的照片，就以为一颗浆果拥有神奇功效。但是事实就是如此。这些惟妙惟肖、看起来无害的图片之所以隐含如此强大的说服力，是因为它们是在我们的潜意识深处发生作用的。尽管我们感觉不到，但在潜意识深处，当我们读到“雨林”或“巴西亚马孙地区”这种字眼时，我们脑中的躯体标记就活跃了起来，并开始把不同的元素——安详、宁静、自然、纯净连接起来。我们的大脑很快就把所有这些精神的和药物的品质归为产品所有。当然，这正是营销者想要的。

如果这听起来有些牵强，你要记住我们的大脑天生就会把这些元素组合起来，再制造出一些有时根本就不存在的联系。无数的研究已表明，多亏人类的这种与生俱来的“模式认知”能力，我们才会经常“看见”并不存在的联系。还记得我之前讲过的《今日秀》实验吗？在实验中，我骗倒了一大群纽约人，让他们误以为节目幕后制作人之一克丽斯塔就是一个名人。这是因为他们的大脑简单地把各种元素放在一起：深色墨镜、发型、随从、狗仔队、迷你犬。看到这些自成一类的暗示，许多人就下结论说他们不仅以前就看过克丽斯塔，还听过她的演唱会、很喜欢她的歌之类的。在某种意义上，巴西莓和其他所有产品正是这样，营销者就是想让我们相信这些产品拥有奇迹般的滋补能力，甚至还有精神上的特性。外部暗示所促成的联结非常强大，以至于我们甚至都不会再去质疑和猜疑。

然而，出售巴西莓产品的公司和零售商并没有止步于此——远远没有结束。他们不愿意只是干坐着，指望着我们把身心健康与他们的产品联系起来；相反，他们站了出来，说出各种夸张的、荒谬的、毫无事实根据的话，宣称巴西莓果汁能够补充能量、帮助减重、促进消化、增强性功能、净化身体、缓解失眠、降低胆固醇、养颜美容，还能治疗心脏病、糖尿病等。但是基本上没有证据能够证明巴西莓果汁对人体健康具有促进作用。就跟绝大多数的浆果一样，巴西莓营养丰富，但是“根本没有什么研究能够支持那些鼓吹巴西莓能防止肥胖和减少皱纹的营销口号”，乔尼·鲍登（Jonny Bowden）说道。他是一位营养学专家，出版过几本健康图书。“昂贵的巴西莓是营销战胜了科学的结果，这才是重点，”鲍登说，“（巴西莓）并非没有用处，但它绝对没有人们鼓吹的那些效果。”

我真的应该向那些推销巴西莓以及其他所有“超级水果”的人

脱帽致意。当然，巴西莓含有很多维生素和 ω–3 脂肪酸，但是其他（便宜得多的）水果也有这些东西，比如香蕉、葡萄和小红莓。而且，没错，佛罗里达大学的一项研究指出，巴西莓的萃取物可能的确可以阻止白血病细胞的生长——更确切地说，是在一个培养皿里，而非人体内。据巴西莓饮料的厂商说，每天喝 4 盎司的巴西莓汁等同于每天吃 24 个水果。这可能是真的（只是因为它是高度浓缩出来的），但是据美国食品及药物管理局说，我们每天实际上只需要饮用两杯果汁即可满足身体所需。

说到这里，你可能已经猜到了，巴西莓果汁不便宜。每一周的量会让你花掉 40 美元左右，那么一年就差不多要 2 000 美元。巴西莓甚至还被用到了护肤品中。花 40 美元左右，我们可以买到巴西莓保湿面霜和抗皱保湿霜，里面含有巴西莓、云杉、花梨木或柯拜巴脂（似乎名字越古怪，售价就越高）。

一些巴西莓的网上卖家为了把这东西卖给我们，使用了一些更出格的手段。网络营销就是其中一种策略，这一聪明的伎俩中也加入了一些正常剂量的“同侪压力”。比如有一天，你“友好的邻居”莫琳会敲你家的门，声称她手上拿着的巴西莓果汁（“拿着”的意思就是“正在出售的”）治好了她身上的所有毛病——从静脉曲张到宿醉。更有甚者，他们让消费者免费尝试一次，这似乎没什么害处，可是等试用结束了，消费者就会发现，公司已经神不知鬼不觉地把她加入了收货列表，每个月要付 80 美元。“为了从这个阴谋里解脱出来，有些人（已经）不得不把信用卡取消掉。”阿琳 · 温特劳布（Arlene Weintraub）在《销售青春之泉：抗衰老行业利用“变老”制造疾病并挣得数十亿美元的方法》（*Selling the Fountain of Youth: How the Anti-Aging Industry Made a Disease Out of Getting*

Old——and Made Billions）一书里写道。这种做法相当普遍，温特劳布写道："消费者网站抱怨板（www.compaintsboard.com）从愤怒的巴西莓买家那里收到了多达 17 000 条帖子。"更诡异的是，根据美国有线电视新闻网报道，很多巴西莓的网上供应商，包括佛罗里达州的两个机构，劳德代尔堡与好莱坞 FWM 实验室、迈阿密海滩高级健康研究中心，以及其他站点，都被指控利用虚假饮食博客把消费者引向宣传这些免费试用品的网站。

我们现在讨论的是"神奇"的水果，那么石榴呢？石榴确确实实对健康有帮助，不是吗？

对，和枸杞一样，传统医药使用石榴入药在全世界有数百年的历史了，用于治疗口腔溃疡、干咳、腹泻、结膜炎、肺结核等疾病。（我补充一点，伊斯兰教、犹太教和基督教早期的艺术作品都表明，石榴象征着统一与永恒。）最近，石榴还被证明能够减轻紫外线对皮肤的损伤，并对降血脂有良好效果。但是对于这些说法，有一点你需要铭记于心，那就是谁是这些研究的资助人——石榴红（POM Wonderful）这种公司，以及那些把石榴汁装进花里胡哨的瓶子里的生产商。（顺便提一下，也许你想知道为什么那些瓶子被做成那种形状，它们是被故意设计成那样的，不单单是要模仿堆叠起来的石榴，也是为了引人联想到"理想"的女性身姿——胸臀丰满、腰肢纤细。同样，该公司把商标上的字母 O 变成了心形，也是有意让人想到心血管健康。）总之，事情的结果就是，如果你资助了足够多的科学研究——石榴红公司的所有人不但资助了超过 55 项研究，还给全世界的科学家和大学捐款超过 3 400 万美元——你就能在世界上任何地方的任何产品上见到它们的身影。当然，石榴对健康有很多好处，但是，水果、蔬菜、鱼类、燕麦、橄榄油、健康的生活方式、运动以及体重控制也有同样的效果。

我是不是忘了说石榴汁同样含有“珍贵的抗氧化剂”？抗氧化剂是什么？有什么效果？如果你不知道，那么你不是一个人——在超市和保健品店的货架旁对我们大声叫卖的人除外。正式来说，抗氧化剂能消除自由基（一种游离而且易变的分子，对我们身体的细胞有害。我们的身体会自然形成自由基，污染、过多曝晒以及不健康的生活方式也会产生自由基）。但就算你知道它是什么，你也不需要花两美元买一盎司奇怪的紫色果汁来消灭这些自由基（你同样不需要跑到尼泊尔或雨林去），新鲜的水果和蔬菜中就含有天然的抗氧化剂。伦敦大学的戴维·格姆斯博士（Dr. David Gems）说：“你血液中有多少抗氧化剂并不重要，重要的是不要吃太多食物……多做些运动——养一只狗然后拉出去遛遛。”

但是这并没有让石榴红公司停止（在其网站上）声称自己是“抗氧化剂大王”，还“拥有超强的抗氧化效果，即在体外清除自由基分子的能力”。该公司同样继续销售一系列茶、巧克力棒、药丸和含有“超级抗氧化剂萃取物”的补品，叫作 POMx——当然，字母 x 是想暗示该补品是某种药方，尽管其实这种产品从未在医疗和临床上使用过。这个品牌的健康声明如此华而不实，以致于在 2010 年，石榴红公司收到了食品及药物管理局的警告信，信里写道：“贵公司网站上宣称的疗效表明该产品是一种药物，因为它可以用于疾病的治愈、缓解、治疗或预防。”而且石榴红公司使用这样的说法来进行营销也违反了《联邦食品、药品及化妆品法案》。同样，在 2009 年，监管人员控告家乐氏欺骗消费者，声称他们的冷冻全麦麦片可以增强儿童的认知健康和专注力。

家乐氏很快就同意做出处理；然而，直到我写到这里之时，石榴红公司还在反复宣称自己没有违法，而且，根据该公司网站上写的，他们“目前正在复审食品及药物管理局所关切的问题”。

营养标签的真正含义

通过销售健康（或健康的错觉）而大赚一笔没什么奇怪的。实际上，这钱太好赚了，以至于诞生出了“功能性食品”这一爆发性的行业——单单在美国，2009 年的产值就达到 373 亿美元。很自然，公司有很多手段可以从这个利润丰厚（倒不如说是虚伪）的市场分一杯羹；比如，看过叫作“100 卡路里包”的摇钱树吧，生产商借着它能把更少的产品以两倍的价格卖出去。用行话来说，这是一个著名的策略，叫作销售“认知的健康和良好状态”，关键词是“认知的”。

因为不少人都不知道很多营销术语的真正含义，所以这份“健康”的错觉长期存在；而营销者当然努力不让我们知道。谢尔顿集团（Shelton Group）做的一项全美调查发现，如果有人让我们在标榜着“天然”和“有机”的产品里选一种，我们会选“天然”，因为“觉得‘有机’更像是一个未经管制的营销术语，意思是产品卖得更贵。”该调查的发起人苏珊·谢尔顿（Suzanne Shelton）说。但是她接着解释说：“实际情况却是相反的，‘天然’才是未经管制的字眼。”而其他常见的术语，比如“有机生长”、“有机”、“不含农药”、“纯天然”以及“无人造成分”，其实都没什么意义。

看到公司如此随意地使用这些流行词，我们觉得困惑也是情有可原的。举个例子，丝乐克（Silk）最近上市了一系列由非有机大豆制成的豆奶，该公司很聪明地使用了“上钩调包诱售法”（bait-and-switch），即引诱顾客改变购买低廉品的态度而购买高价品的营销策略，把它的有机豆奶换成绿色包装盒，然后把新的、非有机的豆奶放在原本的红色包装里卖，而唯一能感觉到的变化就是："有机"换成了"天然"。

公司竭尽全力想让我们相信"天然"等于"健康"，但是这和真相差距太远了。信不信由你，因为这个字眼没有受到食品及药物管理局的监管，所以公司可以把任何产品都称作"天然"。由真正的马铃薯而非马铃薯雪花粉做成的薯片原则上就是天然的，但它们还是被加工过了的，脂肪和钠的含量都很高，而且也没什么营养价值。

或者拿英式松饼来说吧。作为一个常年把它当早餐主食的人，当我从货架上拿了一盒下来，得知它现在是用"无漂白的浓缩精白面粉"制成并含有"丰富的谷粒"时，你可以想象我有多么开心。多么丰富的营养啊！我心想，我在往微波炉里放进一块松饼时感觉到从未有过的得意。但是，哎，这意思其实不过是说，松饼是用精白面粉做成的，而且含有小麦——任何面包或淀粉都会有这种成分。至于"杂粮"，嗯，这种"谷粒越多越好"的说法听起来肯定更令人信服吧，但它的意思仅仅是说，不止含有一种谷粒（不见得就更健康）。那么那些夸耀自己含有"分离纤维"的产品呢？不好意思，这同样没有任何意义。如果真想获得什么健康上的益处，你需要的是"完整纤维"，比如燕麦或豆类。正如《华盛顿邮报》所言："纤维一号燕麦巧克力棒自称能提供35%的日常所需纤维，但其纤维主要来源于菊苣根提取物，并不是健康的纤维。"

在所有这些文字游戏面前，也难怪我们不知道自己吃的究竟是什么。

声称某食物或饮料能够给你“能量”这一招深得我心。好吧，我得告诉你，“能量”只不过是“卡路里”的另一种说法罢了。这一招相当聪明地为原本是“死亡之吻”的产品赋予了“健康”的积极色彩——你能想象一家公司把自己的产品含有大量卡路里的事实抖出来吗？

那些经常出现在水果零食、软饮料、麦片、曲奇以及各种卖给儿童（或者更准确地说，卖给孩子们那些有负罪感的父母们）的产品上，声称“由真正的水果制成”或“含有真正的果汁”的宣传呢？还是一样，想想吧，没有任何一条法律来监管食品或饮料里应该含有多少水果成分以符合这些宣传，所以，如果那些草莓味的水果卷可能只含有半滴果汁，但每一卷都掺入了 8 克糖（这个例子完美地展示了食品公司如何同时瞄准儿童以及为他们掏腰包的人），也再正常不过了。说到果汁，那些宣传用营养素强化过的食品，比如钙强化橙汁，又是什么情况？根据《华盛顿邮报》报道：“强化一种垃圾食品并不能抵消该食品的负面性质。例如水果圈（Fruit Loops）说它‘含有纤维’，但是每 3/4 杯麦片里就含有 9 克糖，比起那增加的一点点纤维给健康带来的好处，这 9 克糖产生的负面效果要严重得多。”

营销者最爱的另一种花招是声称“低反式脂肪”。几年前食品及药物管理局做了声明，反式脂肪（食品加工过程中因氢化油产生的脂肪）会导致冠心病——美国人的最大“杀手”。然后，每一种食品就立刻在其包装上骄傲地吹嘘说“不含反式脂肪”。问题是，“不含反式脂肪”的食品（顺便说一句，多亏了标签指南，所有含有 0.5 克以下反式脂肪的产品也包含在内）一般都含有大量饱和脂肪，和反式脂肪一样对我们的心脏很不利。这就像是在说“我没有带枪”，却不说你正拿着一颗手榴弹或一把弹簧刀。

瓶中精灵

这只是那些受食品及药物管理局监管的产品要的一些诡计。如果是不受监管的产品，比如化妆品（它不被看作是药品，因此省掉了不少食品及药物管理局要求的临床试验），营销者和广告商怎么吹都没有问题。举个例子，面霜生产商开心地叫卖着各种精明的同时又未经证实的说法。比如莱珀妮（La Prairie，顺便说一句，产品瓶子的形状是精灵之瓶，暗指神奇的实现愿望的力量），承诺能够减轻压力，但是一位医生向我保证，从医学角度上说，这是不可能的。“药妆产业 98% 都靠营销。”埃里克 · 芬齐（Eric Finzi）说道，他是马里兰州的一名皮肤外科医师。“你花 1 000 美元买的面霜，不见得就比 50 美元买的要好，可能还更糟。”

莱珀妮的稀世活肤精华声称能“平衡肌肤电荷并阻挡污染物”。纪梵希的黑钻奢华乳霜含有墨藻，据该公司的广告称，其能够“修护皮肤，消除衰老痕迹”。如果你真的这么大胆跑去问这具体是怎么做到的，纪梵希的发言人就会信心满满地对你说，公司的临床测试“不证自明”。还有露露柠檬（Lululemon），它的瑜伽服特别贵，但很受欢迎。它们在 2007 年遇到了麻烦。据《纽约时报》报道，该公司一款名为“生命之海”的产品据称含有海藻纤维，具有减压和水下愈合的功效，实际上却不含海藻，不含海洋氨基酸和矿物质，什么维生素也没有，跟标签上写的不一样。露露柠檬“同意立刻撤下这个宣传”，直到公司能用科学手段证明，但到现在大家都还在等着呐！

最后还有莱珀妮的鱼子晶钻紧致精华液，零售价卖到了每盎司 375 美元，含有“从稀有的某瑞士苹果中提取的干细胞，这种苹果树现仅存 3 棵”（我可没有开玩笑），意味着某些神奇的再生或滋补功效。正如芬齐解释的，这一疯狂的宣传的问题就在于："第一，没有任何细胞能在面霜里存活，细胞是非常脆弱的生命体。而且一旦把苹果摘了下来，除非保存在恰当的环境里，否则它很快就'死'了。第二，植物的干细胞对人类的皮肤没有任何效果。"

令人遗憾的现实情况是，绝大多数声称能防止衰老的面霜（有不少都富含抗氧化剂，唯一的原因就是可以让营销者多喊一个口号）基本都没有效果。用英国《每日邮报》中引述的一位卓越的英国研究人员的话来说："想要保有青春容貌的人们，与其把钱花在维生素药剂和药片上，还不如关注一下健康而适量的饮食，以及多运动。"

我们现在讨论的是华而不实的营销宣传这个话题，至于天价的保健品行业又是什么情况呢？这个行业发展得很好，有了像健安喜（GNC）这样的连锁店，保健品现在也浩浩荡荡地占据了绝大多数药店和保健品店的货架。鲨鱼软骨"有助于治疗关节炎和癌症"；蜂花粉"富含多种天然维生素、矿物质、蛋白质、氨基酸、激素以及酶类"；银杏"能让大脑更敏捷"；接着就是我的个人最爱，淫羊藿，他们只告诉我们"中国和日本男人有着历史悠久的使用传统"（用来干什么，我不说你也知道）。还有很多很多。尽管"食品及药物管理局没有审核过这些陈述"，而且这些产品也"没有计划用于诊断、治疗、治愈或预防任何疾病"（正如法律要求其必须写明的一样），我们还是会不停地购买。2009年，益普索公共事务机构（Ipsos Public Affairs）在华盛顿为美国诚信营养品协会（Council for Responsible Nutrition）做了一项调查，发现65%的美国人认为自己是"保健品使用者"。

据俄克拉荷马州立大学制药系的伯恩哈特教席教授史蒂文·普雷博士说："全都多亏了1994年的《食补健康与教育法案》，这些疯狂的垃圾才得以被曝光。这个行业完全没有受到监管……它的意思不过是说，你或我能在我们的后院里找到一种草，然后把它弄成膳食补充剂推销出去。现在已经有很多肾结石和肝损伤的报告，但没有人知道这玩意儿里有什么。”

没错，1994 年的法规（或者说缺乏这些法规）使得任何一个人都能开一家公司然后推出一款打破纪录的保健品，根本不用什么医疗执照或必需的证书。一般而言，保健品生产商也没有义务去找食品及药物管理局登记它们的产品。正如另一个消息源说的：“1994 年的《食补健康与教育法案》打开了闸门，让草药和食补那些有问题的健康宣传和广告涌了出来。尽管立法者并非有意让保健品行业不受监管，但实际上结果就是如此。”

鉴于任何人很容易就能参与进这个暴利游戏，也难怪这个所谓的保健食品行业仅在美国就价值 250 亿美元，而且还会持续地扩张下去。不过，就在我写这本书的时候，好几个议员，包括约翰·麦凯恩，正着手制定一项新的食补安全法案，新法案将会要求食补生产商在食品及药物管理局注册并完全公开其产品成分。保佑这最终能成为法律吧。

做好事的高昂代价

从 2008 年经济下滑到现在，有很多人不再追随我们文化之中的消费崇拜了。过去几年来，许多人不再崇拜金钱和物质，转而把热情献给了一种“新的节俭”。我们忽然之间便处在这样的经济氛围之中，我们的生活也被迫做出调整，迅速变得更加朴素。我们待在家里，不再去餐厅吃饭。我们卖掉地下室和储物柜里那些堆满灰尘的垃圾。我们用掉优惠券，购买特价品，凑合着用，然后理智地想，我们一开始是怎么陷入消费怪圈的。所以如果我们不再信仰物质的话，下面出场的会是什么？答案：任何公司都无法定价，甚至无法贴上折价标签的事物——宁静、朴素、均衡、幸福、平衡、美德。简而言之，就是可供购买的精神开悟。

似乎在这样一个日益超高速连接且总是“在线”的世界，如今我们对连自己也并不了解的简单生活的渴望达到了前所未有的高度。这种“返璞归真”的情绪变得无处不在，以至于催生了各种流行风潮，从城市农耕（想想搭在消防通道上的鸡棚）到“不消费主义”（只吃别人不要的食物、只用别人扔掉的商品）再到“洁净饮食”——一种严格的自然饮食养生法，在某种程度上受到畅销书作者迈克尔·波伦（Michael Pollan）的推广。

营销者和公司正好搭上了顺风车。这也是今天有如此多的产品都会以强调大地母亲的方式来做营销的原因。这些产品的包装都涂抹着“健康”、“天然”、“环境友好”等字眼（这些流行词对女性有特定的意义和重要性，她们影响了80%左右的消费行为）。

讽刺的是，“绿色”产品、“道德”产品、“有机”产品通常更贵。嘿，美德、慈善、健康、仁慈以及社会责任可不便宜哟！捷孚凯（GfK Roper）公共事务与媒体部门与耶鲁大学森林与环境研究学院共同发起的一项调查指出，近一半的人，尤其是女性，都说他们愿意多花些钱来买“对环境负责”的产品，这项调查还指出，大部分受调查的女性相信，不仅“消费者有保护地球的个人义务”，而且“环保对你的健康和幸福也有好处”。

公司深谙此理，并且无所不用其极地利用这一点。就拿宝洁的畅销产品汰渍洗衣粉来说吧，这款产品开始使用社会责任作为营销手段，发起了极为成功的“满载希望”（Loads of Hope）运动。显而易见的是，在卡特里娜飓风肆虐之时，宝洁就决定要组建一支“汰渍满载希望”的队伍，在路易斯安那州和其他受灾地区为无家可归的居民提供干净（当然，用汰渍洗过的）的衣物。网络杂志《石板》称：“该队伍……抵达一家轰隆作响的自助洗衣店，一辆巨大的橙色卡车（汰渍包装盒原本的颜色）运来了 32 台洗衣机和烘干机。”接着文章指出：“在两三周内，这支穿着亮橙黄色的汰渍 T 恤的队伍将会免费洗净、烘干和折叠各家庭及援助工人的床单、毛巾和衣服。这对无家可归的人而言将是巨大的慰藉。在将来，这也会使任何在杂货店货架上看到汰渍的人产生愉快的联想。”

但是特地花钱买这些“有责任感的”产品真的对社会有所帮助吗？或者，厂商不过是要让我们觉得自己更有道德，就跟饮用巴西莓果汁让我们觉得自己更加健康一样？各种迹象都指向后者。调查表明，当我们购买这种类型的商品时，我们倾向于允许自己在生活的其他方面做出不那么负责的决定，比如，在消灭了一个有机汉堡之后没有把可乐罐回收起来，或者用穿着鳄鱼皮靴子的脚踩着我们那环境友好型普锐斯的油门。这样一来，我们“做好事”的努力就白费了。一项研究发现，混合动力汽车车主开车更多，也更有可能收到罚单和发生事故，甚至更可能撞向行人。

更讽刺的是，今天，购买“负责任”的产品，比如混合动力汽车，其实是一种炫耀性消费——一种获得同侪的尊敬和羡慕的方式。而且事实上，丰田汽车就是故意这么策划的。不仅丰田的设计师首先把环境友好型的车型设计得很时髦，甚至还很性感，有着光亮的外观、强劲的引擎和很炫的太阳能电动天窗。丰田的营销者还巧妙地利用我们对名人的向往，把普锐斯打造成一个彻底的地位象征。怎么做到的？丰田找来了好莱坞丰田店的老板迈克·沙利文（Mike

Sullivan），并把26辆普锐斯运到2003年的奥斯卡颁奖典礼上，然后，“没过多久，”《商业周刊》就写道，“像卡梅隆·迪亚兹和莱昂纳多·迪卡普里奥这样的明星就和他们的普锐斯一起进入了摄像镜头（‘看，我们多么环保啊’），‘这成了一件很酷的事情’，沙利文说。”丰田还把车租给洛杉矶一家公关机构，以确保能拍到像哈里森·福特和卡莉斯塔·弗洛克哈特这种明星开着普锐斯的快照；同时丰田还为《犯罪现场调查之迈阿密》《单身毒妈》《冒牌天神》和《超级坏》这样的电视剧和电影提供普锐斯汽车，这些车都会被隆重地给个特写（居然通常都是主角开的车）。还有很多名人，比如梅里尔·斯特里普、布拉德·皮特、克里斯滕·邓斯特、威尔·法瑞尔、麦莉·赛勒斯、蒂姆·罗宾斯、拉里·戴维（他有三辆普锐斯，其中一辆是他在HBO电视剧《抑制热情》里演的角色开的车），还有其他为丰田的环保成就大唱赞歌的人、塞拉俱乐部（Sierra Club）以及美国国家野生动物协会，有了这些人给普锐斯做代言（还记得专家的力量吧），也难怪在写这本书的时候，丰田第三畅销车型普锐斯成为时髦品牌，仅排在便宜得多的凯美瑞和花冠之后。其实，现在有些消费者研究把丰田列为世界上对环境最友好的品牌之一。但是，等等，丰田不是一个汽车公司吗？

心理学上说的“竞争性利他主义”是一个广为接受的理论，该理论宣称人们会做些有社会责任感的事情（比如买混合动力汽车以及其他环境友好型产品），但与其说是在做好事，不如说是要炫耀他们的善心并提高他们的社会荣誉。普锐斯的吸引力就是这个理论的一个完美实例。一项支持该理论的研究发现，如果没有人看到他们那无私的、留心的行为，就连（表面上）最为注重环保的消费者也不会购买绿色产品。举个例子，如果有人在网上买电灯泡，他们倾向于选择不环保的、更便宜的灯泡。但如果他们是在商店里，在其他人看得到的情况下，他们一般就会购买环保包装的、寿命更长的 LED 灯泡。研究者解释说："至少从表面上来看，身份的动机使得人们在经济上会做出非理性的选择。如果人们考虑自己的身份，他们实际上就会花更多的钱，以显示他们不仅注重环保，而且付得起钱来注重环保。"

那么，根据 CNW 市场调查机构收集的数据，在 2007 年 7 月，当被问及为什么购买普锐斯时，绝大多数人给出的答案正是营销者希望听到的，这是巧合吗？买普锐斯的主要原因，据 57% 的车主说，是因为"它就是我的代言人"。

说服的圣堂

鉴于当下波动的局面，以及不少人追求返璞归真，我想有一点应该不足为奇，那就是心灵营销（这个术语指的是推销那些能抚慰人心的、神奇的或是能激励人心的产品）已经成为各个品牌和产品（即使和"心灵"八竿子打不着）广泛使用的策略，从糖果到运动饮料，甚至汽车和电脑。

今天，追求心灵安静的人们可以大口享用汉普顿酸辣酱，或是吃几颗"上等瑜伽糖"或"业力糖果"（Karma Candy）。而如果这会让你口渴，安海斯 · 布希最近推出了一系列广告，口干舌燥的西藏喇嘛充满渴望地凝视着一艘贴有"百威"标签的小飞艇。但是，说到心灵营销，没什么食品能跟蒿现章的发明相媲美了。这个中国农民想出了种植"人参果形状"的水梨的办法。即使这种梨每个卖 7.5 美元，这个有独创性的农民还是卖出了近 1 万个。

2010年，现代索纳塔有一则广告，主打的是一种“获得内心平静的日常活动”（本质上也就是做一堆瑜伽动作，其中有一个动作很聪明地叫作“索纳塔”）。而佳得乐也有一幕，传奇球星迈克尔·乔丹跋涉至一座崎岖的高山（毫无疑问，喜马拉雅山）以寻找一位心灵导师，这位导师的智慧结果就是该品牌的口号：“生命就是一场运动……喝下它。”而电脑厂商IBM（国际商业机器）公司与网络搜索引擎莱科斯也都从夏尔巴人以及西藏圣人那里取材，做了一些宣传广告。

有时圣人甚至还会直接参与进这种品牌洗脑。比如，中西部地区的一所乡村西多会修道院就有一个营利性的部门，叫作LaserMonks.com。在不做祷告或不行斋戒的时候，这些修士——没错，真正的修士——就会重新填满你用过的打印机墨盒。修士们声称他们迄今已经服务了超过5万名顾客，而且他们每天几乎要处理两三百份订单。2005年他们的营业额达到2 500万美元（对了，他们的网站还能满足线上祷告的要求）。洛杉矶有一家名为“国际巧克力”（International Chocolate）的公司不惜使用记录装置来捕捉真正处于冥思状态的西藏僧人的电磁脑电波，并将其在巧克力流水线上“播放”，每一批历时5天。据该公司创始人吉姆·沃尔什（Jim Walsh）称：“任何吃了这种巧克力的人都能展现出最理想的健康状态和生理心理水平，尤其能感受到对一切生命均有裨益的能量、活力和健康。”

如果说新世纪的精神性真的已经成了新的消费者宗教，那么就难怪会出现一款叫作“水份缘舒悦”（Hydra Zen）的面霜；还有一个叫ghd的美容公司在广告宣传中把自己称为“头发的新宗教”，告诉使用者如何依据“ghd福音”来生活；或者一款受欢迎的甘蔗酒的商标是里约热内卢的基督像。类似的还有巴黎高档香水品牌娇兰名为圣莎拉的香水系列，名字取自佛教的生死轮回，而这个香水系列的广告上写着："圣莎拉是和谐的象征，象征着女人和她的香水之间的'渗透作用'。"（那个香水瓶塞简直就像是佛陀的眼睛。）

为什么这一切会行之有效？我说过了，我们的大脑偏向于相信某些事情——任何事物。你可能会说，作为人类，我们需要相信。这就是公司持续不断地想出新的花招，把新世纪的精神性以及传统的、旧世界的信仰和宗教双双资本化的原因。说一个很惊人的例子吧。我发现，近几年来，社会中有越来越多的穆斯林教徒变得更加现代，这意味着公司有了意料之外但又利润丰厚的机会。一点背景知识提示：如果你是一个虔诚的穆斯林教徒，你的宗教会要求你只能吃指定的"清真"食物。这是一个阿拉伯词汇，意思是"合乎法律的"或"被允许的"（此外，这些食物不包括猪肉和猪肉制品、屠宰不当的牲畜、肉食性动物以及酒精）。那么，根据历史经验，购买清真食品就意味着去穆斯林杂货店或肉铺，店主会根据伊斯兰教的教规来切肉。在巴格达市区不难找到这样的人，但是这里是美国，不大可能一转角就看到一个穆斯林屠夫。这就是食品公司会提供上千种标榜着"清真食品"的新产品的原因。《清真杂志》（*Halal Journal*）写道，这个行业的价值大概达到了每年 6 320 亿美元——惊人地占到了全球食品工业的 16%。

如今，公司把一切商品都贴上了清真标签，从食品到化妆品甚至到家具（对家具来说，"标签"就是据称合乎清真标准的、用于木材着色的油、油漆或肥皂）。加拿大有些销售清真维生素的药品公司甚至声称产品"不含动物胶和部分伊斯兰学者说的那些让主流产品非法或不合乎法律的其他动物性衍生品"；还有一系列清真化妆品，包括一个名为一纯（OnePure）的品牌，它可能已经由同一个负责鉴定肉类的伊斯兰组织在马来西亚鉴定过了。“人们一直在追寻纯净的事物。”玛·侯赛因－甘宝斯（Mah Hussain-Gambles）肯定地说，她创办了清真化妆品公司塞夫纯正皮肤护理（Saaf Pure Skincare）。无论所有这些宗教性的宣称是否合法，它们都很有说服力。纽约一个穆斯林的出租车司机曾经告诉我，为了弥补他的不虔诚，他已经开始购买越来越多的清真产品，这些产品能够让他在“精神的过失”中感觉好一些——这才是关键所在。这些精明的品牌并非真的在出售食物、香水和化妆品，他们是在出售纯净、精神性、信仰、道德，有些情况下还出售赎罪。

如果你不是穆斯林，购买信仰也不是你的追求，那也不要怕：易贝网上会有你想要的东西。根据《新闻周刊》报道，在2008年，这个受欢迎的拍卖网站提供了好几撮据说是从圣女小德兰身上取得的头发（每一撮起价40美元）。或者，你也能买到一块据说是13岁的圣菲洛米娜的骨头，据传说，她因为拒绝嫁给罗马皇帝戴克里先而遭鞭笞、水淹，最终身首异处。这一切都使得该报道的作者更加困惑，是否真有可能“用信用卡买到一小块上帝的恩典与奥秘”。

离奇的可不只这些。在易贝网所有跟信仰有关的商品里，最奇怪也最荒谬的当属一份能显现出圣母玛利亚面孔的烤芝士三明治（被一家在线赌场以28 000美元购得），以及一块长得非常像主教法冠同时又像是一个签名帽的多力多滋玉米片（被同一家赌场以1 209美元购得）。不过别担心：囊中羞涩的人只需3.26美元就能买到据称是“生命之意义”的东西。只是你买下这种东西之后具体会收到什么就不好说了，卖家提供的唯一照片就只是一张绚丽彩虹的远景。

说到出售信仰，不得不提大教会。大教会的某种现象于 1977 年第一次出现在可以容纳 3 300 人的波士顿第一浸信会教堂，它今天不亚于一个营销机器。大教会主要集中在南方地区，教堂配有咖啡吧、书店、电子游戏厅、美食街，甚至还有保龄球馆，怎么看都像是一个购物商城，而不是一个做礼拜的地方。其他教堂更像是电影院，因为它们聘请技术顾问帮它们安装多媒体屏幕，布道就是通过网络放映在这些屏幕上的。有了这种集音乐、媒体、印刷品和网络于一身的高速运转的混合物，“科技的分量足以跟一个大型音乐厅相媲美”，杰克 · 杜兰（Jack Duran）如是说，他是有限合伙企业特纳伙伴建筑公司的执行副总裁。另一位研究美国教堂、剧院以及娱乐中心（包括环球影城中的一栋）的外观变迁的建筑师也说：“如果你能让小孩子一次又一次地光顾，那么他们的父母也会跟着来。”然而，其他教堂的做法更偏向企业。根据《福布斯》杂志报道，世界改变者教会“运营着一个音乐工作室、出版社、电脑图形设计室和自己的唱片公司”，而新生使命浸信会教堂不仅有一个首席执行官，还拥有一个“提供视频点播的特效 3D 网站”。伊利诺伊州柳溪的社区教堂大巴灵顿出名的原因则在于，它拥有针对“重大”事件设立的营销会议和研讨会，从商业顾问吉姆 · 科林斯到前总统比尔 · 克林顿再到华盛顿红人队教练乔 · 吉伯斯（Joe Gibbs）都在会议中发过言，票价大概是每个人 25 美元至几百美元不等。

希望浮现

无论品牌承诺的是健康、幸福还是感悟，我们在这一章讨论的所有营销策略都有一个共同点，那就是它们利用的是每一个人对重回大地的渴望，对重新得到一份不受金钱或现代生活压力污染的纯真的渴望。它们出售给我们的是内心的平静、精神的圆满和更美好的生活。

对于出售给我们希望，这是老调重弹了；过去100年来，公司一直在用同一种模式来贩售希望。利用希望来促进销售很有效，因为我们需要希望，而且，我们购买希望。露华浓的创始人查尔斯·雷弗森（Charles Revson）在1967年就道破了真相："在工厂里，我们生产的是化妆品；在药店里，我们卖的是一罐一罐的希望。"

希望，是我们为了一个完美的家庭，或有朝一日我们希望居住的那座遥远的城市所借的贷款。希望，是我们为了更亲近自然而买的一堆露营用具（即使我们就生活在喧嚣的城市之中）；是为我们永远都不会划的皮划艇而买的支架；是为测量一座我们永远都不会爬的高山而买的靴子；是一个要搭在我们永远不会去睡的星空之下的帐篷。

希望，就是加入一个健康俱乐部以便得到我们一直以来都想要的好身体；是我们为了造福后代、留给他们一个更美好的星球而吃的当地养殖、鲜草喂养的牛；是我们为以防哪一天心血来潮想要穿一穿而花高价买来的衣服。希望就是那些承诺不费力气就能让我们的生活更美好的产品。

我有一个朋友，他最近手头有点紧。有一天我在他的车库里瞥到了他那辆昂贵的悍马，跟他的高速快艇系在一起。"你为什么不把车跟船都卖掉？"我问。如果他真的经济拮据的话，卖了它们才比较合理吧。

不，他对我说。起初我以为他只是太固执，但后来我意识到，他是不想放开那些东西，因为它们代表了希望。而且如果他把它们卖了，就等于把整个他想象中的未来都卖了。这些物品代表的是一个世界，一个他希望将来生活于其中的世界。

每一次我在世界各地做讲座时，我都会敲一敲木头（此为一种祈运的做法），只是闹着玩罢了。就我的自身经历而言，这种做法从来都没有给我带来任何实在的好处，但我还是会这么做。希望也许是一种幻觉，但我们相信它，而且我们也愿意为它花上我们的血汗钱，所有人都一样。

09

你的一举一动，他们都在看着

隐私的终结

你正坐在家里，玩着电脑消磨时间，这时一封邮件弹了出来。不，这不是你朋友或你上司寄来的；这是你经常去的街边那家连锁杂货店发来的提示。“乔安妮，”它说，“你下次购买露得清乳液能省5美元！”还会顺便说这一特别优惠在3周后会过期。

于是你觉得奇怪，这家杂货店怎么知道你使用露得清？这肯定是巧合吧，你想，很快就把这件事忘掉了。就这样，一直到下周你整理信件时，看到同一家杂货店发来的另一份传单。这一次它提供的优惠信息是你使用的洗衣粉品牌（汰渍）、你喜欢的牙膏（佳洁士亮白冬青），还有你又爱又恨的零食（多堤士玉米脆片）。这显然不是巧合了！

你回想起上一次去杂货店的场景，记忆的碎片被拼接了起来。

“你有积分卡吗？”那个无聊的年轻职员在你准备付账的时候问道（除了上面说到的商品，你还买了邦迪、维生素片、你丈夫用的海飞丝，以及家人吃的各种各样的处方药）。

和往常一样，你不假思索地拿出红色的塑料卡片，不耐烦地看着职员用她的识别笔扫描那细小的条形码。在你付过钱之后，她拉起一张两英尺长的小票，面无表情地宣布："你今天得到了 4 张优惠券。"一张是半价的维纳斯剃刀（真有趣，你正好开始使用维纳斯这个品牌），一张用于 6 盎司装的普瑞来洗手液（奇怪的是，你正好用完了），第三张能给你的下一瓶维生素 D 药片打 9 折（他们怎么知道你最近读了一堆有关维生素 D 的文章），最后一张可以为你下次冲洗数码照片时减免 1 美元（嗯，你确实很快有个家庭聚会）。

走出去的时候，你被回荡着的音乐触动了：詹姆斯·泰勒的《烈焰与冰雨》。尽管你这辈子已经听过无数次这首歌了，但你还是忍不住会想：这家杂货店知道你深爱着这首感人的、婴儿潮后期出生者的摇篮曲，这真的是纯粹的巧合吗？这些人是不是在你的大脑里装了一个微型晶片什么的？

嗯，差不多。

事实证明，现在的公司会使用各种复杂的技术来掌握你的一举一动，而多亏了这些技术，这家杂货店以及你前去消费的其他每一家店，可能比你自己更清楚你想要什么、需要什么、你的梦想以及你的习惯，而且利用这些信息以你无法想象的方式从你身上捞钱。

欢迎来到价值 1 000 亿美元的数据挖掘世界。

保存数据

数据挖掘，委婉地说，指的就是营销行业中的"知识发掘"或"消费者洞察"，是一个巨大的、快速发展的全球产业，致力于追踪和分析消费者行为，并分类、总结以及平滑这些数据，以便能够用于说服，有时也能操纵我们购买产品。正是通过数据挖掘，公司不仅知道你的消费习惯，还知道你的种族、性别、地址、电话号码、教育水平、大概收入、家庭情况、宠物的名字、最爱的电影……从而创造出一个我们的、被专家称为的“镜像世界”。根据美国邓韩贝（dunnhum by USA）公司的首席执行官斯图亚特·艾特肯（Stuart Aitken）的说法，“消费者洞察”的目标是“探寻消费者的行为和购买背后的动机和想法”。这是一家俄亥俄州的领先的数据挖掘公司，其客户包括宝洁、梅西百货、百事可乐、可口可乐、家乐氏、卡夫食品及家得宝。

对于各路公司而言，拥有预测消费者下面想买什么的能力，以及成为为该消费者完美地提供所需之物的第一家对应的公司具有极大意义。为什么？因为从营销者的数据上看，试用某种新产品的消费者很可能会一直使用该产品，平均时间为一年半。所以如果一家商店能弄清你可能喜欢什么新产品，并提供免费样品、优惠券或促销券，进而说服你试用一下，那么在接下去的 18 个月里就锁定了你的钞票。

多亏了数据挖掘公司，或者用我喜欢的叫法，老大哥，每次我们用谷歌搜点儿什么、每次在朋友的脸书留言板上写点儿什么、每次刷信用卡、每次从 iTunes 上下载一首歌、每次使用手机查看导航，或者每次在当地的杂货店购物时，都会有一个看不见的数据收集者在跟着我们，记录下每个信息碎片，对其进行处理和分析，接着一转身，就把它卖给了零售商和营销公司。

信息挖掘行业每年增长 10%，怎么会这么快？因为，多亏了各种科技手段，比如你智能手机里安装的 GPS 导航、每次我们往电脑里下载新软件时签下的许可证协议、追踪和记录你浏览的每一个网页的商业性间谍软件（也叫广告软件），还有用于分析这一切信息的日益复杂的算法和电脑建模。今天，我们作为消费者，一举手一投足都会产生前所未有的更多的数据。而且你最好相信，公司正在利用这些数据神不知鬼不觉地拿走我们的钞票。

紧急抢救

你难道不想念过去那些优惠券出现在星期天报纸上的美好日子吗？你会放下手中的热咖啡，拿起剪刀沿着虚线剪下来，然后心满意足地把那张刚剪下来的优惠券归档到你抽屉里的一本方便的小手册里。哎，那种日子已经结束了。多亏了网络，优惠券现在电子化了，而且电子优惠券比你想象中的更了解你。

电子优惠券，数据挖掘世界里的另一个鬼鬼祟祟但又鲜为人知的工具。如果你认为把优惠券电子化不过是为了便利和节省邮资，那你就错了。今天，网络优惠券无处不在，上面的条形码看起来没有任何危害，实际上却编进了大量与你有关的信息，包括你的电脑IP地址、你在脸书的档案和帖子里写的一切、你获得和兑换优惠券的时间、你使用该优惠券的商店所在地、你是否通过网络找到该优惠券，甚至还有你第一次搜索到它时使用的关键词。而且，越来越多的零售商都在把这份资料与他们数据库里与你有关的资料进行配对结合，有你的预估年龄、性别、收入、购买历史、你最近浏览的网址，还有你的实时行踪——档案如此精巧又详细，连中情局的特工都会为之折服。

下面是它的工作方法。假设你的电子邮箱收到了梅西百货的一张优惠券，你要么打印出来，要么转发到手机里。然后，你走进一家商店准备兑换，员工扫描了它，把我上面说到的所有信息发送给一家名为 RevTrax 的公司（电子优惠券及促销平台）。这家公司接着会分析这些信息，并根据数据显示出你属于何种消费者类型，把信息分配到特定的集群中。通过把你的网络行为与实体店面的消费进行配对，零售商就能弄清哪些广告或网上产品促销对你最有吸引力，哪些又是你可能会无视的，甚至还能知道你在网上搜索某样东西之后，隔多久会去商店把它买下来。“一直以来，”RevTrax 的共同创办人乔纳森·特赖贝尔（Jonathan Treiber）说，“我们都有能力围绕某一特定 IP 地址做数据剖析。我们有能力说，嘿，这个 IP 地址特别喜欢纸质的服装优惠券，而且真的只对 8 折以上的优惠券感兴趣。”罗伯特·德雷舍尔（Robert Drescher）补充了一点，“我们已经能够分辨你是在一家商店的附近还是在商店里面了，我们也能为你提供特定的服务，但是这种事情要谨慎地来，以便使用者首先能慢慢地认识并信任我们。”他是手机优惠券公司 Cellfire 的首席执行官，该公司与包括喜互惠（Safeway）、克罗格（Kroger）和夏普莱特（ShopRite）在内的连锁杂货店有业务往来。

如果你是在手机上使用优惠券的，那就更糟了。举例说吧，星巴克最近推出了一项活动，让咖啡饮用者用手机记录下每一笔消费，每消费 15 次就免费赠饮一次。但是，绝大部分不长心眼的消费者都不知道，这个看起来很慷慨的活动其实借着我们的手机把资料都收集走了，并直接送到星巴克的数据库里去了，接着再利用这个数据库，用量身打造的服务瞄准我们。“我们试着围绕认知建立一个程序……而且在某种程度上，通过从优惠活动中收集的资料去了解人们购买的商品，从而得到了这一份关联性。”布拉迪·布鲁尔（Brady Brewer）对《纽约时报》说道，他是负责管理品牌忠诚度和星巴克会员卡的副总裁。

类似的还有去年塔吉特推出的条形码优惠券，可以直接从手机上扫描出来，在全美近 2 000 个店铺里都可以使用。但是为了每个月拿到 5 张用于从润唇膏到泡泡糖等各式小玩意儿的优惠券，你有注意到你在这个过程中失去了什么吗？查一查该公司给出的条款和协议吧，塔吉特获准搜集用户的手机号码、用户姓名以及用户兑换优惠券的时间。更恶劣的是，塔吉特有个发言人澄清说，公司可能会在归并了从人们手机上抽取的信息和“从其他来源获得的”信息之后，才跟“精心挑选的”第三方共享这些信息。塔吉特的发言人当然不愿意说出他们都收集了什么类型的数据，但是专家估计大概有 15 种，包括你键入的搜索关键词和你下载优惠券时身处何处（多亏了现在绝大多数智能手机都装载了 GPS），通过一张小小的手机优惠券上的条形码，这些内容都会被转发出去。

就是这样，就连我们最亲密的朋友——我们的手机——都会把我们的隐私抖出去。一家名为警戒（Lookout）的手机安全公司在分析了近 30 万个苹果手机和谷歌安卓的免费应用程序之后发现，有不少应用程序都“秘密地从用户的手机里提取了敏感数据，并在没有任何告知的情况下发送给了第三方”（这里的第三方指的是广告商和营销公司）。这些应用程序就这样明目张胆地窃取信息吗？从我们的通讯录、照片，到短信、网络搜索历史，再到我们的实时所在地。实际上，正如《纽约时报》近期报道的，一个德国政客请求法院调查他的手机营运商德国电信记录了多少他的行踪，他发现，在 6 个月内，该公司记录和储存他的所在地坐标的总次数达到了 3 500 次！“我们全都带着小标签在活动，而标签都会跟一个电话号码挂钩，我们用这个号码来打电话，用它来做点什么。”莎拉 · E · 威廉姆斯（Sarah E. Williams）对《纽约时报》解释道，她是哥伦比亚大学的图像信息专家。

2010 年 4 月，苹果手机、3G 版苹果平板电脑以及谷歌安卓手机全被发现装有一款会无声无息地追踪并记录用户所在地的软件——一直以来都是如此，一年多了，大多数用户浑然不知，这引发了一场热议。安卓的情况是这样的，该软件每隔几秒就会记录下用户所在地的数据，接着每隔几小时就会把数据传送给公司的数据库。而两个旧金山的程序员发现，这些数据同样会被保存在苹果手机和平板电脑中的一个文件里，这个文件会自动复制在任何一台与手机同步的电脑硬盘里。这就意味着，如果我把我的苹果设备插在同事或某个熟人的电脑上充电，他（她）现在就拥有了一份我去年一整年的永久行踪记录——通过云技术，这个文件很容易就会被篡改、被复制或被传播。最糟糕的情况是什么？各家可信赖的新闻机构都在报道，苹果手机里一直都安装有这款软件——背着用户安装的，而且是关不掉的；它只是某一天会作为（假装是）日常升级的一部分出现一下，看不见也听不着。可以理解，这种为了夺取被《华尔街日报》称作"基于所在地的服务的、价值 29 亿美元的市场"的厚颜无耻的举动把隐私拥护者给气炸了。

把我们的手机变成数据挖掘工具的最新策略是什么？一款叫作进店奖励（shopkick）的苹果手机应用程序会奖励购物点数。该应用于 2010 年 10 月推出，正好赶上了圣诞购物季。从梅西百货到运动权威（Sports Authority）再到百思买，任何地方都能兑换这些点数，只登记一家商店的话可以得到少量点数，扫描产品的点数多一些，而买下来的话点数就更多了。但是，这当然不是你能得到的全部。每一次你登记一家商店、扫描一样产品或是做出一笔消费，进店奖励就会把你的消费数据搜集起来并进行分析，接着再利用其结果直接往你手机里发送具有针对性的产品和服务。

我不知道你是什么感觉，但我已经开始害怕了。

自己埋单，风险自负

得知沃尔玛这个世界上最大也最赚钱的零售商同样也经营着一个极其庞大的数据库，你应该不会感到震惊。沃尔玛从 6 个国家的近 3 000 家门店里捕捉销售点的交易数据，维持着一个容量高达 7.5TB 的数据库——这个数据库比联邦政府的大了好几倍。因为这个容量，沃尔玛得以前所未有地使用我们的信息，涉及的人数非常惊人。这也就是为什么在任何一个时间里，沃尔玛总能知道要卖什么，知道人们渴望什么，也知道要瞄准哪些特定顾客（实际上，连锁商店有名的原因就在于它储存数据有点儿过头了）。而且它也知道要怎么使用这些信息才能让我们掏腰包。前面我讲过像沃尔玛这种零售商如何雇用别的公司来帮助他们预测极端天气，比如地震和暴风雪，并将其转化成财源。事实证明，他们同样也会使用过去极端天气的数据来弄清该储存哪些产品（不是普通的那种）。比如，几年前，东海岸来了一场飓风，沃尔玛分析了数据以便知道上次飓风来的时候，飓风受害者都买了什么产品。不，不是手电筒。相反，飓风前夕卖得最好的是啤酒，而且，非常奇怪的是，草莓果酱馅饼销量上升了 7 倍，比其他所有产品销量涨得都多。由此可见，装满馅饼和啤酒的卡车很快就会开往风暴即将到来的地方。

但是最可怕的事情不是零售巨头借此大赚了一笔（当然，确实是大赚一笔），而是一般的消费者完全不知道自己受到了多么严密的监控。沃尔玛没有积分卡可以刷，也没有优惠券条形码可以扫描，只有“每日低价”。那么，手头上没有任何优惠活动的沃尔玛是怎么捕捉信息的？答案是通过我们的信用卡和借记卡。

一个老练的数据挖掘者可以从信用卡上知道的东西是很惊人的。2002 年，马丁（J. P. Martin），加拿大轮胎（Canadian Tire）的一名高管（该公司不仅生产轮胎和汽车配件，还销售电子和运动产品，以及厨房用品），着手分析了从前一年公司处理的信用卡交易中收集得来的数据。马丁发现的诸多信息之一就是：买了一氧化碳检测器的人基本都会按时还款，买了那些用于防止家具的腿刮坏地板的软垫的人也是。他们还发现，比起买了昂贵的、知名品牌汽油的人，买了便宜的、不知名品牌的汽油的人没有按时还款的可能性要大得多，而且如果有人买的是镀铬的汽车配件，他“最后很有可能会忘了还要付款”。马丁由此总结，我们购买的品牌就是“一窥我们灵魂的窗口”，或者说，至少能看见我们有没有意愿好好还债。

这不是一项孤立的实验。马丁的做法实际上非常普遍。绝大多数信用卡公司手上都有一些系统（而且其实一直都有，只是说，多亏了科技，它们变得越来越复杂），能够通过你的所有数据寻找你可能停止付款的线索。哪种线索？嗯，如果说你的金融状况有不好的迹象的话，在半夜登录你的网络账户就是其中一种。如果你用信用卡购买日常必需品，比如杂货和药物，这是你手头很紧的另一迹象。你是否曾经用信用卡突然买了一件大额商品，但你几乎都不用？这是另一个危险信号，表明你会拖欠下个月的月供，或者你甚至可能正处在破产边缘。美国运通承认，自己曾经利用其“会员”购物的地理信息来设定信用额度，如果信息显示出某人正面临着资金困难，它就降低上限。尽管美国运通已经不再这么做了，但可不是每家公司都不这么干了；2008年，一家次级信用卡营销商被揭露调低了特定持卡人的信用额度，这些人指的是经常出入“当铺、按摩店、轮胎翻新店、婚姻咨询所以及酒吧和夜店”的人。

不管你用的是什么信用卡，每次你刷卡付账，信用卡公司就会记录下你花了多少钱买了什么产品。而且，尽管精明的公司代表拒绝透露他们如何使用这些数据，你至少也应该知道，每一笔信用卡消费（线上也好线下也罢）都有一个指定的“商品类别代码”，这个四位数字会显示这笔钱是花在什么业务上。类别代码林林总总，从“假发店”到“批发俱乐部”再到“保释支付金”，你仔细想想就会知道，这些代码向信用卡公司透漏的是大量有关你和你的生活方式的信息。如果你属于会在网上购买难以启齿的产品或药品的87%的美国男性，请注意，这些网站保证说你的信用卡账单上出现的会是像“国际贸易公司”这种模糊又谨慎的字眼（而不是，比如说，卡尔成人影片店），但是那小小的商品类别代码还是会向信用卡公司揭露出真相哦。

在“航空旅行”这个类别里有很多消费？那你可能会在邮件里收到某家大型连锁酒店寄来的报价，说的要么是跟旅行相关服务，要么是一张有奖信用卡。圣迭戈隐私权情报交换所的政策宣传主任保罗·斯蒂芬斯（Paul Stephens）说：“根据你使用信用卡的广度，可想而知，他们会得到非常清楚又独特的个人信息。”

各种各样的策略都解释了为什么一个债务缠身的人能够期望在邮箱里找到一堆新的信用卡宣传单，声明是为“信用不够完美”的人量身打造的。这些宣传的背后都是谁，他们又怎么会这么了解我们的财务情况？这样说吧，某些金融机构，包括三大征信机构——艾可飞（Equifax）、益百利（Experian）和环联

（TransUnion），仔细研究了各种文件，包括银行和法庭记录，以便做出涉及上百万美国人的财务生活的复杂档案。接着他们把这份详尽的数据，包括姓名、住址、社会安全号码、婚姻状况、家庭生育近况、教育程度、汽车品牌、有线电视服务运营商，甚至还有杂志订阅情况，卖给银行、信用卡公司和贷款经纪人，这些机构或个人彼此激烈竞争，为的是找出尚未开发的顾客，甚至是那些本来就很难获得信用的人！没错，就是这样，负责维持和更新你信用评分的公司恰恰就是转身把你的财务信息卖给信用卡公司和抵押放贷者的公司。

如果在挣扎着准备支付抵押贷款时收到了新的房屋净值贷款，绝大多数人能因为这个及时的巧合而欢呼雀跃。但是这可不是巧合。“我们打电话给人们，他们惊讶不已。”艾伦 · 盖勒说道，他是愿景市场服务（Visions Market Services）的执行总裁，这家位于宾夕法尼亚州兰开斯特的公司为推行新贷款条件的银行做电话推销活动。“他们说，‘真不敢相信你们居然打给我。你们是怎么知道我们正准备开始的？’”他补充道，“我们就坐着大笑。”这个无比狡诈的策略有一个目标，就是要打造出“极为诱人的意外之得的样子”，好比就在我们防备最弱、需求最盛的时候，有个恶魔在我们的耳畔低语。

多亏了数据挖掘的应用，银行和放贷人对我们的财务状况了如指掌，所以在为我们量身打造的、不请自来的信里，措辞都很有针对性。通常他们甚至会计算出如果我们“采用”相关的提议，我们在每一笔按揭贷款或信用卡月供上能省多少钱——精确到个位数。几年前，有家银行就把这种个人化服务发挥到了极致。它其实是给某个特定的街坊拍下卫星快照，然后在个人信用提议的信中强调出每个私房屋主的财产。很自然，绝大多数的消费者都被吓坏了，整个活动也就不了了之了。

同样，银行和信用卡公司都不会说出他们使用了什么精确的内部手段，但是房契是他们主要的数据来源之一，这一点得到了广泛承认。因为房契是公共记录，所以每次我们购买房产时，都会被记在一张被业内人士称作“触发器列表”的单子上，这张单子显示的是我们刚搬完家还是即将搬家。接着公司会购买这些“触发器列表”，利用它们来向我们提供贷款和信用卡，还有装修目录、杂志订阅等。比如，有家公司知道私房屋主在搬进新家的第一个半年里会花掉近 12 000 美元来装修房子，而且第一周或最开始的几天里花的钱占了很大的比重，于是他们把谁刚买了新房产、谁又急需全新装潢的每日更新的信息卖给公司和企业，比如 Crate & Barrel 和 Pottery Barn（这两家均为美国知名的家居装潢连锁店）。

借由一种被称作“预测建模”的技术（本质上就是把你与大致符合你所在剖面的消费者进行行为对比），数据编译者和银行就能知道你是否可能需要新的住房信贷，知道得甚至比你还早。艾可飞（没错，维持你的信用评分的公司之一）甚至提供一本叫作“靶点预测触发器”的小册子给放贷人，小册子里的“先进剖析技术”承诺能帮助他们找到具有“获得新信用的数据倾向”的顾客。

自然，公司不会透露自己确切的计算公式，但是让我们来理清一下可能的做法。假设有家银行做了一次邮件宣传，推出新的家庭再融资条款。你收到了这封邮件，检查了邮箱后说你可能有兴趣，想多了解一点，并填上了姓名和住址，把卡片交了出去。下面，数据分析师着手把档案里与你有关的其他信息整合到一起，包括你的房产价值、未偿付的信用卡债以及你可能有（也可能没有）的任何存款。接着银行把这一切数据提交给复杂的数据建模，搜罗出与你所在的剖面匹配的其他消费者，比如房子很大，又会在威廉姆斯–索诺玛（Williams-Sonoma）购物的其他消费者，接着银行就知道要把类似的宣传发给他们。结果，银行让我们在不知不觉中就把彼此都给出卖了。

2010年，美国国会通过了一项议案，旨在保护没什么心眼的消费者（尤其是年轻人）免受凶残的信用卡公司的侵扰。新法案的诸多要求之一就是学院和大学必须公开与信用卡公司之间存在已久的秘密合同。因为这项法案，上百所高等学府（有些还相当知名，比如耶鲁大学）的恶劣行径得到了曝光——自2007年就把学校校友、员工及运动爱好者，甚至还有学生的访问数据卖给大通银行从而获取高额利润。该法案还揭露了美国竟然有800所两年制专科学院和700所四年制专科学院与不同的信用卡公司或银行维持着类似的协议。

在其中某些协议的规定下，学生每新开一个银行账户，学院就能挣到一笔钱；有的规定，学生用新信用卡每消费一次，学院就能拿到消费金额的一定百分比；还有的则规定，如果有校友负债，学校就能挣到钱。这对学校来说显然是个很大的刺激，因此他们会鼓励学生大量刷卡，这也是如此多信用卡公司被允许在校园里做广告，有些学校甚至准许公司参与私人校园活动的原因。

为什么信用卡公司如此积极地要争取这些年轻的消费者？原因很简单。这些学生没什么钱，但花销上大手大脚，而信用额度又很高（许多人都是跟父母开的联合账户），他们对银行来说就是大肥羊。学生贷款市场协会萨利美（Sallie Mae）指出，2008年，高校大四学生的卡债平均超过4 100美元；而在6年前，在经济下滑之前，“学院联姻市场”显示出的信用卡债务组合就超过了60亿美元。噢，别被骗了：信用卡公司就爱学生刷爆信用卡；事实上，只要学生不拖欠债款，让他们刷爆卡就是绝大多数信用卡公司隐而不说的目标。还有，俄亥俄州立大学的调查人员发现，大一新生不仅热衷于刷卡购物，他们还倾向于在 15 年内都使用同一张卡。难怪根据联邦储备委员会的统计，美国银行的 FIA 信用卡服务单位会比同行多花 288% 的资金来吸引大学生注册信用卡。

为了防止这些年轻的败家子一毕业就消失在银行的雷达图里，从技术挖掘的角度上说，这些消费者身上最有价值的东西就是，每一份联姻协议都会要求学校提供在校生和毕业生的个人数据，包括姓名、电话及其住址。

从你的购物车里能看出什么

积分卡是公司把我们生活的一缕缕细节转变成一桶桶金子的另一个卑鄙但强效的工具。今天，一般人身上都带着 15 张左右所谓的积分卡，天底下是个零售商都会发行卡片，从当地的药房到大型办公用品生产销售公司史泰博（Staples）到百思买再到星巴克。只是，绝大多数人都忘了我们全都在这些积分制度上签上了名字。我曾经在英国做过一项研究，我问一群中年女性她们参与了多少积分项目，大部分人都只能说出一半来（为了唤醒记忆，我让她们清空钱包，多数人都被掉出来的卡片的数量震惊了）。你可能会想，积分卡不好吗？它们的全部意义所在不就是省钱吗？不，不太准确。当然，零售商在介绍这些项目时用的语言和术语——“奖励卡”、“积分方案”、“优先客户减免”——可能会让你感到有点受到重视，甚至也可能让你相信这些项目就是用来奖励你的忠实顾客身份，让你省些钱的。

其实非也。这些精明的项目之所以存在，可不是为了像营销者和广告商让你以为的，让你这儿省 50 美分、那儿省 50 美分，积分项目是为了一个简单又很狡猾的目的而存在的：试图说服你多买一些。事实上，每次你签名同意参加某商店的积分项目时，你实际上做的就是直接允许了该商店搜集、合计、总结和分析你、你的家庭、你的习惯以及你的兴趣的信息，数量极其惊人。数据挖掘者接着会对这一切信息加以利用，从而针对你个人的心理和生活方式制定营销和广告方案，太完美、太具有说服力，你无从拒绝。有一份关于连锁超市喜互惠的研究简洁地总结了它使用的手段："喜互惠……把自己转变成情报经纪人。借由提供能够打折的喜互惠省钱俱乐部卡，它从消费者那里直接购买了人口数据。顾客为了得到这张卡片自愿泄露个人信息，这些信息后来会在预测建模时得到使用。"换句话说，我们每次把那张跟钥匙挂在一起的色彩斑斓的小卡片递给工作人员时，就是为了能这个省 25 美分、那个省 1 美元，有时还有买二送一，但同时把我们的隐私也给刷掉了。

有没有这种时候，在杂货店排队等待结账时，你会试着根据你前面一个人所买的东西来判断这个人是谁？假设她买的是瘦身特餐的一包蒜香鸡和 6 听健怡可乐，好吧，你对自己说，她可能自己一个人住，而且正在减肥。接着她又拿出一瓶高档香波和护发素。她很注重品牌和美容，你想，而且她应该赚了不少钱。她的篮子里还有一瓶来苏尔漂白水和一瓶普瑞来洗手液，于是你觉得她很注重卫生。接着，看到她拿出一个家庭血压套装，你吃了一惊。她家有个年老的长辈吗？你想。还是说她有健康问题？你把最后的这个观察归档，等着后面再做确认。

简单地说，这种猜测就是数据挖掘者做的事，只是，拜一切复杂的数据追踪技术和他们手上有的计算机建模所赐，他们能从这一丁点儿东西里得到肉眼看不出来的这个女性的大量信息。怎么办到的？每次我们在店里使用积分卡，就会有一份记录，记下了我们买了什么、价格多少、几点买的，还有以什么代价送到数据仓库去，这份记录会加进我们的数位文件夹（大部分公司和零售商借着积分项目持续累积数据，接着把数据分成大块，总结出我们的周度、月度和年度行为）。算法非常复杂，足以让一个学数学的人晕头转向。分析完所有数据后，就能得出各种解释，解释我们是谁、我们可能还会买什么（根据我们自己的购物习惯和其他与我们相似的上百万的消费者）。比如，如果用积分卡购买日常杂货，我们就会被至少一家连锁超市归入下面 6 种消费者类型的其中之一："赶时间的肉食者"、"回归自然的购物者"、"有识别力的休闲消费者"、"不买无用之物的消费者"、"一站式社会名流"和"中间派购物者"。商家用这 6 种类别向我们提供有针对性的销售和服务。

至于我们可能会买什么，这份数据能跟商家说的可就远远没有尽头了。如果我买的是酸奶和维生素，算法就会预测我可能是接受加入当地新开的健身馆的邀请的好对象。如果我买的是即食食品，那么数据显示我可能是个大忙人，也更有可能使用直接发送到手机里的优惠券，而不是从报纸或邮箱里收到的印刷品上剪下来的。如果我突然开始购买婴儿湿巾和纸尿裤，显然我最近经历了一番可能令我精疲力竭的生活变化，而从数据上看，我可能急需一场水疗。

恰恰是通过分析这些数据，数据挖掘行业才发现了某些更为惊人的半真半假的事情。举例说吧，你知道吗？在沃尔玛，买了芭比娃娃的消费者买糖果棒的可能性要高 60%；或者，牙膏最常跟金枪鱼罐头一起被买下来；又或者，比起一个素食者，一个买了一堆肉的消费者更可能会买保健食品？

再或者，某家加拿大连锁杂货店的数据能显示，买了椰子的消费者同样可能会买预付电话卡，你知道吗？起初，商店管理人员都不清楚这是怎么一回事。椰子能跟电话卡有什么关系？最后他们才知道，原来商店里有大量来自加勒比群岛和亚洲的顾客，而这些人都会使用椰子入菜。这些加勒比和亚洲购物者会买预付电话卡来跟他们远方的大家庭联系，这就完全解释得通了。

但是超市怎么用这些信息从我们身上赚更多的钱呢？这么说吧，第一点，也是最重要的一点，这能营造出一种零售用语里说的“邻接空间”。邻接空间是指，店家把两种或两种以上的产品放在一起，这些产品看上去互不相关，但都对同一个目标消费者具有吸引力。这样，在那个牙买加购物者挑了一个椰子之后，她只需要往左边瞥一眼就能发现那被战略性地摆放、展示着的预付电话卡，并想起来得打个电话给妈妈。

通常，邻接空间让商店和公司赚钱的方法是为连我们都不知道自己有的问题提供解决方案。比如，假设现在是 8 月中旬，而最近收集到的数据显示，很多人会买冷冻草莓酥饼。目前，新鲜自制草莓酥饼的配料——当地草莓、瓶装生奶油和磅饼——一般都放在店里三个不同的货架上。然而，根据数据判断，这份特定的人口统计数据（根据消费者年龄层分布等因素来决定商品的货架位置）对草莓酥饼的销售有负面影响，所以超市把草莓、生奶油和磅饼放在商店的前部，独立展示。于是，购物者一进门就会自言自语地说，刚出炉的点心？我怎么没想到这个？接着，一下就把以上三种商品都放进购物篮里——花的是一盒莎莉牌饼干的钱。

有些行业甚至能利用邻接空间手段大赚一笔。就说玛莎百货吧，英国的高档连锁百货公司。几年之前，借由分析从积分卡搜集来的数据，玛莎百货的管理人员发现，购买印度风格的餐具和印度即食食品的顾客越来越多。管理层意识到，肯定是有大量第一代和第二代印度人来这里购物，这给了他们灵感：不如在店里开一家货币兑换所？接着又有了另一个点子：不如开发去这些国家旅游的服务？这就是玛莎百货要跟英国最大的旅行社托马斯·库克（Thomas Cook）合作的原因，它们打造出玛莎旅行俱乐部（Marks & Spencer Travel Club），提供度假折扣，而且顾客使用玛莎信用卡预订旅游产品时能获得积分。

不过，公司利用编译积分卡上的信息所做的可不只这些，远远不只这些。哪怕是对杂货店最为稀松平常的一次光顾也会向公司透露我们的信息，为了确切一睹其信息量有多大，同时知道公司具体用这份信息做什么，让我们迅速来到一家叫作斯帕奇（Sparky's）的地区性连锁杂货店。

首先，请允许我一开始就指出一点，斯帕奇很巧妙地把前门开在了右边，没错吧？这是因为一份针对 200 家门店的研究汇编来的数据表明，比起按顺时针方向移动的人，逆时针移动的购物者平均每次会多花 2 美元。人类很自然地更容易往左边走（因为这样伸出右手臂去抓取我们需要的东西会比较方便），所以把入口开在右边是一种保证购物者逆时针流动的巧妙而有效的办法。我还要补充一点，那就是斯帕奇还很聪明地给门店配备了超大号的购物篮，因为研究表明，购物篮越大，我们就越可能想把它填满。

在我绝望地挤过货架的迷宫、产品的高塔以及特别展示区之后，我在寻找苹果的过程中找到了澳洲青苹，并往篮子里放了 5 颗 [我真的只想拿 3 个，但是我看到标示牌上写着“买四送一”，立刻为这个被威廉·庞德斯通（William Poundstone）称作“非线性标价”的经典策略所倾倒，这一策略是指商店把这 4 个苹果的价格提了 20%，所以在我以为我赚到了的时候，每个苹果其实都花了一样的钱]。我对有机苹果的选择告诉斯帕奇的数据库我是个受到良好教育、生活滋润的人，而且我也更有可能购买环境友好的产品。这些都没什么惊奇。

让我们再暂停一下。注意到了吗？在偶遇苹果之前，我得绕过许多展示区。这可不是巧合。我们要绕的路越是复杂，我们就走得越慢，而我们走得越慢，我们就会接触到越多东西……也越可能受诱惑将其买下来。购物者变得日益精明，许多人还学会了用购物清单武装自己，也懂得要朝着想要的东西径直走去。为了与他们做斗争，越来越多的超市把商品混排，或是每个月改变一次商品的位置，所以，我们要找到想要的东西就变得更加困难。结果，不仅我们会被更多的产品引诱，而且找到我们想要的东西也会变成一场游戏（还记得游戏的力量吧），最终，我们往往会为了犒劳自己，买下不在清单上的东西。

其次，在药品货架的另一头，我拿了一包尼古清（我从不抽烟，这只是我小小实验中的一部分）。根据我买下尼古清的行为，斯帕奇立刻就能推测我基本上处于 25~54 岁，而且比起不知名品牌或商店自有品牌，我更可能购买名牌产品。还是说得通的，对吧？

再来，只是为了好玩，我在女性毛发护理区买了一包染发剂和一小盒以小探险家朵拉为主题的邦迪创可贴。现在，该商店就会做出两个很合理的假设：我是个非裔美国女性，而且我有一个 5 岁以下的孩子，因此，我也是一个发放优惠券和报价表的良好人选，针对的是数据挖掘者找到的、对我所处的人群有吸引力的特定品牌的一切产品，上至化妆品，下至果汁和早餐麦片。

药剂师都躲在商店的后边，以便能仔细盯住年轻小伙子们。陈列着的保险套占了半个货架。纯粹为了好玩，我拿了一包荧光色带凸点的。现在，我是在向数据挖掘者证实我是个女的（只是刚好名字叫马丁而已）。为什么？因为会买保险套的，其实大多数都是女性（注意，这个区域的名字叫作“家庭规划”，巧妙地瞄准了家庭女性，暗示这个区域是为通常要按照日程表、行事历、约诊做事以及——没错——使用保险套的人开的）。顺便一提，这就是有九成销售中的保险套会骄傲地摆出“敏感”和“薄”的字眼的原因，这两个形容词保证能引起当代女性的共鸣。

不是陈列在“女性购买区域”的保险套有何不同？它就放在跟其他保险套相似的盒子里，只是它的外包装上没有一处提到“敏感”或“薄”。相反，它包装上印着的东西乍一看像个日耳曼士兵的头盔，或者，等等，那会不会是一根饱胀的生殖器头部？盒子上的字说出了一切：“特大号特洛伊保险套。”这就对了，要是我拿了一盒特大号特洛伊，斯帕奇的数据挖掘者就会立刻修改有关我的性别假设，因为只有神气活现（通常也是很有前途）的男性——而非女性——才会买“特大号”保险套（我真是佩服想出这种保险套的营销奇才）。

在收银台，我把我的斯帕奇卡拿给收银员准备付钱，尽管我还先抓了一袋 M&M’s 新推出的脆饼干——这次小小的冲动性购物对数据挖掘公司来说意味着我愿意尝试新产品，因此我也是发放用于未来新产品的优惠券的良好人选。

接着，第二个收银员刷了我的积分卡，斯帕奇的数据库就知道，我具体都买了什么、花了多少钱，并因此把我的人口情况定位为一个受过良好教育、注重健康、性生活很积极、一度是个吸烟者的非裔美国人，年龄处于25~54岁，有一个年幼的女儿。接着该公司会把我的消费加进数据库里，电脑会分析这份数据（和当天其他每一个带着积分卡的顾客产生的数据），生成各种关于我是谁、我有什么喜好的结论和预测。接着它再转个身，把结果卖给我所购买的产品的生产商，以及我的档案显示出我可能会购买的产品的生产商。每次我光顾这家店，它都会这样做，以后也是，正如它也会对我所在地区的其他上千名购物者这样做。而且，根据公司现在了解到的我和我们的信息，他们会为营销信息重新制定公式，重新考虑库存，而最最卑鄙的，是开始用广告瞄准我们每一个人，如此量身打造，如此个人化，我们无力抵抗。

相信我吧，在未来，超市会变得更聪明也更具侵略性。雷科丹特（Recordant）是一家位于亚特兰大的店内监控公司，卖数字音频监控器供商店职员捕捉所有消费者的对话。复杂的软件接着会分析这些录音，把反复出现的字词分离出来。接着布里克斯特里姆（Brickstream）公司——其客户包括玩具反斗城、欧迪办公（Office Depot）和沃尔格林连锁药店（Walgreens）——会使用双镜头摄像机把人们在哪里购物、购物用时以及他们对各种产品做何反应的信息采集起来。然后路径追踪（PathTracker）这个电子监控系统会把购物数据和购物车在超市走过的路径组合起来。怎么办到的？它在购物车和购物篮上装了一个追踪设备，这个设备每隔几秒就会发射无声的信号。“这时一大批位于商店周界的天线会捕捉信号，接着每个消费者的信号都会得到分析，并被聚合起来，形成在该商店购物的综合视图。”

他们正播着我的歌呢

不过，等等，斯帕奇里发生的事可不只这些。我一边在店里漫步，一边跟着当时播放着的保罗·麦卡特尼的歌轻声哼唱。你以为这只是随机播放的歌吗？错了，它其实是精心挑选的一首穆扎克（Muzak），这是一种音乐类型，实际上也是一种音乐品牌——走出了电梯，走进了盖普、麦当劳、巴诺书店，以及无数的餐厅和商店，每天为1亿人演奏小夜曲。那么，一家商店是怎么决定要播放什么音乐的呢？嗯，首先，穆扎克会派一名“音频架构师”——指接受过音乐心理及心理应用训练的人——去零售店或餐厅考察一番，看看商店的数据挖掘调查，搞清在那里购物或用餐的人群情况。接着音频架构师会针对这个人群情况仔细挑选一个播放列表，这种做法用行话来说叫作“窄播”。

正是通过这种做法，穆扎克才能设计出74个音乐程序，共10个种类，范围从独立摇滚到嘻哈再到古典。音乐15分钟循环一次，利用一种叫作“刺激增长”的技术让音乐有强度变化，每个单独的播放列表的速度和节奏都经过仔细设计，会对心理产生影响。你是否注意过，超市和杂货店里播放的穆扎克比餐厅里播放的节奏要缓慢很多？嗯，同样，这是因为调查显示，缓慢的音乐会让我们移动得更加缓慢，而我们在一家商店里转得越久，我们就越可能买下什么来。《大脑操纵：营销不能说的秘密》一书的作者道格拉斯·洛西科夫指出，在美国的百货商店里，如果消费者听到的是节奏缓慢的穆扎克，他们购物的时间就会延长18%，消费量也会增加17%；而在杂货商店里，如果购物者听到和缓的穆扎克，购物量则会惊人地增加38%。另一方面，洛西科夫说，速食餐厅会播放快节奏的穆扎克“以便提高顾客的咀嚼速度”，于是，他们就能让我们更快离开，从而服务更多顾客，也赚到更多钱。

拜窄播所赐，穆扎克甚至还会微调曲目，神不知鬼不觉地说服我们根据今天是星期几而买下不同的东西。星期六？那么播放的就会是更加浪漫的音乐，暗示道：给她买点什么吧，玫瑰和珠宝都很不错。这种手段非常有效，以至于日本有些超市把商店划分成了若干区域，每个区域播放的音乐旨在让每分钟的花费都能得到最优化。在生鲜蔬果部，从头顶音箱里传出了流水潺潺、鸟儿鸣啭、清风吹拂的声音；在点心部，童稚的歌谣伴着儿童的嬉笑声悠扬着；而在肉铺的那头，发出了炸肉排的吱吱声响。

如果这还不够，穆扎克还能提供给零售商一项更加微妙的服务，称作“乐观气氛营造”，旨在更深层次地迎合我们。假设你是一个 16 岁的女孩，走进一家美国中部地区的服装店。店内的气氛和装饰都闪闪发光，很性感也很城市化。员工一个个都穿着时髦又迷人的制服。现在，把快节奏的电子音乐速度加快。对一个老是梦想着搬离她的小镇住进大城市的不切实际的女孩来说，这个环境有没有创造出一种幻想呢？我的答案是肯定的。在潜意识层面，这个音乐让女孩把自己幻想成她想成为的那个又酷又深谙世故的城市居住者，于是她会买下那些裙子裤子来拼组那个景象。如果我说商店都是有意这么做的，你要相信我。举例说吧，当盖普推出新的毛衣系列时，穆扎克的副董事长阿尔文·科利斯（Alvin Collis）断定，既然毛衣代表的是友谊、亲情、安全以及保护，那么商店就应该播放能给人温柔感、舒适感的音乐。穆扎克挑了什么歌来营造这种“乐观气氛”，说一首来听听？路易·阿姆斯特朗的《美妙世界》。

南美洲有一家连锁银行曾经让我帮他们转变形象，公众原本都认为它的客户服务很烂很二流，等待时间还特别长。在我分析顾客体验时，我发现其实客户也没有等那么久，因为在人们的预期之中，去银行就是要等很久，这很恼人，所以他们感觉的排队时间比真正花的时间多。因此，我们利用像穆扎克这种公司编译的数据，精心设计了播放的音乐的韵律，并创造出本质上算三幕式的声轨。在银行门口，客户听到的音乐和缓而且热情（实际上，节拍比人的心跳还要慢）。他们走近柜台，音乐的节奏就会慢慢加快，在他们做交易的时候会达到顶点。结果呢？客户“感到”服务质量比原本的好上两倍，银行的收入也增加了10%——全亏了播放的音乐的节奏！好消息是？服务本来就很好了，只不过，是音乐让顾客相信这一点的。

我知道你去年夏天买了什么

你是否注意过，超市或者像好市多（Costco）和沃尔玛这种超级大卖场货架上的那些传统纸质价格标签慢慢地都被电子价格显示器给取代了？也许你会假设，这是为了效率；毕竟，可以通过计算机完成的事何苦要让员工浪费时间在店里走来走去，每天或每周更换那些价签呢？而且，这里面肯定有个合理解释……只是，一切远非如此简单。

你是否也注意过，跟高速公路和市郊往返列车一样，超市也有自己的交通高峰时段？下午5点经过商店试试，店里水泄不通的。可是，早上11点过来，特别是在工作日里，几乎门可罗雀（除了可能会有一对买香瓜的老夫妇）。这没什么奇怪的；每个人都知道，绝大多数人都是下班的时候去买日常杂货的，除非是周末。但是你可能不知道的是，跟我们这边说的交通的比喻相一致，这些商店现在可以根据你在一天里开车的时段来改变通行费价格。你是否曾经在半夜疯狂地想吃一客冰激凌圣代，却发现生奶油用光了？这种强烈的欲望太过强大，以至于无从抵抗，所以你发动汽车，跑到最近的24小时超市买了一些回来。我猜，为了这么一罐生奶油，你肯定愿意比在下午5点的购物高峰时段多花点钱。现在你有机会啦！

公司和零售商深知我们对价格的敏感度每年、每月、每周、每天都会变。有时我们走进一家商店，决心要找到一个便宜货，但在其他时候，比如我们赶时间的时候，我们反倒不管那么多了。好吧，猜猜怎么着？拜数据挖掘技术所赐，在某些国家，超市和其他大型零售商知道我们具体什么时候愿意为了商品多花一些钱，而且会相应地变换商品的价格。

进入电子标牌时代吧！斯堪的纳维亚的某些超市已经使用电子显示器每日更新价格；在日本，有些超市甚至每小时都这么做。影响某件商品当前价格的因素包括天气（恶劣天气意味着价格上涨）和店内的客流密度（消费者多意味着价格下降）。我可以跟你保证，这个趋势只会带来一个结果：在未来，价格会像股市那样波动，以最低价购得日常物品会因此变成一种游戏（还记得游戏具有上瘾性吧）。

公司还会用其他方式，借着数据挖掘玩弄我们对价格的敏感性。过去几年来，一种全新的数据挖掘工具风生水起，就在我们讨论的这个时候，不少《财富》100强公司都在把这个工具嵌进他们的网站。它叫Predicata.net，其目的很简单：Predicata让网站得以根据购物者在网上做了什么、去了哪里的信息对他们进行鉴别和划分，接着再把为他们的预算量身打造、针对性很高的广告和营销对准他们。

不妨假设今天早上你想在百思买上买个便宜的数码相机。如果百思买的网站启用了 Predicata（后者的客户包括维萨卡、飞利浦和惠普公司），它立刻就能知道两件事：你在逛数码相机市场、你真的想找便宜货。因此，它送你一张“个人化”的优惠券，没错！它能给你找了一早上的那台相机打上一个震撼人心的折扣。但这只是花招之一，你还得跑到店里把它买下来（到了那里，你可能会找到喜欢得不得了的笔记本电脑）。简单地说，根据你在网络上搜索过的内容或是你浏览过的网站，Predicata 能让你偶然决定访问的商店网站主页瞬间焕然一新——主打商品变成了你整个早上都在找的那台相机。这种做法被称为“行为定位”，而且随着数据挖掘技术变得更便宜、操作也变得更简单，这个策略在各路营销者中越来越受到欢迎。

让我们换到一个稍微有些不同的场景：假设你的朋友一早上都在佳能或尼康的主页上找一款高级相机。这一次，启用了 Predicata 的网站一瞬间就能知道她想要的不是便宜货，她愿意为所有附加功能花一大笔钱，于是它给出了最高档的相机，没错，还有一张优惠券，让她能在同样高端的真皮相机包上获得一个小折扣（当然尽管相机本身全价出售）。事情的结果本质上就是经济学家所说的价格歧视：你和你的朋友最终买到的是同一件商品，但是价格天差地别。

有一款更新的软件程序，叫 Baynote，使用者包括 AT&T（美国电话电报公司）和服装生产商“人类学”（Anthropologie），它不仅会追踪你在网上买了什么、你在哪里滚动了页面、你点击了什么，以及你在任何给定网站使用了什么搜索词，还会改善其搜索结果，以便向你推荐对浏览和搜索过相似产品的用户具有吸引力的产品。有一个例子，当 AT&T 注意到人们为了一款叫作 Insight 的新型号手机做了大量搜索时，Baynote 就能够在几分钟之内在 AT&T 的网站上把 Insight 的搜索结果顶得更高，而且不只 AT&T 才会这么做。易贝网有一支团队会购买网络搜索词，以便让搜索流量都流回自己的网站。

Predicata 和 Baynote 只不过是一种名为“个人化定位”或“个人化营销”的营销工具的诸多变种中的两个而已，这种新的、传播日臻广泛的营销工具受到了很多零售商的欢迎，包括 Diapers.com、eBags.com、探索频道，以及房地产公司、交通公司和网络金融服务公司。这些程序会捕捉你的电脑自动存入网络浏览器的“cookies”（存储在用户本地终端上的数据），制造出你浏览的每个网站和网页的不可消除的痕迹，接着利用这一份信息，把有关你在网上所读过、浏览过或买过的一切个人化服务发送给你。这其实就是一双会跟踪人的鞋子的古怪故事背后的神秘力量。正如《纽约时报》曾报道的，一个有两个孩子的加拿大妈妈某天早上在美捷步（Zappos）——一家大型鞋类网络零售商——看中了一双鞋子，从那以后，这鞋子就形影不离地跟着她。“每一天、每一周，每一个我浏览的网站似乎都在向我打那双鞋子的广告。”该女性回忆说。

“基本上所有商业网站都会利用 cookies 来做各种事情，包括打广告、让用户保持登录状态和定制内容，”该文章继续补充道，“与被鞋子跟踪一样可怕，玛特琳太太说，她最近被以前在网上用过的减肥服务的广告围剿，导致心情更糟了。她说，‘它们还在跟着我，这让我觉得我很胖。’”

加利福尼亚大学圣迭戈分校的研究人员去年发现，“最常被访问的 5 万个网站有很大一部分”都涉及某种方式的行为追踪，有些甚至运用一种叫“历史嗅探”的分析手段，把我们过去的浏览行为挖出来，以便查清我们在过去几个月甚至几年里都浏览了什么网站。（注意，在笔者写这篇文章之时，这种追踪技术尚未用于苹果浏览器、谷歌浏览器和火狐浏览器，但可以用于 IE 浏览器。）同样，像佩雷兹 · 希尔顿、《连线》杂志、Technorati（著名搜索网络引擎）和 Answerbag（问答网站）这类网站使用的是一个叫 Tynt.com 的分析学服务，它会检测用户复制粘贴的内容，是一种被称为“行为嗅探”的间谍协议。

你的腹部最近疼痛不已吗？你夜不能眠吗？为某个亲戚的抑郁而忧心忡忡吗？你会怎么办？我猜你会直接跑到网上去，迅速输入相应症状。这就是有些连锁药房现在会在网上监控我们的搜索模式的原因。想想这份数据对药房来说价值有多大吧。他们不仅可以用它来给我们发送与我们的特定身体状况有关的服务，还能知道在我们的地理区域，或在我们的年龄层里，什么健康问题最为广泛，并由此调整库存或店内的价格标牌。在我写这本书期间，一群重要的消费者组织正要求美国联邦贸易委员会调查在我们上网搜寻医疗或处方药信息时冒出来的欺骗性广告。消费者的投诉指出：“美国有越来越多的消费者日益依赖网络来搜索医疗问题、治疗和处方药物的信息，保健品和药品网络经销商今年将会花费近 10 亿美元，用于瞄准这些消费者。”投诉中提到不少公司，包括谷歌、雅虎、微软、美国在线、网络医生（WebMD）、优质健康（Quality Health）、每日健康（Everyday Health）和健康中心（Health Central）。与此同时，药品经销商及其他专注于保健的经销商正向联邦贸易委员会施压，让其授予他们更大的活动范围以便扩大网络广告的范围，不管是通过数据挖掘、网络搜索监控，还是网络行为分析。

简而言之，哪怕是关于我们身体健康的最为私人的细节，数据挖掘者也一样不会放过。

同性恋？异性恋？广告商都知道

拜社交媒体所赐，我们的数字足迹已经从沙中的模糊轮廓发展成蔓延的、多向的轨迹，就像大脚怪的足迹一样容易辨认。罪魁祸首之一就是那个人人又爱又恨、在某种程度上没有它会活不下去的网站，没错，就是脸书。准备好了解一下他们都知道些什么了吗？

尽管脸书网广受诟病的隐私政策早已引发诸多争议，但它们还是很明确的——只要你愿意花时间去读的话。该网站声称，它不会与广告商共享可识别的个人信息，“除非我们得到您的允许”。与此同时，脸书却允许“广告商选择愿意观看广告的用户的特征”，并对该网站收集的人物属性保有使用权，包括你原先选择设置为私人的信息，比如你的生日，“以便为那些广告挑选适当的受众”。更可怕的是，该网站补充道，“如果用户点击或是跟某个广告互动，广告商就有可能会在用户的浏览器里置入一个 cookie，并把广告达到用户选择的标准这一点记录下来。”这些复杂的表述其实是说，如果你点击一个广告，广告商就能保留权利，尽可能多地从你的脸书账户里攫取信息，并利用这些信息让你在数月甚至数年里成为“便利的个人化”广告的注册接收者。

2010 年的秋天，《华尔街日报》的一篇文章掀起了波澜，因为它曝光了近 12 个受欢迎的脸书应用，包括德州扑克、边境小镇和开心农场，把信息（包括用户名字和这些用户朋友的名字）跟至少 25 家广告和网络追踪公司共享，粉碎了脸书全部的隐私规则，在频繁使用脸书应用的用户群中，有 70% 的人隐私受到损害，就连那些把隐私设置为最高级别的人也没有例外。尽管没有人能够证明脸书对这些侵害行为早有耳闻，但这场风波还是“让人们（再度）重新审视

（脸书）在用户活动的可识别信息方面是否具备保密能力”，《华尔街日报》如是说。

如果这还不足以让你卖掉虚拟农场、遣散黑手党成员（某个应用的游戏内容）并注销账户，几周之后，一波又起。这一次是《纽约时报》的报道，揭露的是在某些案例中，脸书的广告商（或者用原文的“伪装成广告商的探子”）会捕捉敏感资料，包括用户的性取向和宗教信仰（尽管，作为一项规定，脸书不会把这些信息卖给营销者）。

印度和德国的研究人员做了一项实验，注册了6个独立的脸书账号。这些账号完全一样，只有一点不同：其中两个（虚假）用户勾选的是对同一性别的人感兴趣。很自然，针对同性恋人群的广告（比如同性恋酒吧的广告）很快就出现在自我昭显为同性恋的人的页面里，就跟其他与用户性取向无关的广告一样。然而，因为这些看起来很中性的广告专门出现在同性恋男性的页面里，如果用户点击其中一个广告，并被领到那个公司的网站去，他就可能会落下一个“唯一标识符”，告诉那家公司或广告商他是同性恋。而且，“标识符一般都是一个cookie或是一个电脑网络地址，并不一定会公开点击者的身份。”《纽约时报》报道称，“隐私专家说，一个广告商也可能会用其他方式来获取姓名，并跟用户的性取向联系起来，也许是请当事人注册一份新闻通讯或填一张表格。”

在一个相关实验中，斯坦福大学的一名研究人员在脸书上投放了一个根据用户的位置、年龄、性别、兴趣和性取向作定位的广告。接着她在脸书上投放了一个瞄准那些特征的广告，比如针对对同性关系感兴趣的用户的广告。作为“广告商”，她能够知道脸书选了什么人来展示那些特定的广告，并由此得出那个人是同性恋的结论。

据《纽约时报》报道，她总结道，别人会使用同样的手段来获得其他的分析信息，就算它们可能受到了隐私设置的保护，包括恋爱状态以及政治和宗教派别，而且这种事甚至就发生在“其他的社交网络或网站上，比如谷歌和MySpace”。

的确，没有可识别姓名涉及其中，脸书也的确不会直接或故意把你的个人信息与广告商共享（不过就算它会，我也证明不了）。但是，爱窥探人的广告商要想绕过隐私控制，也并非那么困难。事实上，脸书早就因为持续更换和调整隐私政策而臭名昭著——而且每一次它这么干，它就有了借口重置用户隐私控制，将其还原至默认设定。如果脸书不算一个拥有我们生活每个细节信息的、信息量丰富得无以匹敌的数据库，那它算什么？如果它不算一个依赖与广告商的伙伴关系的商业模型，那它算什么？《金融时报》指出，很快就会有那么一天，脸书将会成为“网络单点登录”的代表，该杂志想象了一个噩梦般的未来画面：“一个用户在脸书上分享了他们的饮食和运动习惯的信息，接着会有任意数量的所谓的‘数据挖掘’公司将这份信息与其他信息，比如网页浏览历史进行分组配对。这些公司会创造出一份用户的档案，把它卖给不同的参与方，可能包括人寿保险公司。根据这份准确无误的信息的一部分，保险公司就会拒绝为用户承保。”

你走的每一步

如果你不想让数据挖掘者染指你的个人信息，建议你远离Foursquare，它不仅会储存你提供的任何信息，包括你的IP地址、浏览历史、电话号码、生日等，每次你在某个地方“登入”时，它还会保留权利，会“为了根据您的需要调整我们的社区服务、为了调查我们网络的有效性，也为了社区研发新的工具而使用这一份个人信息”，它也会“向我们的伙伴提供有关顾客如何共同使用我们站点的聚合信息”。当然，Foursquare 声称，“我们分享这种类型的统计数据，以便我们的伙伴也能了解人们使用他们的服务和我们的服务的频率，以便他们也能为您提供最优的网络体验”，但是这真正的意思就是，他们对与第三方搜索引擎、企业和广告商分享你的任何信息保留权利——而且还是实时的。如果你在脸书上对你的朋友广播你的 Foursquare 位置，正如多数人所做的，会怎么样？呃，那么，“这样的信息已经不再处于 Foursquare 控制之下了，它受类似的第三方的使用及隐私政策条款的约束”。换句话说，这是一块供所有人瓜分的大蛋糕。

不过，隐私拥护者最大的眼中钉也许正是谷歌，这个把“整合全球信息”奉为企业使命的互联网之王。谷歌以拥有网络上最为复杂也最具预测性的算法和数据追踪能力而著称，它不仅知道你搜索了什么，并把我们累积的搜索模式和我们使用的电脑联系起来，它还知道你在网上看了什么视频、听了什么音乐、读了什么文章、下载了什么文件等。它也知道你电子邮件的内容——它会自动扫描邮件以便提供“文意式广告”，也就是跟你邮件里的内容有某种关系的定制的产品广告。还有，当然，拜谷歌地图所赐，它也知道你住在哪里、你书架上有什么书、你的车道上停着什么车，以及你家的烟囱有没有飘出一缕青烟。

如果你注册了谷歌 Buzz（谷歌的一款社交工具），一项通过你的手机同样可以使用的网络服务，谷歌知道的就会更多。谷歌 Buzz 通过把你在不同社交媒体，包括脸书、推特、Flickr（图片分享网站）、Foursquare 和 Picasa（谷歌的一款照片处理工具）上的所有信息整合到一起。如果你注册了，谷歌 Buzz 不但会知道出现在你照片里的是什么人、你在推持上说了些什么话题、你在脸书上“赞”了什么东西，它还能“地理定位”出你的谷歌 Buzz 帖子，因此它任何时候都能知道你的确切位置。而且，因为谷歌 Buzz 和其他社交媒体服务的不同之处在于它会过滤你关注的人的信息，以便只有最受欢迎的内容才会出现在你的收件箱里，所以谷歌还能知道谁是你圈子里最有价值或最有营销力的人——换句话说，谁是广告商的最爱。

但是，如果你以为这很糟糕，你要仔细想想，真正糟糕的是未来的广告商和数据挖掘者将会怎么利用社交媒体对你进行品牌洗脑。软件公司 SAS 最近推出了一款产品，能够分析全部社交媒体上的“唠叨”，包括脸书和推特，并辨识出发表了最具影响力的评价的人，因此也是营销的最佳目标。去年，一大批公司，包括亚马逊，与脸书合作。现在，如果你选择加入这个联盟，不仅亚马逊能知道你——以及你的任何一个已经加入的朋友——对什么书什么音乐感兴趣，并由此对你进行营销，而且如果你在亚马逊上浏览某件商品，一个小小的图标就会告诉你有多少朋友在脸书上点了“赞”。数据挖掘跟同侪压力还真是天造地设的一对呀！

交出我们不朽的灵魂

如果数字间谍这一招还不够，公司手上还有各种伎俩，能让我们自愿泄露大量数据。举例来说，如果你要在沃尔玛兑现一张薪水支票，你必须给出你的社会安全码和驾照信息，通常还需要你的电子邮箱地址。猜猜看这些信息最后都去了哪里？你猜对了，就是位于阿肯色州本顿维尔的沃尔玛总部。而且，如果沃尔玛有和某家“数据增强公司”合作的话（在我写书期间还没有这样的情况），单纯地给出你的电子邮箱地址暴露的不仅是你的姓名和住址，还会暴露关于你的房子的价值，甚至你的抵押贷款额度的附加信息。

通常，我们会盲目地同意像 iTunes 商店这种网站上的“服务条款”或“许可证协议”，不存心眼地就允许公司与其他公司分享我们的个人信息。众所周知，公司会在一页又一页的文字里埋下各种隐私放弃声明，这些文字既复杂又烦冗，很具困惑性，只有一个使用显微镜的门萨成员才能破译出来。但是，猜猜看，在点击“是”或“同意”之前，有多少人会读这些免责声明，也就是业界说的“EULA”（最终用户许可协议）？根据纽约大学法学院在 2009 年做的一项研究，在 45 091 个追踪了 30 天的家庭里，每 1 000 个购物者里只有一个或两个（也就是 0.1% 左右）会花一秒以上的时间来阅读某个产品的 EULA。2005 年，波尼蒙研究所（Ponemon Institute）的国家间谍软件研究发现，只有 13% 的人在下载免费软件前会费心阅读 EULA。

你有花时间看一下最新的苹果 iTunes 用户协议吗？我也没有，所以让我们复习一下它都说了些什么。里面有苹果请求——更准确地说是“要求”——用户同意让苹果任意时间都知道他们的 iPhone、iBook 或 MacBook 在哪里的新条款和条件。换句话说，如果你想要使用苹果 iTunes 商店（而且除非你点击“接受”，否则它也不会让你进的），你就必须同意让苹果全天候实时追踪你的电脑，并与第三方分享那一份信息。（别忘了，苹果早就了解了你很多信息，包括你的过往消费、信用卡号，这些它都存着。）难怪面对苹果的这些要求，德国联邦司法委员会坚持要求苹果必须即刻“公开从掌上电脑搜集而来的位置数据细节”；也难怪在美国，众议院两党联合隐私权小组会要求史蒂夫·乔布斯对这项突然出现的政策做出解释，并具体说明他打算如何保证用户的匿名性。

好几年前，一个巧妙的愚人节小玩笑揭露了我们有多么不注意这种难懂的契约条文。英国一家电子游戏网络零售商游戏站（Gamestation）开玩笑地往它的条款和条件里埋了另一个条款：“在公元 2010 年 4 月份的第一天，如果你通过本网站下了一笔订单，你就同意授予我们一个不可转让的期权，从现在起直到永远，拥有你不朽的灵魂。一旦我们想要行使这个期权，并在收到 gamestation.co.uk 或任何本网站正式授权的下属寄出的书面通知的 5 个工作日内，同意交出你不朽的灵魂以及你对它拥有的任何所有权。”这家公司捉到了多少个灵魂呢？近 7 500 个，或者说是于 4 月 1 日愚人节当天从该网站买东西的 88% 的人！

一个后隐私社会

没错，公司之所以能了解到我们的一切，有一部分要归咎于我们自己。我们在网上放了太多信息。我们写博客、聊天、发微博、玩 Foursquare，往 YouTube 上发布最爱的视频，我们每次想要买本书、买件 T 恤、买飞机票时都会输入我们的信用卡号码，我们通知脸书上的好友我们在哪里度假、我们喜欢平克·弗洛伊德、喜欢酷圣石冰激凌、喜欢皮克斯公司、喜欢《豪斯医生》。每一次我们这么做时，就正中了数据挖掘者的下怀。

考虑到年轻人花了那么多时间在脸书和推特上，在我把全国各地的年轻人组织起来、跟他们讨论隐私（与招聘公司默里山联合公司合办）的时候，“隐私”这个字眼对他们来说显得毫无意义，这应该没什么好大惊小怪的；对于这个话题，他们要么完全无所谓，要么就是彻底放弃了。实在叫人寒心啊！

鉴于现在的孩子花那么多的时间上网，数据挖掘者已经在收集四五岁大的儿童的信息了，这应该也不是什么怪事。有些数据挖掘靠的是儿童友好型网站上弹出的网络调查问卷，问问他们的年龄、最爱的玩具和卡通形象、购物行为，有时甚至还问他们父母的购物行为。你家小孩想要在华纳兄弟兔八哥儿童网站上注册吗？那他首先必须要加入，条件是给出名字、回答安全问题，并提供你的电子邮箱地址。一旦你回复了确认邮件，华纳兄弟就会问你家小孩的电子邮箱地址，还有邮政编码以及出生年份，接着会要求你检查邮箱，让你代表他同意协议条款。这些协议条款是什么？根据该网站：“我们可能会请他们向我们提供名字、家乡和电子邮箱地址。在同一个页面中，我们也可能会让您家的小孩提供有关其他人的个人信息。”

接着，又来了，哪怕你的小孩并没有在兔八哥网站上注册，营销者要想挖出他们的信息也不难，因为据网络安全公司 AVG 称，92% 的美国儿童在两岁以前就有了数字足迹，7% 的婴儿还没出生就已经有了电子邮箱地址，5% 则会有社交网络的账户（而且几乎四分之一的新生儿早就有了网络照片，因为 23% 的父母会把 B 超图上传至网络）。随着社交网络变得越来越普及，我完全相信这些数字会继续增多。AVG 的首席执行官 J · R · 史密斯对此评论道：“一想到一个 30 岁的人会有一份可以回溯 10~15 年的网络足迹就很吓人。”他同样告诫父母们，对“分享”孩子照片和信息的网站的隐私设置要谨慎，包括 YouTube 和 Flickr。

然而，尽管许多人完全清楚一切有关我们喜欢的、讨厌的和个人生活的细节正在以太网中四处流淌，但绝大部分人都毫不知情的是，我们的一举一动、我们购买的任何商品，会在何种程度上被记录并转移到一个不可消除、伴随终生的数字足迹上（而且实际上，在我们消失之后它还会存在很久很久）。正如《纽约时报》指出的，“我们身处于一个后隐私社会，我们已经不知道有多少实体在追踪我们。更不用说它们用我们的个人信息做了什么、怎么储存、它们可能把我们的档案卖给谁，还有，没错，他们利用这些档案赚了多少钱。”

真的，我们正生活在一个后隐私社会。IBM 老总萨姆·帕米萨诺（Sam Palmisano）在最近一次演说中尖锐地指出了一件很讽刺的事，没什么比这件事更能阐明这一点：今天，在乔治·奥威尔写《1984》的那栋伦敦公寓的方圆 200 码里，就有 32 架闭路摄影机，而他那本反乌托邦的书写的正是老大哥窥探的眼睛。

所以，没错，我们都知道，我们每一次在推特上发布我们所在地的消息、每一次更新脸书档案、每一次在网上用信用卡买东西或是在药房里刷有奖卡时，我们都会把自己的信息散播出去。但是我们并没有完全意识到，每次我们这么做，本质上就是允许公司和营销者记录、储存、编译并分析我们选择共享的全部信息，以及我们并不共享的许多信息，然后转个身，把它用于哄骗、操纵和引诱我们买更多东西上。事实就是，随着我们的世界变得越来越网络化、数字化、超链接化，以及我们生活的更多内容不可避免地在网络上进行，想要逃出数据挖掘者的魔爪变得难上加难。当然，我们可以扔掉手机、注销脸书账号，也可以停掉信用卡，但还是现实一点吧，我们被品牌洗脑得太严重了，以至于我们根本做不出那么激进的举动来。

10

我们想要摩根森太太拥有的一切

最强有力的隐形说客其实是我们自己

接近太平洋标准时间的午夜，一辆接一辆的卡车行驶在拉古娜海滩中央地带的一条乡村小路上，这是南加州最美丽的海滨社区之一（也是最富有和最昂贵的社区之一：这里的家庭收入的中位数是146 562美元，房屋均价在100万美元以上）。大多数华丽又庞大的灰泥房子里的灯都灭了，它们的主人睡着了，唯独街尾的房子还亮着灯。因为是在夜间，平时一辆车都很难见到，更别说是很多辆了。但现在有五六辆卡车停在马路边，工人们轻手轻脚地卸下摄像器材和纸箱，然后把它们搬进房子。

在接下来的8个星期要发生的事情，是我和我的团队有史以来最冒险的也是最具突破性的尝试。如果邻里中有一个人发现了我们的目的，那整个项目（我们计划和准备了6个月）就泡汤了。为什么？因为在这个高档社区里的家庭不会想到，他们即将成为一项大型的、耗资300万美元的社会实验中的不知情参与者，而这项实验的结果，将揭开消费者行为的不为人知的一面。

我的实验是从好莱坞电影《模范家庭》中得到灵感的，这部电影是关于一家子“卧底营销者”搬进一个中上层阶级的社区，然后向不知情的邻居兜售他们的产品的故事。我的计划既简单又野心勃勃——测试口碑营销的力量。我会用现实生活重现那部电影，创建一个活生生的加州家庭，把他们放进一个真实的加州社区，然后在他们潜移默化地说服朋友、同事及心爱的人买我们精心挑选的产品时，拍摄他们的一举一动。

第一步，我雇了美国顶级真人秀的选角导演之一马西·蒂什克（Marcy Tishk，他曾参与过的电视秀有《泽西海岸》以及《帕丽斯·希尔顿的新密友》）和制片人安迪·麦肯蒂（Andy McEntee，作品包括《百万富翁婚嫁》以及《改头换面：家庭版》），请他们从众多候选人中选择最完美的全美家庭。如果我们的实验想要成功，那摩根森家庭必须是一个年龄、风格、兴趣和价值观上的完美组合。经过长期的筛选，马西和安迪找到了五口之家的理想人选（埃里克·摩根森、吉娜·摩根森，以及他们的三个儿子杰克、山姆和麦克斯）——一个成功的、美貌的、上镜效果完美的南加州家庭，他们同意完成这个“人生使命”（至少要进行一个月），用自然的方式说服他们的邻居购买一些产品。

我们来认识一下他们吧。

埃里克·摩根森：45 岁左右，毕业于东海岸大学，成功、富有同情心、风趣、热爱体育，对孩子尽职尽责（不太热衷于社交聚会）。

吉娜·摩根森：成熟、有魅力、受人欢迎，有政治和环保意识，在朋友圈中是一个引领时尚潮流的人。

杰克、山姆和麦克斯：和他们那热衷体育和户外运动的父亲一样，杰克、山姆和麦克斯都是时髦帅气的、贾斯汀·比伯型的南加州少年（分别是 16 岁、14 岁和 12 岁），他们迷恋音乐、滑板、科技，和大多数青少年一样，他们也喜欢最新的品牌和潮流。

现在，请想象几天后的情景。

在摩根森一家宽敞的院子里（有配备加温设备的游泳池，修剪整齐的、完美的景观草坪，还有容纳 3 辆汽车的车库，里面停着一辆 2005 年的福特远征埃迪·鲍尔版、一辆 2008 年的宝马 750Li，以及一辆 2008 年的尼桑天籁跑车），埃里克·摩根森正在向他的一群男性朋友展示他的烧烤技术以及新的 Frontgate(户外家居品牌）和 T. J. Maxx 烤肉工具；60 米外，吉娜·摩根森正在和几个女性朋友讲她那先进的厨房，里面有一套高配版的 KitchenAid（顶级厨房用品品牌）的厨房用具，包括一个组合微波炉、电磁炉、制冰机、垃圾压缩机、烤面包机、搅拌机以及滤水器，还兴致勃勃地谈论她如何迷恋上一个新的首饰系列；在楼上，杰克、山姆、麦克斯正和几个同学玩最新的 Xbox 游戏，同时还在炫耀他们在最近一次家庭采购中买的范斯（Vans）潮鞋。

这个花费几百万美元的实验的重点是要测试口碑营销的诱惑力。通过拍摄一个“真实”的家庭在这些自发的、没有剧本的情景中发生的事情，从烤肉到香槟早午餐，再到家庭大采购，我们会观察摩根森一家的朋友圈对于摩根森介绍的具体品牌和产品作何反应。当你把其他家庭“会羡慕的”的生活方式以及其中的品牌和产品面对面地向他们展示出来，他们会想要那些摩根森一家拥有的产品吗？更重要的是，这种影响是否能强大到让他们真正去购买这些产品呢？

通过 35 架摄像机（有 17 架是隐蔽的）和 25 个藏在家具和固

定装置里的麦克风，我们能看到这栋房子中每个房间的360度全景，所以我们可以追踪摩根森一家的所到之处，这种“秘密作战”的结果最终将揭露出一些令人吃惊的发现：最强大的隐形说客不在你的电视机里，不在超市货架上，甚至也不在你的智能手机里。这是一种更加普遍的影响，每时每刻都在你的周围，用你完全意料不到的方式给你洗脑，它们就是你自己的朋友和邻居。

你说你的，我做我的

在前文中，我们已经知道，在营销和广告世界几乎是没有巧合的。我们看到很多种伎俩、诡计、谎言以及操纵，这些都是营销者和广告商用来给我们施加压力、哄骗和吸引我们的工具。我们知道他们如何利用恐惧、性、名人、新时代的承诺、不安全感、怀旧情绪、数据挖掘等，在向我们兜售产品的过程中勾起我们内心深处的恐惧、梦想和渴望。我们目睹了在童年之前，也就是我们离开母亲的子宫之前，营销者们就开始瞄准我们了，而且对我们进行超长时间的持续关注，为的就是把我们打造成他们的终身客户。我们还了解到同侪压力在塑造我们的购买习惯时所起到的作用，但是这一章的内容要再提升一个层次。

在一个60%的美国人用脸书（每天全球有大约1.75亿人登录脸书）、有1.9亿人用推特（24小时之内会更新大约6 500万条推特信息）的世界，对于我们是多么容易盲听和盲从朋友、邻居和同辈的建议、推荐以及潜在的影响，我相信我只是看到了冰山一角。

在萌生制作《摩根森一家》这样一部真人秀的想法18个月之后，我就开始写这本书了，在那时我不知不觉地中了一个隐蔽的营销策略的圈套，这件事促使我开始怀疑自己区分现实和广告手段的能力。当时我正把车停在澳洲悉尼的一个加油站里，旁边有个刚加完油的家伙走过来："嗨，伙伴，我喜欢你的车。"他说道。"哦，谢谢。"我礼貌地回答。"但是伙伴，"他接着说（是的，澳洲男人很喜欢用这种"爱称"），"你的确应该考虑一下高辛烷值的98号汽油。"他还告诉我，他也有一辆和我一样的车，正放在家里的车库里，他补充道："你无法相信你的汽车性能会有多大的改观，绝对会吓你一跳。"

我感谢了他，然后马上就忘记了他的建议。然而在接下来的几个星期，每次我需要加油时，都会想起他说的话。我每次去加油站时都会出现同样的内心对话：我该加普通辛烷值的还是高辛烷值的98号？这个问题一直在我脑子里转。管他呢！我开始想。又没什么损失，也就是多花了那么一点。果不其然，从那次之后，我每次加油都换成了高辛烷值的98号。

几个月之后，在我的车快没油的时候，我再次回到了当时那个加油站。正在我加油的时候，我听到了一个极其熟悉的声音。

就是他，那个高辛烷值98号男人！但这一次，他没有过来和我打招呼，而是走向了另一个车主，那个人正在加的油是最便宜的那个品牌。"嗨，伙伴，我喜欢你的车。"他说道。"谢谢。"那个车主用和我同样礼貌的语气回答。"但是伙伴，"他接着说，"你的确应该考虑一下高辛烷值的98号汽油。其实，我家里也有一辆和你一样的车。一旦你试过之后，你无法相信会有多大的改观，绝对会吓你一跳。"

我彻底被忽悠了。要么就是这个家伙拥有所有品牌的汽车，而且只懂两句英语；要么就是加油站派他来促销高价的汽油。同时，我禁不住想，马丁，你怎么会中计呢？你这个夜以继日地在营销行业工作的人怎么能被5秒钟的隐蔽营销骗得改变了整个购买习惯呢？

直到一年后，当电影《模范家庭》搬上银幕时，我受到了激励，开始酝酿我自己的营销实验：用8个星期的时间，来测试这个和我在悉尼郊区经历的差不多的策略的效果。

一个月之后，在拍摄了几百小时的录像带之后，《摩根森一家》的结果出来了。但是像这种轶事性的证据，无论有多少个小时，都不算是最科学的，所以我后来决定再做一个功能性磁共振成像的研究来确认研究发现。结果进一步证明，比起消费者之间的相互影响，营销者、广告商，或大公司的作用简直是九牛一毛。

摩根森太太去购物

想象一下这个画面：吉娜和几个朋友去大型鞋类零售商DSW（全称为“Designer Shoe Warehouse”，设计师鞋子仓库）买鞋。在去往商店的路上，吉娜率直地问她的朋友们：“有谁去过DSW吗？我只是喜欢它的整体概念。你肯定能在那里找到你想要的鞋子。”两个小时之后，她成功“说服”了（当然是不明显地）5个朋友买了好几双鞋；实际上，有些人走出商店时手里提着多达5双新鞋，有靴子、高跟鞋、平底鞋。不仅如此，我之后还发现，在她们此次购物之旅之后，吉娜的3个朋友访问了DSW的网站，并在脸书上“喜欢”了这个商店，而且到我写这本书时，又网购了好几双DSW的鞋。

我是怎么知道这些的？因为我找到了ChatThreads公司（品牌分析机构），他们的专长是获取关于消费者如何、何时、何地在日常生活中注意到某些品牌的数据，然后分析这些“邂逅”对于购买行为的影响。在实验的前后，ChatThreads团队采访了吉娜的朋友，内容是关于她们的购买行为的（实验前的采访是假借随机的问卷调查进行的），因而就能够准确地分析出她们和品牌的接触是如何影响她们后续的购买行为的。另外，当实验结束，研究小组请吉娜的朋友们在任何时候遇到一个品牌时，都要发短信告知研究员她们对于该品牌的感觉，以及她们是如何与品牌互动的。DSW 出现了很多次。也许更能说明问题的结果是，在后来的场景中，吉娜的两个朋友穿着她们在大采购中买的鞋子去了摩根森的家。隐藏的摄像机记录着，其中一个朋友甚至在吹嘘自己那双 30 美元的鞋子，还说："我喜欢这双鞋，这是我穿过的最舒服的高跟鞋。"

在这场大采购中我还发现了些什么？首先，吉娜的朋友们似乎不太想买东西，除非她们的朋友鼓励她们买。在某一时刻，有两个朋友想买同一双鞋（还听到其中一个很开心地说"我也想要"），这是同侪影响力的另一个证明，尤其是在商店里有几百双不同鞋款的前提下。此外，我注意到女性的朋友们能在最后一刻影响或改变她的选择；还有一次，当店员在收银台扫描商品的时候，吉娜还在劝说她的一个朋友买另外一个东西。

我们一次次地看到类似效果的同侪压力。在拍摄中，有一次吉娜邀请了大约 12 个朋友参加香槟早午餐（更像是一个挂着香槟早午餐之名的"吹风会"）。首先给每人上一杯澳洲的气泡酒塔尔塔尼（Taltarni）。"这不是很美味吗？"吉娜问道，中间还重复了几次品牌的名字（她的朋友们后来整晚都在用"美味"描述这瓶酒）。之后，她又向她的朋友们展示她戴的新的潘多拉（Pandora）首饰。"很华丽，对吧？"她问道。吉娜还解释说这个新首饰是从潘多拉的网站上定制的，她尤其喜欢这家品牌为"全国乳癌关爱月"推出的乳癌关爱系列饰品。吉娜太善于向朋友们推荐这一特殊的饰品系列，以至于一个朋友甚至还让吉娜把品牌的名字写给她，这样她就能在到家之后访问它们的网站了。成功了！

但是吉娜的招数还没用完。毕竟，她还要告诉朋友们，最近她把所有的美容香皂和身体乳都换成了天然产品品牌吻面（Kiss My Face）的产品，其产品涵盖牙刷、漱口水、剃须膏等。她还告诉朋友们，她太喜欢这个品牌了，以至于她决定送给每个客人一个礼品袋，里面装着吻面的香皂和唇膏。之后，她还打开了几瓶谷园酒庄的红酒——来自纳帕溪谷一家“以其绝佳的红酒而驰名的”酒庄，她这样告诉客人们。

哦，顺便提一句，你们见过她那精致的新手袋吗？来自伦敦的品牌“知行合一”（Knomo）——一款“时髦又现代的，适合白领一族的公文包”。

吉娜的朋友们反应如何？我们首先在两个星期之后见证了吉娜的影响力，她的三个朋友出现在拉古娜海滩的聚会上，她们所戴的项链、小饰品和耳环全部都是来自吉娜推荐的那个首饰品牌；之后，ChatThreads 的采访显示，在那次早午餐结束之后，吉娜的朋友们出去买了知行合一的手袋，还有很多吻面的产品。在后来的采访中，有一个朋友表示：“在吉娜的家里使用这些产品让我对这些产品印象深刻。我开始以为它们这么便宜，应该不会好用。现在我很喜欢这些产品，而且因为它们价格低廉，又很容易买到，所以我肯定会开始使用它们。”我们指定的红酒品牌谷园酒庄也收到了同样的效果——女人们开始大批购买，后来有些女人还告诉吉娜她们有多喜欢这款酒的口感。其中一个在后来的采访中说道：“我真的很喜欢喝红酒，我不太愿意买那些我没有品尝过的酒——我对特定品牌的‘口味’没什么感觉——但是我很高兴听到我信任的一个朋友对此有好的评价……所以我下次碰到的时候会更倾向于购买。”

实验表明口碑营销的力量也延伸到了鞋子和首饰之外。至少在女性中间，对于个人产品的偏好会像野火一样蔓延。在我们的拍摄中，有一次吉娜拿出了一盒李布雷斯牌（Libresse）的卫生棉条，截至我写本书时美国还买不到（确保吉娜的朋友不会对这个产品有先前的认知）。那么李布雷斯的与众不同之处在哪里？除其他因素以外，第一眼看上去很难看出盒子里面装着什么。吉娜的朋友们疯狂地爱上了这个品牌，同时也证明了对于某些产品而言，巧妙的包装也是一个无法抗拒的销售点。

关于游击营销（尤其对于女性来说），这个实验还揭露出哪些问题？似乎是这样的，如果一个女性在谈论某个品牌或某个产品时确实正穿着或正使用它们，无论是新的首饰系列、一个护肤品的品牌、一双靴子，或是一款新潮的手袋，她对于同辈的影响力会更加强大。此外，如果一个朋友对品牌的印象深刻到要在一张纸上写下名字，那她就极有可能会在之后购买这个品牌的产品。

“现在我要发胖了”

那摩根森先生怎么样？他能够像他妻子那样有效地影响他的朋友们和邻居们的品牌选择吗？

在这个问题上，性别的差异就体现出来了。埃里克的男性朋友在他推荐一个品牌或一个产品时，更可能直接地挑战他。“你凭什么就是专家？”这是男人们内心的潜台词。（比如，有个场景是这样的，当埃里克建议一个朋友试试某个品牌的烧烤腌料时，那个朋友明显有些生气。）我猜，很多男人会把这种建议看作是在攻击他们的权威性，就好像埃里克在显示自己知道的比他们多。

但是我们也看到了一些例外。如果埃里克推荐的是那些体现抱负的、象征着金钱、权力，或世俗意义上的成功的品牌或产品，比如一辆新的捷豹车、一套先进的烧烤架，或者是一瓶昂贵的红酒，他的男性朋友们就能欣然接受。这就是说，只有当口碑推荐来自于他们尊重的男性的观点和专长——比如埃里克，他们才能够接受。从我们的镜头中可以看出，其他人的推荐就没有任何效果。在我们的实验中，我们从他们描述一个产品所使用的单词中就能听出一二。在一个场景中，一个不属于埃里克和他朋友圈的邻居用“超酷”这个词描述吻面的一个产品，那群人显然对他的推荐不屑一顾。但是当埃里克的一个朋友（明显是同一个圈子的）用了“时髦”时，这个词就迅速在群组中蔓延开来。

在摩根森一家的镜头中，我还发现了一个令人吃惊的现象。在摩根森圈子里的男人比女人更容易受到同辈对于食物和饮食选择的影响。在拍摄中，有一次埃里克的一个朋友告诉他，他点的饮料里有多少卡路里（这并不是剧情安排，还记得吗？根本就没有剧本），然后埃里克就换了其他饮料。“一杯黑啤相当于一个火腿三明治，”埃里克在朋友建议他换成伏特加配红莓汁之后说道，“现在我要发胖了。”

小摩根森们

我们之前已经讨论过青少年是多么容易受到同侪压力的影响，摩根森夫妇的孩子们也不例外。杰克、山姆和麦克斯对于同辈的影响力有一部分是来自于他们散发出来的自信光环；摩根森家的男孩们似乎总是知道自己在说什么（他们既酷又帅气，这点也很有帮助）。有一次，杰克告诉他的朋友他正在试用一款环保的滑雪板，而且准备购买。他的朋友对此印象深刻，而且立刻也想要一个。“嘿，当我拿到我自己的滑雪板时要好好研究一下。”他完全自发地表达着。

似乎男孩的影响力还能跨越年龄和性别。杰克和他那读大学的表姐（她不在这个实验里）讲了有关 Stinky Stink 品牌（针对十几岁男孩的香体喷雾，我在第一章提到过的），还给她闻了一下，她就说在宿舍楼里的男生们应该用用这个。

但有趣的是，就像摩根森家的孩子能够给他们的朋友和同辈“品牌洗脑”一样，他们最能影响的人其实是他们的父母。在拍摄中的某个时间点，他们忘记了摄像机正在工作，埃里克和吉娜带他们的三个儿子去购物。在一个个品牌柜台前，埃里克一次次地询问孩子们：“你会不会穿这种鞋？”意料之中地，因为大多数青少年都痴迷于品牌，杰克、山姆和麦克斯明确地表示他们只穿耐克、范斯的运动鞋，对其他的不感兴趣。最后呢？明显是为了取得孩子们的认同，埃里克和吉娜还是买了孩子们喜欢的品牌。

科学之声

在看了几百个小时的录像之后，我只有一个结论：无论是鞋子、首饰、烧烤工具，还是运动装备，没什么比看到我们尊敬或羡慕的人使用某个品牌或产品更有说服力了。就像摩根森一家的录像令人信服一样，对于这个轶事性数据我仍然不是完全满意。我想要用实证的方法评估和验证我们的发现，所以我们让 ChatThreads 来分析数据，从数据中我们看出了一些有趣的趋势。

首先，无论吉娜和她的朋友们说了一个她只尝试了一个星期的水疗，还是在她们面前喝了一种新牌子的咖啡，她的朋友们都是在早晨最容易受到这种游击式广告的影响，尤其是在 8 点到 10 点之间。为什么？因为刚从梦中醒来，早晨是我们最容易被他人影响、被说服、被建议的时段。我猜测早晨也是一天中我们尚未接触到营销信息的时段，因此，我们的“过滤器”还没被激活。

与此同时，值得一提的是，在节目中没有一个人能回忆起过去一个月中看过的电视广告，一个都没有！但是当我们让摩根森家的朋友们随口说出品牌名称时，每个人说的都是埃里克和吉娜推荐过的牌子。就好像他们把这些“摩根森认可”的品牌存放在了大脑里那个易于回忆起的“个人”区域（与“企业”或“商业”这两个具有抵御性的区域相对）。

摩根森家推荐的品牌还有另一个效果：它们传得更快。也许更重要的一点是，它们带着一种“光环效应”（意味着它们是安全的、被事先认可过的，对任何批评见怪不怪了）。结果，大约有三分之一的朋友开始向他们的朋友和熟人推荐甚至夸耀这些品牌。（甚至达到了这样一个效果：当吉娜的一些朋友回到家，热烈地谈论着摩根森一家推荐的品牌时，制片人都怀疑自己被陷害了，这些女人就像在复述和谈论电视广告！之后，他才发现她们只是兴奋地重复着吉娜和她们说过的话，甚至用她说过的短语和词汇。）

我还要花一点时间补充一下，在我们 8 周的拍摄中，没人，我是说，没有一个摩根森家的朋友怀疑过什么，甚至在吉娜开了一个半小时的车去买鞋时也没人察觉到什么。（吉娜之后告诉我，她从来没有为购物去过那么远的地方。）有些时候，埃里克和吉娜都觉得自己推销产品推销得太刻意，直到他们意识到有多少自然和日常的对话是围绕着品牌展开的。

ChatThreads 还发现，摩根森家的朋友相信的建议，大多是比较大和比较有名的品牌。这并不令人惊讶，同时也证实了我的理论：传统营销和更隐蔽的营销方式结合的效果最好，最有说服力的广告策略也需要和口碑广告结合。

最后，就连我都真的被口碑营销的力量震惊了。我非常害怕，我怕我高估了同侪压力的力量。如果无论摩根森家如何推广这个或那个品牌，都没有一个朋友真的会出去买，或最好的情况只是时不时地买某一个品牌，那该怎么办？看来我不需要担心了。摩根森家的朋友平均每人买了 3 种他们推荐的品牌，这个事实让我震惊了。更惊人的是这个实验对于摩根森一家购物习惯的影响。在我们的真人秀结束之后，埃里克、吉娜以及他们的孩子们，仍继续使用和购买他们在过去一个月中“兜售”过的 10 个品牌中的 6 个。

还有一些令我大吃一惊的事实。我惊讶地发现，根据 ChatThreads 的分析，即使不在摄像机前，也有超过 50% 的人的日常对话围绕着品牌展开。我惊讶的是人们在家里“炫耀”品牌的程度（无论是有意识的还是无意识的）。有个女人告诉我：“我觉得展示某个品牌是因为要和朋友们找话题。”最后，当我们告诉埃里克和吉娜的朋友和熟人，整件事情是一场“骗局”、一个真人秀时，没有人生气、不安或者有顾虑，即使他们多多少少被欺骗了。

我想重申这最后一点。当我们最终揭露出真人秀实验的真相，摩根森家的朋友们先是不相信——“得了吧，谁不是这样？”但是当我问他们，如果有两个最亲密的朋友为了说服他们买某个品牌的产品而背叛了他们，他们会不会介意时，就轮到我震惊了。“还好啊，”他们回答，“如果摩根森夫妇告诉我们的品牌是好的，那就完全没问题。”“那如果他们推荐的品牌并不是他们喜欢的呢？”我问。朋友回答：“即使摩根森推荐的牌子是他们不喜欢的，我还是会买。”而且，没人觉得我们的真人秀实验不道德或是个错误。

是不是很奇怪？

我一直在提问。当我让他们用1~10来表示他们受摩根森推荐的影响程度时，埃里克和吉娜的朋友一致回答“10”。还有，当我问一位男性（一个企业发言人）是否在台上提到过摩根森推荐的品牌时，他回答也许已经把品牌的名字传达给了“几千个”听众了。为确保没有听错，我又让他重复了一遍数字。“几千个，”他重复道，又补充，“我就是喜欢他们推荐的鞋。”

在一些情况下，说服效果是在无意识中显现的。对于这些情况，摩根森家的朋友们在一些鼓励下就承认了——想想吧，他们通过购买摩根森家推荐的产品而改变了自己的购物方式。不止一次，有一个吉娜的朋友说她最喜欢的化妆品品牌是吻面，她说听说过这个品牌，但不记得是在哪里了。当我们让她回忆她第一次使用这个品牌的时间时，结果是她在摩根森家吃饭的第二天。

这个女人还提到，当她知道12岁的儿子又开始玩他儿时迷恋的乐高玩具时有多兴奋。“他为什么突然又开始玩上乐高了呢？”我问她。女人也很迷惑，表示不知道，但是最终有句话一下就点到位了：“就在我们在摩根森家吃完饭后。”这就是无意识的力量！埃里克和吉娜从来没有通过名字来推荐这个品牌。但是当大人们都在吃饭时，这个女人的儿子在楼上和摩根森家的男孩一起玩了半个小时乐高。

显然，摩根森一家在意识和潜意识层面都施加了非常强有力的影响。

我仍然想了解更多。现在是时候用功能性磁共振成像的研究来精确地测评游击营销在多大程度上能放大一个营销或广告策略的说服力了。

我的目标是什么？我想对比个人口碑推荐与其他媒体（无论是电视广告、网上活动，还是时尚杂志宣传的那些最新的神奇化妆品）推销或说服我们去买东西的力量和效果。

6个星期之后，在分析了几百万条功能性磁共振成像的数据之后，研究小组把结果发给了我。我把这些数据转换成了文字，解释为什么摩根森一家掌握了最令人无法抗拒的说服工具。

你可以看到，与传统的电视或平面广告相反，当其他人向我们推荐一辆汽车、一本书、一支乐队、一种化妆品或一瓶红酒时，我们的大脑里会产生一种非常令人惊讶的活动：大脑中那些理性的、执行的区域关闭了，而脑岛——负责“社交情感”的区域，比如欲望、反感、骄傲、羞辱、内疚、同情，甚至爱——却产生了激烈的活动。此外，脑部扫描的结果显示，来自朋友的推荐能够刺激大脑中的感官区域，会造成一种和生理渴望类似的感觉（我在关于上瘾症的那一章讲过）。也就是说，这就像“口碑代言”被“记录”在多个大脑轨道里，而且我从《买》一书的实验中就得知，一个品牌或产品所影响的“轨道”越多，我们就越愿意接近和与之协调，从而推荐就更可能起效。

我再次发现，大脑内部的工作解释了为什么口碑广告在我们的记忆里能留存几个星期之久，而我们却记不起今天早上看过的电视广告。更加有趣的是，它还解释了我们为什么有一种向他人进行口碑传播的固有倾向。近期关于“八卦”（仔细想想，它本身也是口碑营销的一种形态）的进化根源的研究发现，无论何时有人向我们推荐了一些好东西（比如，“这种红酒味道很好”，或者“这种化妆品会让你看起来年轻5岁”），然后我们继续重复这些话，我们的大脑就会产生多巴胺——让我们“感觉好”的神经传导素，与上瘾症及寻求刺激有关。简而言之，无论何时我们从我们喜欢或羡慕的人那里听到一个品牌，然后再把这个秘密传播给他人，我们的大脑不只会投入情感，还会获得化学物质上的回馈，说得越多，回馈就越多。

简单来说，如果能在你的品牌背后创造出口碑影响力，那么这种影响力比品牌本身的力量还要大无数倍。

这就是我预测摩根森一家会很快成为“现实”的原因。在未来，公司会在世界各地的社区里雇用和植入几千个像摩根森这样的家庭，让他们推广一个甚至一系列品牌。我们甚至还能让一些家庭成为带薪的“隐形营销者”。（想象一下，当一家公司发布了一款新产品，或相反的，一个品牌遭遇了负面宣传，这几千个作为“营销潜伏细胞”的家庭的力量。）当然，这种做法在前期会遭到一些排斥，但是公司能得到的好处也很多。所以消费者们，当你住在邻街的那个富裕的、有吸引力的家庭向你推荐产品或给你建议时，小心点。记住，对于公司来说，他们的话语如果换算成“营销力”，大约值每个月一万美元。

公司要找到这些隐形营销者并不难。我们优秀的选角导演马西·蒂什克和制片人安迪·麦肯蒂说，当他们开始寻找扮演摩根森一家的家庭时，有无数个来试镜的家庭央求他们参与这个实验。“所以我们可以说，《摩根森一家》这个节目从实验变成了现实，”我对马西说，“我让你找一些愿意暗中向朋友和熟人推荐品牌的家庭，有难度吗？”“哦，这太简单了。”马西回答。“你可以招聘几十个像摩根森这样的家庭吗？”我要求道。“马丁，”马西礼貌地说，“可以，但不是几十个，而是几千个。”

当我和世界各地的公司高层会面时，我提醒他们，如今在营销界最强大的力量已经不是企业了——不是首席执行官，也不是有钱的营销部门。而且我要向唐 · 德雷柏（Don Draper）致歉，《广告狂人》（*Mad Men*）那个年代卑劣的、单面镜式的营销已经终结了。现在和未来，拥有真正力量的人们是网络上那些点击着鼠标的消费者们，以及他们广阔的人脉中虚拟和现实里的朋友、熟人。换句话说，拥有真正力量的人就是我们自己。

作为消费者，我们也许会认为是品牌拥有我们，但是在现实中恰恰相反。所以，我要告诉你一个好消息：在我们这个超高速链接的、充斥着推特、YouTube 和维基解密的世界，一个通过点击一下鼠标就能把诡计、骗局或秘密传遍各个角落的世界，消费者比以往拥有更多权利。因此，未来的品牌必须要透明化，并实现自己的承诺。相信我（如果是营销者，最好用笔记下来），达不到这两点要求的品牌会立刻被曝光，并在痛苦中消亡。这也是本书的核心内容。

绿树青山

在实验中我开始思考：如果隐形营销能够用来说服我们买各种奢侈品牌和产品，那它是否能被用于更“高尚”的目的，比如促使我们买那些对社会和环境更友好的产品，甚至推广“更加绿色的”、“更有生态意识的”生活方式？比如丰田是否能用同侪压力让我们购买环保的普锐斯？摩根森一家是否能用同侪压力让我们购买环保香皂？

当我写到这里时，世界气象组织宣布，过去的 10 年是温度最高的 10 年，很多科学家将这一趋势归咎于人造污染将热量滞留在大气中。你也许还记得，2010 年，11 000 人在莫斯科因高温而死亡；洪水袭击了巴基斯坦、泰国和越南；澳大利亚的暴雨；印度尼西亚和中国部分地区遭遇干旱。所有这些悲剧至少有一部分是由全球气温变化造成的。

这也是为什么我的目标之一，就是让摩根森一家在他们的朋友圈中提高他们对于绿色生活重要性的意识，并试图用隐蔽的方式说服他们的朋友和邻居多买一些环保产品。他们以这种微不足道但有意义的方式成功做到了。

但是，就在摩根森一家开始执行这最后一个任务之前，我在团队里增加了一个“环境教练”——在当地被称为“绿色女神”的索菲·乌利亚诺（Sophie Uliano），《绿色生活：简单八步实现环保生活》（*Gorgeously Green: 8 Simple Steps to an Earth-Friendly Life*）一书的作者。她是这方面的专家，她的工作是帮助消费者过上更绿色的生活。

根据乌利亚诺的建议，摩根森一家开始用与他们推荐朋友购买漂亮手镯和加州气泡酒同样的手段来说服他们用更加环保的方式生活。比如，摩根森家的男孩们开始用绿能智慧（GreenSmart）的系列包（完全用可回收材料制成的环保背包、斜挎包、午餐盒）去上学。果然，他们的一些同学很快就开始用相同的产品了。吉娜把这些包作为野餐手提包介绍给了她的朋友们。“完美保温，让热的东西一直热，冷的东西一直冷。”她告诉他们。这个嵌在整个实验中的微型实验的效果比我想象中的还要好。在摩根森一家执行完环保任务的 60 天中，ChatThreads 发现摩根森的朋友和熟人所参与的“绿色”活动惊人地增加了 31%。此外，影响力似乎也很持久，ChatThreads 的分析表明，在 30 天之后，同一批朋友和邻居仍每天进行至少一次“绿色”行为或活动，或购买一件环保产品。

事情的真相是，同侪压力是让人们有环保意识的唯一方式。最强有力的说客（无论是好的还是坏的）是什么？就是负罪感。大多数人都知道过环保生活的重要性，我们读过相关的文章，也看过电视纪录片。但是在这个媒体过载和即时健忘的时代，我们同辈的影响力比以往大得多。我不由自主地注意到，当埃里克作为中心角色，向他的朋友们推荐他正使用的绿色产品时，房间里的每个人都专心地听着他说话，而且之后他们的习惯也的确改变了。

这很容易想象。有个女人和她的一个朋友说她刚买了一个绿能智慧的包。后者也去买了一个，然后告诉了她的 6 个朋友，之后那 6 个人也去买了包，又各自告诉了她们的朋友。或者，一个商务人士登上飞机，他的笔记本电脑装在一个绿能智慧的包里，坐他旁边的人问道："你那个包是从哪里买的？"而那个乘客恰好是一个知名的博主，他买了那个包然后在拥有众多读者的每周专栏里提了几句。一天之后，有 25 万个读者知道了绿能智慧品牌和它的产品，而且还在绿能智慧的脸书页面点击了"喜欢"——记住，如果我们的脸书朋友"喜欢"一个产品，我们就会把这当成一个事先认可，然后也"喜欢"它。从那之后，关于这个品牌的传言，以及品牌所代表的含义，像病毒一样传播开来，然后很快就会吸引全世界的关注，比那些最精明的营销者、广告商或企业花大价钱做的营销活动更加有力、深入，消费者的忠诚度更高。

2011 年，哈佛大学的巴拉特 · 阿南德（Bharat Anand）和一名之前到访的访问学者亚历山大 · 罗辛斯基（Aleksander Rosinski）发现，如果信息源是我们信任和敬重的，我们就更有可能被一个产品推荐说服。当他们把两则完全相同的广告放在两种不同形式的出版物上（一个是受尊敬的纸媒出版物，另一个是在线新闻网站），他们发现出版物受尊敬的程度越高，人们就越信任上面的广告。我认为，尤其是在口碑推荐的情况下（我们会认为这比公司付费的广告更加真实和诚恳），信源显得更加重要。这又让我回想起摩根森一家。摩根森一家体现着美国人的梦想。他们成功、富有、具有吸引力，这种风景般的和谐家庭过着我们向往的生活。简而言之，我们不仅尊重他们，还渴望成为他们。进而，我们信任他们。

在我们自己的社交圈里，也有像摩根森这样的家庭。因为他们创造了一种我们都想要过的生活，我们就相信（无论是否有意识地），买他们买的东西、做他们做的事情，或许我们就能沾上一点他们的成功，或者他们的幸福。就像我们对于热爱的名人那样，我们对摩根森一家（或我们邻居中和他们类似的家庭）的尊敬和羡慕被转移到了他们推荐的每一个品牌上。

所以，是的，虽然公司和营销者会运用各种卑劣的手段来让我们购买他们的产品，最终我们不仅是被公司洗脑，事实上，我们也在互相洗脑（有时是以好的方式）。

现在，我要给你留下最后一个思考题：无论是好是坏，在“品牌戒毒”的一年之后，我仍然习惯沉迷在自己所爱的、正在使用的品牌里——从吉列锋速刀片，到我在长途飞行后擦的娇韵诗面霜，再到我家中冰箱里的百事可乐。

与此同时，我那失败的“戒毒”经历帮助我认识到了一个事实：我虽然是一个营销者，但我也是个消费者，和其他人一样。它帮助我意识到，有很多品牌是不能从我的生活中剔除的，那些定义“我是谁”以及“我想成为谁”的品牌。我希望这本书也能同样帮助你去理解自己与品牌的复杂关系，并指导你、赋予你力量，使你在被操控以及摆脱操控时能有所意识。